Sylvia Suckert

Dualseelen

Pioniere der neuen Zeit

FSC
www.fsc.org
MIX
Papier aus verantwortungsvollen Quellen
Paper from responsible sources
FSC® C105338

Bibliografische Information der Deutschen Nationalbibliothek:

Die Deutsche Nationalbibliothek verzeichnet diese Publikation in der Deutschen Nationalbibliografie; detaillierte bibliografische Daten sind im Internet über http://dnb.dnb.de abrufbar.

Illustration: ***Jonny Lindner***

Herstellung und Verlag: BoD – Books on Demand, Norderstedt

ISBN: 9783734789052

Über die Autorin:

Sylvia Suckert, geboren an Silvester 1975 in Norddeutschland, hatte schon als Kind außersinnliche Wahrnehmungen und eine äußerst ausgeprägte Begabung zur Empathie und Telepathie.

Ihr beruflicher Weg führte sie an unterschiedlichste, oft abenteuerliche Stationen, bis sie schließlich als Programmiererin in einer Forschungsabteilung für künstliche Intelligenz arbeitete.

Es dauerte jedoch nicht mehr lange, bis der Ruf zur Spiritualität so laut und durchdringend wurde, dass sie sich ihm nicht mehr widersetzen konnte. Hinzu kam die Einsicht, dass sie ihre Dualseele gefunden hatte, eine für alle Menschen absolut lebensverändernde Erkenntnis.

Seither arbeitet Sylvia als hauptberufliche Dualseelenberaterin mit Kunden in ganz Deutschland, Österreich und der Schweiz, sowie deutschsprachigen Kunden weltweit.

Die passionierte Reiterin lebt zusammen mit ihren fünf Katzen an der Wesermündung.

1 Vorwort

Ein paar Worte gibt es vorab zu diesem Buch zu sagen, denn es liegt bereits seit August 2014 fertig in meiner Schublade. Erschienen ist es aber erst im Juli 2016, und bis vor kurzem wollte ich es nicht einmal mehr veröffentlichen.

Entstanden ist dieses Werk innerhalb vieler Jahre, geschrieben in der Zeit von 2009 – 2014 reicht es jedoch inhaltlich viel weiter zurück, denn es ist das Ergebnis meiner lebenslangen Forschung zum Thema Dualseele. Du findest in diesem Buch sämtliche Texte, die auf meiner Webseite bereits veröffentlicht wurden, übersichtlich zusammengestellt und intensiv überarbeitet, sowie eine Menge Ergänzungen, die bisher noch nie zugänglich gemacht wurden. Dieses Buch ist mein bisheriger Weg und gleichzeitig meine Botschaft an die Welt.

Zum jetzigen Zeitpunkt, im Juli 2016, stehe ich mit Magic-Komplex an einem Punkt, an dem ich erkannt habe, dass es Zeit für einen Neustart ist. Aus diesem Grund werde ich meine Webseite in Kürze komplett erneuern und alle Texte, die dort bisher veröffentlicht wurden, werden aus dem Internet verschwinden. Innerhalb der letzten achtzehn Monate bin ich im Zuge meines persönlichen Dualseelenweges durch intensive und allumfassende Transformationsprozesse gegangen, die dazu geführt haben, dass alles, was ich bisher zu diesem Thema veröffentlicht habe, nicht mehr zu dem passt, wo ich heute stehe.

Damit will ich nicht sagen, dass es nicht mehr stimmt oder ich nicht mehr dazu stehe, jedoch hat meine Sicht auf dieses Thema sich erweitert, eine neue Ebene betreten und alles in mir sehnt sich nach einem sauberen Cut – einem vollständigen Neustart.

Es gibt eine Erkenntnis, die im Besonderen dazu geführt hat – meine bisherige Beschäftigung mit diesem Thema hat sich zu stark auf das Leiden und die Probleme, die dieser Weg mit sich bringt, und zu wenig auf mögliche Lösungen fokussiert. Das lag natürlich hauptsächlich daran, dass ich diesen Weg selbst gehe und mir dabei die schwierigste Konstellation überhaupt ausgesucht habe, ich steckte selbst zu lange in diesem Dschungel, um klar sehen zu können. Deshalb möchte ich meine Arbeit in Zukunft mehr auf die Lösungsaspekte ausrichten, statt ständig um den Schmerz und die Probleme zu kreisen und nicht weiter zu kommen.

Der Weg, den ich bisher gegangen bin, ist es jedoch, der mich an diesen Punkt der Erkenntnis geführt hat, und dieses Buch enthält sämtliche Entscheidungen, Erkenntnisse und Beobachtungen dieses Weges. Dadurch kann es natürlich für viele Menschen nach wie vor von großem Nutzen sein, weshalb ich entschieden habe, es nun doch im Eigenverlag zu veröffentlichen.

Damit kommen wir auch abschließend zu dem Grund, warum dieses Werk seit zwei Jahren auf meinem Schreibtisch vor sich hinträumte – ich fand keinen Verleger, der sich dafür interessierte.

Hier kam mir mein Stolz als Autorin in die Quere – „ein gutes Buch findet einen Verleger, im Eigenverlag kann jeder Idiot ein Buch veröffentlichen“.

Dies war meine bisherige Einstellung zu diesem Thema, dabei übersah ich jedoch zwei wichtige Punkte – und zugegeben fehlte mir hier auch die nötige Demut:

1. Bei der Vielzahl an Menschen, die heutzutage ein Buch schreiben, ist es fast unmöglich geworden, sein Erstlingswerk bei einem Verlag zu platzieren. Die Verlage werden regelrecht mit Manuskripten überschwemmt und wer sich noch keinen Namen als Autor gemacht hat, dessen Werk wird mit hoher Wahrscheinlichkeit die Ablage niemals verlassen.
2. Ich habe dieses Buch geschrieben, weil ich der Welt etwas mitzuteilen hatte und solange ich die Möglichkeit habe, dieses zu tun, ist es auch ein Stück weit meine Verpflichtung geworden. Über Qualität und Inhalt dieses Buches kann sich jeder selbst ein Bild machen.

Ich habe mein Bestes gegeben, dieses Buch nicht nur inhaltlich, sondern auch optisch in eine möglichst ansprechende und qualitativ hochwertige Form zu bringen, damit ist mein Werk getan. Deshalb bleibt mir nun nur noch eines – Dir als Leser viel Freude und den größtmöglichen Erkenntnisgewinn durch dieses Werk zu wünschen.

Sylvia Suckert – Magic-Komplex, 01. 07. 2016

2 Danksagung

An allererster Stelle gilt mein Dank natürlich vor allem *dir* – meiner Dualseele. Hätte ich dich nicht gefunden – ich wäre heute nicht derselbe Mensch, ich bin mir nicht einmal sicher, ob ich dann überhaupt noch ein Teil dieser irdischen Welt wäre. Deine bloße Existenz war und ist mein Motor und mein Kraftstoff, du bist meine ständige Inspiration und dich finden zu dürfen, war das größte und heiligste Geschenk meines Lebens. Ich sage *ja*, zu allem, was noch kommt, no matter what ...

Ein besonderer Dank geht auch an Jonny Lindner, ein großartiger Photokünstler, der seine Werke nicht nur kostenlos für alle Zwecke zur Verfügung stellt, sondern auch so freundlich war, eines seiner Bilder für das Cover dieses Buches nach meinen Wünschen anzupassen. Der Link zu seinen Werken findet sich am Ende dieses Buches im Kapitel „Weiterführende Informationen und wichtige Adressen".

Danke an Sabine M. Schmid – für diese ganz besondere Freundschaft und ebenfalls die Bereitschaft, immer daran zu arbeiten. Du warst mir ein unglaublicher Quell der Inspiration und der Erkenntnisse, und ohne deine unglaublich große Mithilfe, sowie dein umfassendes Wissen hätte dieses Buch wohl nicht vollendet und veröffentlicht werden können. Unsere Freundschaft wird mir immer heilig sein und du bist schon lange in meinem Herzen.

Danke auch an Eveline L. – du warst mir immer eine wundervolle Freundin und weise Lehrerin –, und an Raido (Dr. Rainer Ternieden): ohne eure wertvolle und weise Führung hätte ich viele meiner Entwicklungsschritte nicht vollziehen können.

Danke an Loki für die besondere Art der Führung – möge die Liebe immer mit dir sein ...

Danke an Janine Kaiser – für deine absolute Bedingungslosigkeit. Du bist ein strahlendes Licht in der Dunkelheit dieser Welt und hast mir oft den Weg gewiesen und mich immer wieder inspiriert.

Danke an Ursula Bichsel, an der Beziehung zu dir, aus der mittlerweile auch eine Freundschaft entstanden ist, konnte ich enorm wachsen und du hast mir so Vieles ermöglicht.

Auch an Robert Gwisdek alias Käptn Peng möchte ich einen großen Dank aussprechen – deine Texte haben mich wahnsinnig inspiriert!

Und – last but not least – gilt mein Dank auch und vor allem meiner Familie: meiner Tochter, sowie meiner Schwester, ihrem Mann und ihren Kindern. Danke, dass ihr immer für mich da seid und hinter mir steht!

Danke an alle Seelen, die meinen Weg bis hierhin gekreuzt haben, besonders an die, die mich wertvolle Lektionen gelehrt haben ...

Danke an das Leben und die Liebe!

3 Einleitung – „Am Anfang war das Wort!“

So steht es in der Bibel, doch so ist es nicht ganz richtig. Denn am Anfang war der *Gedanke*:

„Ich denke, also bin ich! Ich bin, der ich bin!“

Deshalb möchte ich dich zu Beginn dieses Buches auf eine Reise mitnehmen – eine Reise durch Raum und Zeit, vom Anbeginn bis zum Ende und darüber hinaus. Du wirst Zeuge der Geburt allen Seins, Zeuge von Werden und Vergehen – dem Kreislauf der Existenz. Dafür musst du nichts weiter tun, als diese Worte zu lesen, dein inneres Auge zu öffnen und zu sehen.

Du schwebst im Nichts, es gibt nur eins, was deine Wahrnehmung erfasst, eine Lichtquelle direkt vor dir. Diese Lichtquelle ist sehr klein, aber dennoch gewaltig, ein winziger Lichtpunkt, von dem zwei Strahlen ausgehen.

Du bist Zeuge vom Ende des Universums, was du siehst ist ein schwarzes Loch, das letzte und das gewaltigste seiner Art. Beinahe die gesamte Masse allen Seins befindet sich im Zentrum dieses schwarzen Lochs, ist dort auf den kleinst-möglichen Punkt verdichtet: eine sogenannte Singularität.

Die Lichtstrahlen, die von dieser Singularität ausgehen, entstehen, weil der letzte Rest im Universum vorhandener Masse gerade von der Singularität verschlungen wird, dabei wird die Energie dieser Masse in Form von Licht freigesetzt.

Das Licht verlischt, es wird dunkel, nun ist wahrhaft nichts, die gesamte Masse der Existenz befindet sich nun im Zentrum der Singularität, damit ist die kritische Masse erreicht. Du als Zeuge bist nun gefangen in einem Augenblick der Ewigkeit, er ist endlos und doch gar nicht vorhanden, denn Raum und Zeit haben aufgehört zu existieren. Es ist, als hätte ein für unsere Vorstellungskraft unfassbares Wesen alles, was ist, einfach eingeatmet. Es ist der Augenblick zwischen Einatmen und Ausatmen, ewig und nicht existent zugleich.

Du hast soeben *Gott*[1] erfahren, in seiner ursprünglichen Form, Gott, der alles und nichts zugleich ist. In diesem nicht vorhandenen Augenblick, in dem nichts mehr ist, ist Gott zu seinem Ursprung zurückgekehrt.

Doch ist das Nichts genausowenig beständig wie das Sein, alles unterliegt einem stetigen Wandel, dies ist das einzige Gesetz, dem Gott unterliegt. So folgt auf die in Wahrheit nicht vorhandene Pause nach dem Einatmen unweigerlich das Ausatmen.

„Und Gott sprach: Es werde Licht! Und es ward Licht!“

Was du nun siehst, ist der erneute Beginn allen Seins, der Urknall, eine unermessliche Explosion und Expansion von Licht. Noch herrscht das Chaos, die freigesetzte Masse wirbelt umher, getrieben von der Kraft der Explosion, doch schon jetzt strebt das Chaos nach Ordnung, das Universum beginnt, sich erneut zu formen.

Gase ballen sich zusammen, Druck entsteht und Sterne und Planeten werden gemäß den Gesetzen des Lebens geboren. Du kannst sehen, wie sich Sterne in Gruppen zusammenfügen, Galaxien entstehen und im Zentrum einer jeden Galaxie findet sich ein Splitter Gottes in seiner Urform – eine Singularität –, um die herum sich, getrieben von ihrer Gravitation, alles dreht.

---

[1] Der Begriff *Gott* bezieht sich hier nicht auf eine bestimmte Religion, sondern auf das allumfassende, göttliche Prinzip, wie im folgenden Text erläutert wird.

So erkennst du, dass die gesamte Existenz diese Splitter Gottes in seiner Urform umkreist, während sie, getrieben durch die Kraft des Ausatmens Gottes, gleichzeitig auseinanderstrebt. Da aber alles zu seinem Ursprung zurückkehren muss, beginnen die Singularitäten damit, die freigesetzte Materie wieder aufzunehmen. Ein Prozess, der eine scheinbare Ewigkeit andauert, während das Universum immer noch expandiert.

Doch auch der Prozess des Ausatmens kann nicht ewig anhalten, du hast nun das Ende erreicht, ein kurzes, kaum wahrnehmbares Innehalten, in dem die gesamte Existenz stillzustehen scheint, ein Augenblick außerhalb der Zeit.

Nun beginnt wieder das Einatmen, das Universum hört auf zu expandieren und zieht sich wieder zusammen. Der Auslöser hierfür sind die schwarzen Löcher, sie haben bis zum Ende des Ausatmens alle Materie ihrer Galaxien in sich aufgenommen, es existieren nur noch unermessliche Singularitäten, die die gesamte Materie und Energie der von ihnen verschlungenen Galaxien in sich tragen. Ihre Gravitation ist so gewaltig, dass sie beginnen einander anzuziehen und sich gegenseitig zu verschlingen.

Dieser Prozess dauert ebenso lange wie der vorige, die Phase des Ausatmens. An seinem Ende sind wir wieder am Ausgangspunkt unserer Reise angelangt, bei der letzten existierenden Singularität, deren Ende den Kreislauf der Existenz unweigerlich von Neuem auslöst.

Dieser Kreislauf ist das wahre Wesen Gottes, dessen Name lautet: „Ich bin, der ich bin!“ Es ist das letzte Geheimnis und gleichzeitig das Einzige, welches alle Antworten in sich birgt.

Gott ist alles und zugleich nichts, Gott ist Einatmen und Ausatmen und der Mensch wurde nach seinem Ebenbild erschaffen. Wir sind Gott, du bist Gott, genauso wie der nervtötende, kläffende Nachbarshund, die Taube, die sich auf deinem Auto verewigt, die Spinne, die in der Zimmerecke hängt, das Laub in deinem Garten, der Stuhl, auf dem du sitzt, die Luft, die du atmest und der Atem selbst.

In Wahrheit ist das alles gemeinsam Gott, denn es existiert nur *Eins* – Gott. Dies ist die wahre Bedeutung von „Alles ist Eins". Es geht nicht darum, dass alles miteinander verbunden ist, auch wenn dies oberflächlich betrachtet durchaus zutreffen mag. Die Kernaussage dieses Satzes ist wortwörtlich zu verstehen – es existiert nur Eins – „Ich bin der ich bin!"

Der Grund, warum ich dich auf diese Reise mitgenommen habe, ist, dass du zum wahren Verständnis der Dualseele zunächst Gott verstehen musst. Was auf einer tieferen – man könnte auch sagen spirituellen – Ebene während dieses Kreislaufs geschieht, ist grundlegend für das Verständnis der Dualseele.

Nachdem wir nun Gott in seiner wahrhaftigen Existenz erkannt haben, wird deutlich, dass Gott Bewusstsein ist. Das höhere und einzig wahrhaftige Bewusstsein, welches allem zugrundeliegt. Dieses Bewusstsein ist die Verschmelzung zweier Energien – Geist und Emotion. Dies ist der Urzustand, in den Gott regelmäßig zurückkehrt, der aber nicht dauerhaft bestehen kann und sich am besten benennen lässt mit dem Wort Liebe. Wahrhaftige Liebe entsteht in der Balance beider Prinzipien, wenn Geist und Emotion sich gegenseitig bedingen und miteinander in Einklang bringen, wahrhaftige Liebe ist damit das Grundprinzip aller Existenz, und das bringt uns zu einem tieferen Verständnis einer Aussage, die wir alle kennen:

Gott ist Liebe und Liebe ist alles, was ist!

Sicherlich fragst du dich nun, warum der Zustand wahrer Einheit, der mit unermesslichem Frieden einherzugehen scheint, nicht ewig anhalten kann? Wäre das nicht wundervoll? Ewiges Sein in unendlichem Frieden?

Worin aber läge der Sinn dieser Existenz? Ein Bewusstsein, das alle Fragen beantwortet hat, das für sich allein, als Einziges vor sich hin existiert. Ohne Aufgabe und wahrhaft ohne Grund.

Stelle dir einmal vor, dein Leben wäre genau so. Du hättest alles erreicht, es gäbe keine Fragen mehr, die du dir noch stellen könntest, keine Aufgaben mehr, die du lösen müsstest und du wärst ganz allein. Klingt langweilig und sinnlos, oder? Wenn man es auf einer profaneren Ebene ausdrücken möchte, könnte man also auch sagen, Gott langweilt sich in seinem Urzustand!

Da ich aber, wie dir sicherlich nicht entgangen ist, die philosophische Ebene bevorzuge, möchte ich eher auf den Sinn eingehen. Was wäre der Sinn einer solchen Existenz? Es gibt keinen! Doch kann etwas nicht existieren, das keinem Sinn unterliegt, oder, um es anders zu formulieren, für dessen Existenz kein Grund besteht. Alles unterliegt dem Prinzip von Ursache und Wirkung – „Ich denke, also bin ich!“ – und die Konsequenz dieses Gedankens führt unweigerlich zum Sein, doch damit auch gleichzeitig zum Vergessen und dem Streben nach Antwort auf die ewigen Fragen der Menschheit: „Wer bin ich?“ „Woher komme ich?“ „Wohin gehe ich?“

Diese Frage führt uns auf eine Reise zu unseren Wurzeln, zurück zum Ursprung, zum Zeitpunkt der Erkenntnis des „Ich bin, der ich bin!“, und alles beginnt von vorn. Anfang und Ende existieren nicht, sondern das Eine bedingt das Andere im ewigen Kreislauf von Ursache und Wirkung.

In dem Augenblick also, in dem Gott wieder *Eins* geworden ist und sich selbst erkennt, muss er sich zwangsläufig wieder aufspalten in unendlich viele Teile. Doch zunächst erfolgt die Spaltung des Urzustandes – die Spaltung von Geist und Emotion.

Geist und Emotion, dies sind die zwei Grundenergien des Lebens, du kennst sie auch als männliche und weibliche Energie. Der Geist, der in seiner Klarheit und Ratio dem männlichen Prinzip unterliegt, und die Emotion, die in ihrer nicht greifbaren, verschwommenen Natur dem weiblichen Prinzip unterliegt. Schwarz und weiß - Yin und Yang[2] – das Grundsymbol aller Existenz, welches uns in seiner Aussage darauf hinweist, dass in allem, was existiert, beide Prinzipien vorhanden sind.

Wenn nun also die Spaltung Gottes in unendlich viele Splitter – also Seelen – erfolgt, tragen all diese Splitter beide Grundprinzipien Gottes in sich, den männlichen und den weiblichen Anteil, den Geist und die Emotion.

Das Ziel und die Aufgabe jedes einzelnen Splitter Gottes ist es, sich selbst zu erkennen, diese beiden Prinzipien in sich wieder zu vereinen und damit wieder zu Gott zu werden. Doch erst, wenn dies jedem einzelnen Splitter Gottes gelungen ist, kann Gott wieder *Eins* werden.

Und genau an diesem Punkt kommen wir zur Dualseele. Auch wenn ein jeder dieser Splitter Gottes, und *du* bist einer davon, in sich vollständig ist, ist es doch unfassbar schwierig, dies zu

---

[2] Im gesamten Buch werde ich noch oft auf das Prinzip von Yin und Yang zurückkommen, das ursprünglich aus dem Taoismus seinen Weg zu uns fand und den meisten geläufig sein dürfte. Wer sich eingehender informieren möchte, wird hier fündig: Helmuth von Glasenapp: *Die fünf Weltreligionen. Hinduismus, Buddhismus, Chinesischer Universismus, Christentum, Islam*, München 2001, S. 142-162.

erkennen, da wir dem Prinzip der Dualität unterworfen und damit ein scheinbar rein männliches oder rein weibliches Wesen sind.

Aus diesem Grund spaltet jeder Splitter Gottes, jede *Seele*, einen Teil von sich ab, der ebenfalls beide Prinzipien in sich trägt. Auf diese Art entstehen vermeintlich zwei Splitter Gottes, vermeintliche zwei Seelen, die jedoch in Wahrheit Eins sind.

Sobald sich diese Seelensplitter begegnen, erkennen sie einander und spüren diese Einheit. Ohne diese Begegnung wäre es den einzelnen Splittern Gottes unmöglich zu erkennen, was sie wirklich sind, sie brauchen einander, so wie der Anfang das Ende braucht und das Ende den Anfang bedingt. Miteinander machen sie sich auf den Weg zur Ganzheit, sind sich gegenseitig Motor und Kraftstoff zugleich, damit der Kreislauf der Existenz fortbestehen kann.

Dieser Weg zur Ganzheit ist es, den ich in diesem Buch ausführlich und in allen Facetten beleuchten möchte, damit auch du dich auf die Reise zurück zu deiner Göttlichkeit machen kannst, unabhängig davon, ob du deine Dualseele schon gefunden, oder überhaupt jemals von diesem Begriff gehört hast.

Der Begriff Dualseele ist nur ein Wort; ein Wort, das ein Konzept beschreibt, und es gibt viele andere Begriffe, die das Gleiche meinen, doch davon später mehr. Worauf es wirklich ankommt, ist die Bedeutung dieses Konzepts, die, wenn man sie offenbart, das kostbarste Geheimnis der Menschheit enthüllt und uns den Weg in eine neue, bessere Welt weisen kann. Eine Welt, in die ich dich durch dieses Buch mitnehmen möchte, um so bei Ihrer Entstehung zu helfen.

4 Auf den Spuren der Dualseele

4.1 Über die Seelenfamilie

Um die Beziehungen von Seelen untereinander zu erklären, ist es notwendig, noch einmal ganz zum Anfang zurückzukehren, zu dem Augenblick, in dem Gott *Eins* ist und sich wieder in unendlich viele Teile aufsplittert. Diese Aufsplitterung Gottes ist der Grund, warum wir auf der Seelenebene alle miteinander verbunden sind, wir alle waren einstmals *Eins* – und sind es im Prinzip immer noch! Dennoch sind wir nicht mit jedem seelenverwandt, dies ist ein spezifischer Ausdruck, den ich im Folgenden erkläre.

Das Ziel all dieser entstandenen Seelen – oder Gottessplitter – ist es nun, den gesamten Reinkarnationszyklus zu durchlaufen und dabei alles zu erfahren und zu lernen, was möglich ist, dies beinhaltet sowohl Positives, als auch Negatives, die Seele will und muss Beides erfahren! Genau dafür ist die Dualität entstanden, nur in der Dunkelheit wird das Licht erkennbar, nur durch Gegensätze können wir etwas erkennen. Indem wir erfahren und erleben, was wir *nicht* sind, finden wir wieder heraus, was wir *wirklich* sind.

Auf einer stark vereinfachten Ebene könnte man sagen, jede Seele sucht sich vor ihrer Inkarnation aus, welche Erfahrungen sie im nächsten Leben machen möchte, sowohl im Positiven wie auch im Negativen. Allerdings verleitet diese Beschreibung dazu, sich das vorzustellen, als würden die Seelen bei einem Kaffee gemütlich zusammensitzen, gegenseitig besprechen, wer sich wann und wo trifft und was für wen tut, ganz so ist das allerdings nicht.

Betrachtet man es von der Schwingungsebene her, so hat jede Seele ihre eigene Frequenz – energetische Schwingung – in der sie vibriert, einige schwingen eher hoch, andere eher niedrig. Da sich gemäß dem Gesetz der Resonanz Gleiches anzieht, zieht jede Seele genau die Erfahrungen und die anderen Seelen in ihr Leben, die ihrer Schwingung entsprechen. Auf die Art finden sich „gleichartige Seelen“, die oft viele Inkarnationen einen gemeinsamen Weg des Wachstums beschreiten, da sie gleiche Erfahrungen in ihr Leben ziehen und daher parallel zueinander auch die gleichen Wachstumsschritte machen. Diese Seelen bilden eine Art Familie, die Seelenfamilie, und diese Seelen sind unsere Seelenverwandten.

Nun muss ich allerdings direkt mit dem Irrglauben aufräumen, dass es etwas Besonderes ist, auf einen Seelenverwandten zu treffen und dass dies eher selten geschieht. Diese Annahme ist genauso unsinnig wie die, dass Seelenverwandte immer nur Menschen sind, die wir unheimlich gerne haben. Innerhalb der Dualität werden wir nie nur eine Seite der Medaille kennen lernen, sondern immer beide, aus diesem Grund gibt es nicht nur Seelenverwandte, mit denen wir in totaler Harmonie sind, sondern eben auch solche, die wir überhaupt nicht leiden können. Ich gehe sogar so weit, zu behaupten, dass alle Menschen, alle Tiere – und sogar alle Pflanzen – in deinem Leben zu deiner Seelenfamilie gehören. Du warst immer und wirst immer von Seelenverwandten regelrecht umzingelt sein. Dabei ist die „negative“ Variante der Seelenverwandtschaft nicht nur die häufigste, sondern im Grunde auch die wertvollste Variante, denn von dieser Seite werden wir wahrhaftig aufgefordert, zu wachsen, indem wir lernen, nicht mehr zu urteilen, zu vergeben und Vieles mehr, auf das ich im späteren Verlauf dieses Buches immer wieder zurückkommen werde.

4.1.1 Die verschiedenen Arten von Seelenverwandten:

- Die *Seelenpartner*: Menschen, die uns vom Moment des ersten Treffens an bis zum Ende begleiten. Sie sind wertvolle Wegbegleiter, die uns helfen und unterstützen, oftmals entwickeln sich hier auch Liebesbeziehungen, aber auch verwandtschaftliche oder rein freundschaftliche Verhältnisse sind möglich.

- Die *Lebensabschnittsbegleiter*: Sie tauchen zu einem ganz bestimmten – vorher verabredeten – Zeitpunkt in unserem Leben auf, um uns bei der Bewältigung einer bestimmten, schwierigen Situation zu helfen oder uns einfach auf den richtigen Weg zu bringen, wenn wir am Scheideweg stehen. Wenn sie ihre Aufgabe erfüllt haben, verschwinden sie wieder aus unserem Leben, können aber zu späteren Zeitpunkten wieder einmal in Erscheinung treten.

- Die *karmischen Beziehungspartner*: Die schwierigste Form der Seelenverwandtschaft. Mit diesen Menschen haben wir noch Dinge aus unseren Vorleben zu bearbeiten und aufzulösen. Sie sind die bereits erwähnten negativen Seelenverwandten und auch die häufigste Form der Seelenverwandtschaft.

4.1.2 Seelenpartner:

Die schönste Form der Seelenverwandtschaft. Zu unseren Seelenpartnern – von denen wir auch mehrere haben können – fühlen wir eine sehr tiefe Verbundenheit, gegenseitiges Verstehen und eine ganz besondere Form der Liebe. Wir vertrauen ihnen bedingungslos und sind ebenso bedingungslos für sie da.

Für Liebesbeziehungen sind sie der geeignetste Partner, denn diese Art von Beziehung verläuft sehr harmonisch und reibungslos, was allerdings auch den Nachteil hat, dass beide Seelen sich nicht sonderlich weiterentwickeln. Sie geraten in eine Art Stillstand, da sie sich nicht aneinander reiben, ist es unnötig, die Persönlichkeit weiter auszubilden.

Diese Form der Seelenverwandtschaft bezieht sich allerdings nicht nur auf Liebesbeziehungen, oft sind es auch tiefe Freundschaften oder besonders innige – irdische – verwandtschaftliche Verhältnisse, in denen diese Form der Seelenverwandtschaft auftritt. Besonders häufig erleben wir diese Art in der Beziehung zu unseren Tieren, woher auch der englische Begriff *familiars* – deutsch: Vertraute – stammt. In der amerikanischen *Wicca*-Bewegung gelten *familiars* als Tiere die uns im Irdischen begleiten und dabei so etwas wie eine Beschützer- und Lehrerrolle übernommen haben.

4.1.3 Lebensabschnittsbegleiter:

Diese Art von Seelenverwandten fällt im Grunde unter die Rubrik:

Man bekommt immer genau das, was man gerade braucht!

Solche Begegnungen können sehr kurz und einmalig sein, vielleicht nur ein paar Minuten dauern, aber genauso gut auch über ein paar Monate oder sogar Jahre anhalten. Aber irgendwann, wenn diese Begegnung ihren Zweck erfüllt hat und wir den anderen nicht mehr brauchen, verschwindet er wieder aus unserem Leben.

Ich möchte hier ein Beispiel für solche Lebensabschnitts-begleiter aus meinem eigenen Leben geben:

Ich habe einen guten Freund, den ich vor vielen Jahren beruflich kennen lernte. Wir entwickelten sehr schnell eine tiefe, freundschaftliche Beziehung. Zu dieser Zeit hatte ich gerade mit vielen Problemen zu kämpfen, er hat mir durch einfache Bemerkungen zum passenden Zeitpunkt mehrmals den richtigen Weg gewiesen. Sobald ich mich erfolgreich durch meine Problematik gekämpft hatte, verschwand er aus meinem Leben und es gab auch keinen Kontakt mehr.

Jahre später tauchte wieder ein altes Problem bei mir auf, mit dem ich schon seit meiner Kindheit kämpfte und es war an der Zeit, gewisse Ängste zu überwinden.

Was soll ich sagen, wer stand plötzlich wie aus heiterem Him-mel vor meiner Tür und half mir genau bei dieser Aufgabe, nur um direkt danach wieder vom Erdboden zu verschwinden? Genau dieser Freund ...

Er tauchte noch zu mehreren Gelegenheiten auf, es ist, als würde er es riechen, wenn ich mal wieder Hilfe brauche ...

4.1.4 Karmische Beziehungspartner:

Auf das Konzept des *Karma* werde ich in einem späteren Kapitel noch ausführlich eingehen, an dieser Stelle geht es vorerst um ein grundlegendes Verständnis einer karmischen Beziehung, denn dies sind die leidvollsten und schwierigsten Seelenbeziehungen überhaupt.

Es handelt sich hier um Konflikte, Probleme, Streitigkeiten, alte Versprechen oder auch Schuld aus vergangenen Leben, Dinge, die uns an diese Menschen binden, und das auf eine sehr schmerzhafte Weise!

Wird dies in Form einer Liebesbeziehung gelebt, entstehen sogenannte „On-Off-Beziehungen“, man kann nicht mit-, aber auch nicht ohne einander. Man empfindet tiefe Liebe und wahnsinnigen Hass zur gleichen Zeit, ein ständiges Wechselbad der Gefühle.

Partner in karmischen Liebesbeziehungen trennen sich stän-dig, kommen aber genauso schnell wieder zusammen. Sie neigen dazu, sich gegenseitig zu verletzen. Schafft es einer der beiden irgendwann, einen Schlussstrich zu ziehen und sich endgültig zurückzuziehen, wird der andere das niemals akzeptieren, kann dadurch sogar über Jahre hinweg zum Stalker werden.

Viele Menschen leben diese leidvolle Art der Beziehung, ohne jemals dahinterzukommen, was da eigentlich passiert, und wie sie es auflösen können. Geschieht diese Auflösung nicht, nimmt man die Problematik auch noch mit ins nächste Leben, immer wieder, solange, bis man endlich geklärt hat, was es zu klären gibt.

Eine karmische Beziehung kann aber auch auf die verschiedensten anderen Arten gelebt werden. Jede zwischenmenschliche Beziehung, die nicht von Harmonie und Verständnis geprägt ist, ist im Grunde eine karmische Beziehung, wobei es immer unterschiedliche Abstufungen der Intensität gibt.

Im Falle einer karmischen Beziehung hilft nur Eines, man muss die Ursache für die karmische Verstrickung finden und auflösen. Dies ist aber keineswegs so einfach, wie manch zwielichtiger Berater einem gerne weismachen möchte, denn Karma lässt sich nur auf eine Art und Weise auflösen:

Man selbst muss die Ursache erkennen und dann den richtigen Weg der Entwicklung gehen, zum Beispiel eine alte Schuld abtragen oder Ähnliches. Nur du selbst kannst dein Karma auflösen, *niemand* kann dir das abnehmen!

4.2 Was ist die Dual-/ Zwillingsseele?

Wenn du dich bereits mit dem Thema Dualseelen befasst hast, sind dir vermutlich auch andere Begriffe wie Zwillingseele oder Zwillingsflamme begegnet und die weitläufige Ansicht, die Zwillingsseele wäre etwas Anderes als die Dualseele. Diese Sichtweise beruht aber auf einem sprachlichen Missverständnis, es handelt sich dabei um ein- und dieselbe Sache.

Die folgende Erklärung dieser Thematik beruht auf jahrelanger Recherche und eigener Erfahrung, sowie den Erfahrungen vieler Betroffener, mit denen ich seit Jahren in Kontakt stehe.

Der Begriff Dualseele wird oftmals falsch interpretiert, denn viele Menschen neigen dazu, das Wort *dual* zu einseitig zu sehen, dabei hat es mehr als eine Bedeutung. In diesem Fall steht Dualität nicht nur für Gegensätzlichkeit, sondern vor allem für seine ursprüngliche Bedeutung:

Dualis: lateinisch für „zwei enthaltend", „Zweiheit"

Die Dualseele ist also eine Seele, die aus zwei Teilen besteht. Die Gegensätzlichkeit dieser beiden Teile ist zwar vorhanden, aber anders, als die meisten Menschen es verstehen. Es geht nicht darum, dass beide Seelenanteile grundsätzlich gegenteilig sind, sondern die Gegenteiligkeit bezieht sich auf das weibliche und männliche Prinzip (Jung, Anima und Animus[3]).

Wie ich bereits im ersten Kapitel dieses Buches erklärt habe, ist eine Dual- oder Zwillingsseele *eine* Seele, die in zwei verschiedenen Menschen – oder auch Tieren – inkarniert. Somit soll der

---

[3] Siehe: Carl Gustav Jung: *Die Beziehungen zwischen dem Ich und dem Unbewussten*, München 2014, S. 85-113.

weibliche Seelenanteil lernen, seine männliche Seite zu erfahren, zu verstehen, zu leben und anzunehmen, die männliche Seite mit der weiblichen Seite auszubalancieren. Für den männlichen Seelenanteil gilt das Gleiche, nur umgekehrt.

Bevor ich auf das Wesen der Dualseele eingehe, möchte ich gerne mit dem Irrglauben aufräumen, dass Dualseelen und Zwillingsseelen verschiedene Phänomene sind, wozu ich zunächst einmal den Begriff Zwillingsseele oder -flamme erklären möchte. Dieser Begriff bezeichnet das gleiche Phänomen, er stammt aber aus dem Englischen. In der Englischen Sprache heißt Dualseele *twin soul* oder *twin flame*. Daraus hat sich bei vielen die Meinung gebildet, es würde sich um zwei verschiedene Phänomene handeln, Dualseelen – *twin Souls* – die grundsätzlich gegensätzlich sind, und Zwillings-seelen – *twin flames* – die genau gleich sind. Dies ist nur ein sprachlich bedingtes Missverständnis, es handelt sich um ein- und dasselbe Phänomen, was allein daraus ersichtlich ist, dass in der englischen Sprache keine solche Trennung vorgenommen wird.

Viele Menschen sind heutzutage der Meinung, sie hätten Beides, eine Zwillingsseele, mit der vollkommene Harmonie herrscht, und eine Dualseele, bei der das genaue Gegenteil der Fall ist. Die vermeintliche Zwillingsseele ist aber in diesem Fall „nur“ ein Seelenpartner.

4.2.1 Das Wesen der Dualseele

Um das Wesen der Dualseele zu erklären, greife ich hier wieder auf ein universelles Symbol zurück, *Yin* und *Yang*.

Dieses Symbol zeigt die Seele als Ganzes, mit der weiblichen Hälfte – schwarz, passiv –, und der männlichen – weiß, aktiv.

Dabei trägt jeder Teil auch einen kleinen Teil der anderen Hälfte in sich – bei *Yin* und *Yang* das „Auge“. Hier wird die Tatsache verdeutlicht, dass es darum geht zu lernen, den jeweils anderen Teil zu integrieren.

Wenn man sich *Yin* und *Yang* ansieht, versteht man auch, was mit Dualität eigentlich gemeint ist. Beide Teile sind exakt gleich, gleichzeitig aber auch gegensätzlich – schwarz und weiß, männlich und weiblich. Man kann die Dualseele auch mit dem Spiegelbild vergleichen. Mein Spiegelbild ist mir ebenfalls gleich und trotzdem entgegengesetzt.

Im Leben äußert sich dies, indem beide Teile charakterlich grundsätzlich auf der gleichen Ebene schwingen, gleiche Interessen und Neigungen haben. Die Gegensätzlichkeit ergibt sich ausschließlich daraus, dass der eine Teil mehr seine männliche Seite lebt, der andere mehr die weibliche.

Je weiter sich beide Seelenanteile entwickeln, umso mehr nähern sie sich auch an, und umso ausgeglichener leben sie ihren jeweils entgegengesetzten geschlechtlichen Anteil. Die beiden Teile einer Seele begegnen sich immer wieder in verschiedenen Inkarnationen, dabei sind alle zwischenmenschlichen Beziehungen möglich:

Mutter und Sohn, Vater und Tochter, Bruder und Schwester, Freunde, Liebespaare, etc. ...

Allerdings sind diese Beziehungen immer extrem problembelastet und sehr schwer zu leben, denn Dualseelen helfen sich gegenseitig bei der Weiterentwicklung ihrer Seele.

Das tun sie, indem sie sich gegenseitig spiegeln, um voneinander zu lernen. Das führt aber verständlicherweise oftmals zu Konflikten, denn wer lässt sich schon gerne den Spiegel vorhalten? Die Dualseele spiegelt einem besonders die negativen Aspekte, sowie die blinden Flecken der eigenen Persönlichkeit, dies ist oftmals sehr schmerzhaft, dient aber der Weiterentwicklung!

Auch werden die beiden Seelenanteile immer mit großen Schwierigkeiten in ihrer Beziehung konfrontiert, die es zu überwinden gilt, denn auch daraus können beide Seelenanteile lernen und wachsen. Oftmals inkarnieren sie in unterschiedlichen sozialen Klassen, verschiedenen Ländern, etc., was es schwierig bis scheinbar unmöglich macht, eine Beziehung zu leben.

4.2.2 Symptomatik einer Dualseelenbeziehung

Sobald wir in unserer seelischen Entwicklung so weit vorangeschritten sind, dass eine wirkliche Annäherung mit dem anderen Seelenanteil möglich wird, bekommen unsere Inkarnationen eine bewusstere Note, wir spüren plötzlich, dass uns etwas fehlt. Von Kindheit an spürt man eine Sehnsucht in sich, die Sehnsucht nach dem Menschen, der uns exakt gleicht und unser Selbst vervollständigt.

Es fühlt sich an, als hätte man ein Loch in seiner Seele, das nur dieser andere Mensch ausfüllen kann und man weiß einfach, dass es diesen Menschen irgendwo gibt, man sucht sein ganzes Leben nach ihm, oftmals auch lange Zeit nur unbewusst.

Dieses Gefühl der Unvollständigkeit ist wiederum nur ein Irrtum der Seele, wenn auch ein gewollter, es ist eine Lernaufgabe, eine der letzten auf dem Weg zur endgültigen Wiedervereinigung mit dem Dual.

Denn die vermeintliche Trennung ist letztendlich nichts als eine Illusion, da sie nur auf irdischer Ebene existiert! Dies gilt es zu erkennen und zu akzeptieren, der Dualseelenpartner ist nicht dafür zuständig, dass wir „ganz" werden, wir müssen in uns allein unseren Frieden und unsere Vollkommenheit finden!

Dies ist die schmerzlichste Lernaufgabe auf dem Weg der Dualseelen, es gilt, loszulassen, was bei der unendlich starken Sehnsucht nach der anderen Hälfte schier unmöglich scheint. Erst wenn beide Seelenanteile es geschafft haben, für sich allein vollständig und vollkommen geworden zu sein, können sie sich wieder vereinigen.

Erschwert wird dieser Prozess noch zusätzlich durch die seelische Verbindung der beiden Hälften. Jeder bekommt auf der Seelenebene mit, wie es dem Anderen geht, man spürt die Emotionen und oftmals auch die Gedanken des Anderen. Spürt der Andere emotionalen Schmerz und Sehnsucht nach seiner fehlenden Hälfte, verstärkt dies die gleichen Gefühle bei einem selbst. Hier ist es wichtig, zu lernen, die Gefühle seines Duals von den eigenen zu unterscheiden und vor allem, sich nicht mehr davon beeinflussen zu lassen, gleichzeitig aber auch den Spiegel zu erkennen und herauszufinden, wo diese Gefühle in uns selbst vorherrschen! Denn letztendlich sind und waren wir nie wirklich von unserer Dualseele getrennt, wir haben diese Trennung auf irdischer Ebene ja nur deshab „erfunden", um einen Spiegel zu haben, der uns zeigt, wer und was wir wirklich sind.

Die Beziehung zur Dualseele ist unzerstörbar, haben wir einmal unser Dual gefunden, werden wir ein Leben lang Liebe für es empfinden, ganz gleich, was auch zwischen diesen beiden Hälften passiert.

Man begegnet sich immer wieder, auch wenn oftmals Jahre zwischen den Begegnungen liegen können, aber sobald der Zeitpunkt reif ist für eine erneute Begegnung, wird diese vom Schicksal herbeigeführt, dann gilt es wieder, neue Lernauf-gaben anzunehmen und ein Stück des Weges gemeinsam zu gehen.

4.2.3 Woran erkennt man nun seine Dualseele?

Im Grunde weiß man es sofort – ganz tief im Herzen – wenn man seinem Dual begegnet ist, es gibt in keiner anderen zwischenmenschlichen Beziehung ein Gefühl von dermaßen tiefer und bedingungsloser Liebe. Dieses Gefühl besteht vom allerersten Moment an, ohne den Anderen überhaupt zu kennen. Man sieht sich in die Augen und weiß, man ist „zu Hause“ angekommen.

Man erkennt sich selbst im Gegenüber ...

Die Beziehung ist höchst spirituell, man liest die Gedanken des Anderen, jederzeit und mit Leichtigkeit, man fühlt seine Emotionen. Eine starke Synchronizität zeichnet die Leben Beider aus: Sieht man sich die Lebensläufe an, so stellt man fest, dass beide sehr oft zur gleichen Zeit die gleichen Erfahrungen gemacht haben oder mit den gleichen Schwierigkeiten zu kämpfen hatten.

Diese Synchronizität erstreckt sich über alle Ebenen, von den großen und wichtigen Lebensbereichen, bis hin zu den Kleinigkeiten – zum Beispiel dass beide zur gleichen Zeit auf die Idee kommen, ihren Kleiderschrank auszumisten.

Die Art und Intensität dieser Beziehung führt oftmals bei mindestens einem der beiden Individuen zu Angst und damit zum Rückzug vom anderen.

Eine Dualseelenbeziehung ist ein ewiges Hin und Her, ein Auf und Ab von „nicht voneinander loslassen können“ bis hin zu „den anderen nicht ertragen können“. Aber man begegnet sich immer wieder und mit jeder neuen Begegnung steigt auch die Qualität der Beziehung.

Wer sich mit dem Thema schon auseinandergesetzt hat, wird sicher auch immer wieder gelesen haben, dass es nicht das Ziel ist, mit der Dualseele eine Liebesbeziehung zu leben.

Ich persönlich sehe das anders, genau das ist das Endziel, aber der Weg dahin führt nur über das Loslassen des Anderen. Erst wenn wir erkannt haben, dass wir längst mit dem vermeintlich „Anderen“ vereint sind, kann sich dies auch – gemäß dem Gesetz der Resonanz – auf irdischer Ebene mani-festieren.

Das Ziel aller Seelen ist die Wiedervereinigung mit dem anderen Seelenanteil, um wieder ein Ganzes zu sein, diese Wiedervereinigung führt aber auf irdischer Ebene über die *gnostische Ehe*[4], die höchste spirituelle Vereinigung von Mann und Frau ...

Der Weg dahin ist lang und schmerzhaft und führt über unendlich viele Inkarnationen. Doch sind wir Ende 2011 in ein neues Zeitalter eingetreten, das Zeitalter des Wassermanns, das viele umwälzende Veränderungen mit sich bringen wird. Die Menschen werden eine neue spirituelle Ebene betreten, sich auf ein höheres Niveau aufschwingen. Deshalb ist es wichtig, sich spirituell auf das Kommende vorzubereiten.

---

[4] Näheres hierzu im folgenden Kapitel „Die *gnostische Ehe*“

In den letzten Jahren – genau genommen seit Ende 2009 – wachen immer mehr Menschen spirituell auf und beginnen, neue Wege zu beschreiten, aber viele haben noch einen weiten Weg vor sich, und noch mehr sind noch nicht einmal aufgewacht.

Hier kommen die Dualseelen ins Spiel. Immer mehr Dualseelen haben sich in den letzten Jahren gefunden und befinden sich auf dem letzten Stück ihres Weges zur Wiedervereinigung. Die wiedervereinigten Seelen haben eine dermaßen hohe Vollkommenheit und eine solch hohe spirituelle Ebene erreicht, dass es ihre Aufgabe ist und sein wird, den Menschen, die noch nicht so weit sind, im neuen Zeitalter durch ihr Beispiel den Weg zu zeigen.

4.3 Die gnostische Ehe

In diesem Kapitel möchte ich genauer darauf eingehen, warum ich der Ansicht bin, dass Dualseelen, entgegengesetzt der weitläufigen Meinung, durchaus für eine Beziehung bestimmt sind. Hierfür ist es notwendig, sich das Konzept der *gnostischen Ehe* einmal näher anzusehen.

Der Begriff *gnostische Ehe* leitet sich nur im entferntesten Sinne von der eigentlichen Bedeutung des Wortes *Gnosis*[5] ab, was zunächst einmal nichts Anderes heißt als 'religiöses Geheimwissen', aber auch als Bezeichnung einiger Geheimlehren des frühen Christentums verwendet wird.

Wichtig zu wissen ist, dass tief in der gnostischen Lehre der orientalische Dualismus verankert ist, der sich später durch

---

[5] Siehe: Horst E. Miers: *Lexikon des Geheimwissens*, München 1993, S. 250-251.

griechische Einflüsse noch verstärkte. Dieser Dualismus prägte ein Weltbild der besonderen Art, in dem alles Stoffliche als schlecht galt. Der Dualismus bezog sich hier also auf die körperliche Welt, die als böse angesehen wurde, und die geistige, Inbegriff alles Guten. Ziel war es, durch ständige geistige Weiterentwicklung der stofflichen Welt – und damit den Qualen des irdischen Daseins – zu entfliehen. An diesem Punkt hörte die Definition der Dualität allerdings nicht auf, sondern auch hier war das männlich-weibliche Prinzip von großer Bedeutung.

Bestandteil der gnostischen Lehre war auch die Lehre vom Weibprinzip, nach der die Frau die Verkörperung des Bösen war. Innerhalb jener Lehre wurden diese drei Konzepte gleichgesetzt: Weib - Materie - Satan.

Und doch bezog sich dies nur auf die Verkörperung der reinen fleischlichen Lust: je ego- und triebgesteuerter eine Frau war, desto mehr entsprach sie diesem Prinzip, das es zu über-winden galt. Ihr gegenübergestellt wurde das männliche Prinzip, welches als geistig und somit gut angesehen wurde. Die Frau brauchte also den Mann, um die stoffliche Welt über-winden zu können.

Dies mag sich bis hierher sehr sexistisch anhören, es ist aber wichtig, die Hintergründe genau zu beleuchten, denn im Grun-de geht es auch hier wieder einmal nur um das Prinzip von Yin und Yang. Yin ist schwarz, passiv, weiblich, hier finden wir die gnostische Entsprechung des „Bösen“, Yang ist aktiv, weiß, männlich und findet sich im gnostischen Konzept des Geistigen, „Guten" wieder.

Letztendlich geht es also völlig ohne Wertung nur um die Polarität, die dargestellt werden will, und das seit Anbeginn der Zeit, in allen Kulturen, weil dies die Grundlage allen Lebens ist. Diese Sichtweise macht klar, dass keine der beiden Hälften, weder die „böse“, weibliche, noch die geistige und somit „gute“, männliche, den Weg aus den irdischen Qualen für sich alleine schaffen kann, auch das finden wir in der gnostischen Lehre.

Mit dieser Erkenntnis nähern wir uns jetzt im Grunde der Antwort auf die Frage nach einer Liebesbeziehung zwischen Dualseelen.

Die gnostische Ehe stellt das Idealbild der Ehe dar, so wie sie ursprünglich gedacht war: Mann und Frau, aber beide für sich geistig zum Hermaphroditen, zum Zwitterwesen aus Mann und Frau geworden, indem sie gelernt haben, das Männliche und das Weibliche in sich vollkommen auszubalancieren.

Nur so können völliges Verständnis und völlige Harmonie herrschen, nur so kann Liebe ewig andauern, nur so kann aus zwei auf der stofflichen Ebene wieder *Eins* werden.

Diese Form der Ehe ist es, die das alte katholische Dogma meint:

„Nicht trennen darf der Mensch, was eins gewesen vor der Zeiten Urbeginn!“[6]

Und dieser Spruch führt uns auch wieder zu den Dualseelen zurück, die ja „vor der Zeiten Urbeginn“ eins waren.

Dieses ursprüngliche, androgyne Wesen finden wir überall wieder. In der Genesis als Adam und Eva, die erst nach einiger Zeit aus seiner Rippe entstanden ist. Nicht sexistisch war dieses Bibelgleichnis gemeint, sondern ein Gleichnis für die Spaltung der Dualseelen und damit die Geburt der Dualität.

---

6 Siehe: Karl Spiesberger: *Runenmagie,* Bürstadt 2009, S. 238 - 246.

Auch bei Platon[7] finden wir dieses uralte Wissen wieder, in seinem Mythos von den Kugelmenschen. Nach Platon gab es einst drei Menschengeschlechter, wobei das männliche von der Sonne, das weibliche von der Erde abstammte, zusätzlich gab es das aus beiden zusammengesetzte, welches dem Mond entsprach.

Wunderschön, wie man hier *Yin* und *Yang* und die Vereinigung wiederfindet, das männliche, aktive, helle Prinzip, das weibliche, passive und dunkle Prinzip und die Vereinigung aus beiden in Gestalt des Mondes, der ja ein Sinnbild für Weisheit, Tiefe und Harmonie ist, und zudem selbst ein Symbol für die Auflösung der Dualität: Als Trabant der als weiblich geltenden Erde ist er dieser nah, doch selbst Teil des Himmels, und leuchten kann er nur durch die Strahlkraft der in den meisten Kulturen als männlich angesehenen Sonne.

In diesem Mythos gab es also „Mann-Männer“, „Frau-Frauen“ und „Mann-Frauen“, alles Dualseelen. Die gleichgeschlechtlichen Varianten findet man außer hier kaum in der Literatur, dennoch verdienen sie Beachtung, da diese Ausprägung bei Dualseelen tatsächlich hin und wieder vorkommt. Welche Rolle ihnen zugedacht ist, werde ich in einem späteren Kapitel genauer beleuchten. Diese „Kugelmenschen“ oder Dualseelen waren in ihrer Vereinigung zu groß, stark und übermütig, ja auch mächtig, sodass sie sogar den Göttern zur Gefahr wurden.

Zur Strafe wurden diese vereinigten Seelen von Zeus – dem Göttervater – in zwei einzelne Hälften getrennt, wodurch in beiden Teilen eine niemals endende und durch nichts zu stillende Sehnsucht nach der anderen Hälfte entstand. Diese Sehnsucht

---

[7] Siehe: Thomas Paulsen und Rudolf Rehn: *Platon Symposion*, Stuttgart 2006, S. 55 – 67.

ist es, die *Liebe* genannt wurde, dies ist die einzige, ursprüngliche Bedeutung der Liebe.

Damit nun beide Hälften für sich alleine nicht verhungerten und überlebensfähig blieben, erschuf Zeus in einem zweiten Schritt die Geschlechtsteile, um eine – wenn auch diese Sehnsucht nur unvollständig befriedigende – Vereinigung mög-lich zu machen.

Die Menschheit hat im Laufe der Zeit viel Gebrauch davon gemacht und über diesen Trieb den wahren Sinn der Vereinigung vergessen, die Menschen sind auf der Suche nach ihrer anderen Hälfte vom richtigen Weg abgekommen.

Durch den Göttervater wurde ihnen eine Prüfung auferlegt und ihr Hochmut bestraft, auf dass sie wieder lernen sollten, was Liebe wirklich ist und auf dass sie wieder Ehrfurcht vor den Göttern erlangen sollten.

Natürlich ist dies nur ein Gleichnis, beschreibt aber dennoch die Essenz dessen, worum es wirklich geht. Schau dir unsere Welt an, eine Welt, in der die Liebe und die heilige Verbindung von Mann und Frau mit Füßen getreten werden, zur reinen fleischlichen Lust degradiert und zur Befriedigung und Bestätigung des Egos missbraucht werden.

Wohin hat dieser Weg die Menschen gebracht? In eine Welt, in der wir uns so weit von unserer wahren Natur entfernt haben, wie dies überhaupt nur möglich ist, wo wir die „Hölle des Irdischen“ – um zur gnostischen Anschauung zurückzukehren – in Form einer Gesellschaft erleben dürfen, die von Hass, Missgunst, Neid, psychischen Krankheiten, Krieg, Gewalt und Vielem mehr geprägt ist. Eine Welt, die auf kurz oder lang zum Untergang verurteilt ist, wenn die Menschheit es nicht schafft, die Notbremse zu ziehen und eine andere Richtung einzuschlagen.

Und genau hier kommen wir zur Beantwortung der Frage, warum ich der Meinung bin, dass Dualseelen eine Liebesbeziehung leben sollen.

Nur durch das Beispiel der Dualseelen, die in der zuvor beschriebenen gnostischen Ehe wieder „eins“ geworden sind, kann die Menschheit überhaupt erkennen, wie weit sie vom Weg abgewichen ist. Nur ein einziges Paar, das dieses hohe Ziel erreicht hat, wird unzählige Menschen in seiner Umgebung erwecken und dadurch eine Kettenreaktion auslösen.

Genau deshalb finden sich in den letzten Jahrzehnten immer mehr Dualseelen und machen sich auf das letzte Stück des Weges. Dies ist die sogenannte „Endzeit“, nicht gemeint im Sinne von Weltuntergang, sondern im Sinne von Wandel, dies ist der Menschheit seit Anbeginn so vorbestimmt und die Dualseelen sind die Wegbereiter, die „Pioniere der neuen Zeit“.

4.4 Platonische Liebe als Weg der Dualseelen

Der Titel dieses Kapitels wird dir wahrscheinlich nur wenig zusagen. Das wird vermutlich daran liegen, was in der heuti-gen Zeit unter platonischer Liebe verstanden wird, aber ich kann dich beruhigen, denn der moderne Mensch benutzt diesen Begriff völlig falsch, die wahre Bedeutung der platonischen Liebe ist heutzutage so gut wie vergessen.

4.4.1 Platonische Liebe[8] heute

Wenn wir heutzutage von platonischer Liebe sprechen, ist damit normalerweise eine Liebe ohne Sex gemeint. Es geht also um Verzicht, darum, jemanden zu lieben, ohne dass Sex eine Rolle spielt, allerdings immer nur aus dem Grund, dass es nicht möglich ist, zum Beispiel, weil der Geliebte in einer Partnerschaft lebt, oder weil einer von beiden aus anderen Gründen keinen Sex will. Es geht hier nicht wirklich um einen freiwilligen Verzicht. Eigentlich passt das ja schon ganz gut auf die Dualseelen-thematik, aber auch wenn das gerade deine heimliche Befürchtung ist, mit diesem Kapitel will ich nicht aussagen, dass diese Liebe eben nur auf diese Art gelebt werden kann.

Vielmehr ist die wahre Bedeutung des Begriffes *platonische Liebe* so etwas wie der Schlüssel zum Verständnis des Weges der Dualseelen. Zunächst einmal sollte man diesen Begriff *wörtlich* nehmen, platonische Liebe kommt nämlich von Platon, von dem auch der Mythos der Kugelmenschen stammt, über die ich bereits im Kapitel über die *gnostische Ehe* geschrieben habe. Deshalb gehe ich jetzt zunächst auf die altgriechischen Konzepte von Liebe ein.

---

[8] Siehe: Thomas Paulsen und Rudolf Rehn: *Platon Symposion*, Stuttgart 2006, S. 85 – 125.

4.4.2 Die drei Arten der Liebe[9]

Nach altgriechischem Verständnis gab es drei Arten von Liebe, *Eros*, *Philia* und *Agape*. Der Eros ist die leidenschaftliche, erotische Liebe, die den Wunsch nach Sexualität und Partnerschaft weckt.

Die Philia bezeichnet eine unschuldige und freundschaftliche, sanfte Form der Liebe oder Zuneigung, die davon geprägt wird, dass zwischen beiden Individuen viele Gemeinsamkeiten bestehen. Agape ist das, was wir heute als bedingungslose Liebe kennen.

4.4.3 Platonische Liebe in der ursprünglichen Bedeutung

Nach Platons Lehre hat die Suche des Menschen seinen Ursprung im Eros, denn der Eros bedeutet Begehren, was einen Mangel voraussetzt. Dieser Mangel entstand durch die Trennung der Kugelmenschen – der Dualseelen. So geht es bei der platonischen Liebe um den Eros als Triebkraft oder Motor für die Suche nach der göttlichen Wahrheit, die sich durch Schön-heit ausdrückt. Es handelt sich hierbei um ein Stufenmodell des Aufstiegs.

Zu Beginn, in der Jugend, wird der Mensch von körperlicher Schönheit angezogen, sie weckt sein Begehren und darauf richtet sich seine Konzentration. Lebt man bewusst, erkennt man auf diese Art, dass es eine übergeordnete Schönheit gibt, die in allen menschlichen Körpern lebt, und so entsteht in der Seele des Menschen eine Resonanz mit der ursprünglichen Wahrheit, die Suche beginnt.

---

[9] Siehe: Thomas Paulsen und Rudolf Rehn: *Platon Symposion*, Stuttgart 2006, S. 85 – 125.

Als Nächstes wird die seelische Schönheit entdeckt, die die körperliche nicht nur überwiegt, sondern sie im Grunde sogar ausmacht. Trifft man auf einen Menschen, in dem man seelische Schönheit entdeckt, richtet man seine Liebe auf diesen Menschen und wendet sich dadurch automatisch dem ethischen Aspekt der Liebe zu.

So entwickelt sich der Mensch Schritt für Schritt weiter, nähert sich der göttlichen Wahrheit und der universellen Liebe mit jeder neuen Erkenntnis. Bezeichnend ist hierbei das Streben nach Schönheit; für Platon war das „ultimative Schöne“ gleichzusetzen mit der göttlichen Wahrheit.

Die platonische Liebe ist also durchaus ein Weg des Verzichts, aber nicht aus einem äußeren Zwang heraus, sondern weil der ursprüngliche Mangel, der Drang oder das Begehren, etwas wiederzufinden, einen Prozess in Gang setzt, der uns nach Höherem streben lässt. Platonische Liebe war für Platon der Weg des Philosophen, das Streben nach Erkenntnis und Wahrheit, für das der Eros nur der Anfangsimpuls ist.

Im späteren Verlauf dieses Weges verwandelt sich der Eros dann auch, vom Fortpflanzungstrieb hin zur Kreativität, denn das Erschaffen von etwas Schönem ist eine höhere Form der Zeugung und dient letztendlich wieder nur der Erkenntnis des „ultimativen Schönen“, also der göttlichen Wahrheit.

Auch wenn Platon dies nicht ausdrücklich gesagt hat, ist die platonische Liebe in meinen Augen der Weg vom Eros zur Agape, also der Weg von der niederen, sexuellen Liebe hin zur bedingungslosen Liebe, denn genau das ist der Weg, den die Dualseelen – Kugelmenschen – zu gehen haben, um ihren Mangel wieder auszugleichen und – um in der griechischen Mythologie zu bleiben – die Götter wieder zu versöhnen, damit sie die Strafe der Teilung wieder aufheben.

4.4.4 Bezug zum Aufstieg der Kundalini-Energie und zu den Chakren

Hier lässt sich auch ganz praktisch ein Bezug zur indischen Chakrenlehre[10] herstellen, um den Aufstieg von Eros zu Agape ganz anschaulich und nachfühlbar zu verdeutlichen. Bei den Chakren handelt es sich um Energiezentren entlang der Wirbelsäule, die bei einem gesunden Menschen frei und offen sind und so die Kundalini-Energie von unten nach oben fließen lassen. Diesem Thema widme ich einen eigenen, ausführlichen Teil im späteren Verlauf dieses Buches.

Wenn wir den Eros, also das sexuelle Begehren, als Startimpuls nehmen, beginnen wir unseren Aufstieg im Sexual-Chakra, dem Chakra, das auch als Sitz des Egos bezeichnet wird. Im nächsten Chakra, dem Sakral-Chakra kommen dann die höheren Gefühle und eine individuellere Persönlichkeit, sowie das Thema Kreativität hinzu. Wird das nächste Chakra, das Herz-Chakra aktiviert, beginnen wir langsam, uns der bedingungslosen Liebe, der Agape zu nähern.

Die platonische Liebe als Stufenmodell des Aufstiegs ist also durchaus mit dem Aufstieg der Kundalini-Energie gleichzusetzen, allerdings kommt der Antrieb hier nicht aus dem Wurzel-Chakra – in dem die Kundalini ja zu Beginn schlummert –, sondern direkt aus der Energie des Sexual-Chakras.

---

[10] Siehe: Cyndi Dale: *Der Energiekörper des Menschen. Handbuch der feinstofflichen Anatomie,* München 2012, S. 275-311.

Nicht die Kundalini ist hier also der Motor, sondern die sexuelle Energie, der Eros; diese Energie ist es vielmehr, die die Kundalini in ihrem Aufstieg vorantreibt. Hieraus lässt sich natürlich auch ein Schluss bezüglich eines der meistdiskutierten Themen von Dualseelen ziehen – die Sexualität.

Hier höre ich ja immer wieder, wie schwer es ist, diese nicht mehr leben zu können, und dass sie zum Menschsein doch dazugehört und sogar überlebenswichtig ist. Wenn du so empfindest, dann steckst du noch im Gefühl des Mangels, welches ja eigentlich nur als Startimpuls dienen soll.

Denn auf diesem Weg lernst du, diesen Mangel zu transformieren und andere Formen der Zeugung zu leben, um dich letztendlich der göttlichen Wahrheit nähern zu können. Wird dieser Mangel immer nur auf die ursprüngliche Art – also durch Sexualität – befriedigt, kann er kein Motor für den weiteren Weg mehr sein!

Es ist also durchaus sinnvoll, dass Dualseelen auf ihrem Weg zu sexuellem Verzicht praktisch gezwungen sind und die Erkenntnis, dass Sexualität eben doch nicht überlebenswichtig ist, sondern eher etwas, das uns von der wahren Erkenntnis und dem Aufstieg fernhält, solange man falsch damit umgeht, folgt auf diesem Weg zur rechten Zeit auf ganz natürliche Art und Weise.

Die Stärke deines Wunschs nach Sexualität ist für dich somit auch der beste Hinweis darauf, ob deine Kundalini-Energie schon über das Herz-Chakra hinausgestiegen ist.

4.5 *Ich bin Du* – Rumis Botschaft an die Liebenden

Der Geliebte

Einer kam an die Tür des Geliebten und klopfte an.

Eine Stimme fragte: „Wer ist da?"

„Ich bin da", lautete die Antwort.

Die Stimme erwiderte: „Hier ist kein Platz für Dich und mich."

Die Tür blieb zu.

Nach einem einsamen Jahr voller Sehnsucht und Entbehrungen kehrte der Mensch zur Tür des Geliebten zurück und klopfte.

„Wer ist da?", erklang eine Stimme aus dem Inneren.

„Du bist da", antwortete der Mensch. Darauf wurde ihm die Tür geöffnet.[11]

Dieses Gedicht ist beispielhaft für die wahre Botschaft in Rumis Poesie, doch bevor ich näher darauf eingehe und erkläre, was die Aussage dieses Gedichts mit Dualseelen zu tun hat, möchte ich zunächst etwas über den Menschen Rumi erzählen, denn auch er befand sich auf dem Weg der Dualseelen.

Jelaluddin Rumi[12], geboren am 30. 09. 1207, entstammte aus einer langen Erblinie von Theologen und Mystikern und trat früh

---

11 Siehe: Anna Santini: *Die Weisheit des Orients,* München 2002.

12 Siehe: Coleman Barks: *Rumi. The Big Red Book*, New York 2010, S. 1-7.

in die Fußstapfen seines Vaters, indem er sein gesamtes Leben dem Sufismus – eine mystische Strömung des Islams – widmete. Nach dem Tod seines Vaters übernahm er dessen Rolle als Leiter der sufiistischen Glaubensgemeinschaft in Konya (in der heutigen Türkei) und gewann durch sein ein-nehmendes Wesen und seinen Ruf als aufrichtiger Gelehrter Zehntausende von Anhängern. Dieser Ruf blieb ihm bis in die heutige Zeit erhalten und gerade jetzt, in der Zeit des Wandels, entdecken viele die Poesie und Mystik von Rumi für sich neu. Rumi gilt – zu Recht – auch heute noch als einer der größten Mystiker und Poeten, die je auf dieser Erde gelebt haben.

Was jedoch bis heute für viele Menschen unerkannt blieb, ist die Tatsache, dass Rumi im Laufe seines Lebens auf seine Dualseele traf und diese ausschlaggebend dafür war, dass Rumi seinen ganz persönlichen Aufstieg in die Göttlichkeit meistern konnte.

Als ich das erste Mal auf die Poesie von Rumi stieß, erkannte ich sofort instinktiv das sehnsüchtige Rufen nach der anderen Hälfte wieder, das in allen Dualseelen steckt. Dieser Ruf zieht sich durch unendlich viele seiner Gedichte, doch mehr noch, wir finden hier auch wertvolle Wegweiser, wenn wir danach suchen.

Ich wurde neugierig und befasste mich ein wenig mit der Lebensgeschichte dieses großen Mystikers – natürlich wurde ich schnell fündig. Rumis andere Hälfte, seine Dualseele, war ein Mann namens Shams Tabriz. Dieser Mensch – wie sollte es auch anders sein – war eine ebenso herausragende Persönlichkeit wie Rumi selbst, er war ein leidenschaftlicher, unbezähmbarer „Liebender Gottes", widmete sein Leben der Suche nach der Göttlichkeit und lebte auf einem hohen spirituellen Niveau, weshalb er oft tagelang in einem angehobenen Bewusstseinszustand verweilte. Er war ein ruheloser Wanderer, zog von Ort zu Ort, immer darum bemüht, ein Gleichgewicht herzustellen zwischen den spirituellen, mystischen Aspekten seines Lebens und dem Irdischem Leben. Aus die-sem Grund arbeitete er als Steinmetz, um sich durch die harte körperliche Arbeit immer wieder erden zu können.

Was sein Wesen jedoch am meisten prägte – und in diesem Zuge auch für seine Rastlosigkeit und sein Umherwandern durch den vorderen Orient verantwortlich war –, war das Wissen um, und die Suche nach, einem Gefährten, einer verwandten Seele, die sich ebenfalls auf seinem Niveau befand. Er wusste darum, dass es einen ganz bestimmten Menschen gibt, der ihn auf besondere Weise ergänzen würde und der ihn so dringend brauchte, wie er selbst es tat.

Immer wieder betete er, dass Gott ihm den Weg zu diesem besonderen Menschen, dieser besonderen Seele, zeigen möge. Eines Tages fragte ihn eine innere Stimme, was er bereit wäre, dafür zu opfern – nichts Geringeres als sein Leben war Shams Antwort. Daraufhin verriet ihm die Stimme den Namen Rumis und seinen Aufenthaltsort, woraufhin sich Shams auf seinen schicksalhaften Weg machte.

Es gibt verschiedene überlieferte Versionen vom ersten Zusammentreffen dieser beiden besonderen Menschen. Alle prägen ein Bild von Shams als mystische Figur auf einem besonders hohen spirituellen Niveau, die Rumi durch eine Frage oder Tat aufforderte, über seine Rolle als Lehrer hinaus-zuwachsen, weiterzuforschen und seine Lehren umzusetzen.

Was nun begann, war der Beginn von Rumis wahrem Leben, der Umsetzung seiner Mission, doch nur dreieinhalb Jahre waren es letztendlich, die Shams bei Rumi verweilte. Innerhalb dieser Zeit verschwand Shams zweimal, vertrieben durch die Eifersucht der Schüler Rumis, und jedesmal war es einer von Rumis Söhnen,

Sultan Velad, der ihn zurückholte. Hier stoßen wir auf das Konzept der Verbindungsseelen, auf das ich am Ende des ersten Teils dieses Buches eingehen werde.

Shams endgültiges Verschwinden blieb ungeklärt und auch hier gibt es verschiedene Theorien über die Gründe dafür. Auf der einen Seite hatte Shams mehrfach unter Zeugen angedroht, dass er genau dies irgendwann tun würde – einfach spurlos zu verschwinden.

Auf der anderen Seite war Shams von Beginn an ein Objekt der Eifersucht unter Rumis Schülern und auch einem anderen seiner Söhne, Ala al-Din. In der mündlichen Überlieferung, die ihren Anfang in dem Orden nahm, den Rumis Sohn Sultan Velad begründete, finden wir eine andere Erklärung für Shams Verschwinden. Dieser Überlieferung zufolge ist Shams Sultan Velad in einem Traum erschienen, nachdem er von einer Gruppe eifersüchtiger Studenten Rumis getötet wurde, und berichtete ihm über die Umstände seines Todes.

Sultan Velad behielt diese Vision jedoch für sich, er ließ Rumi zeitlebens darüber im Unklaren, was aus seinem geliebten Shams geworden war. Dies führte dazu, dass Rumi sich jahrelang auf die Suche nach Shams machte und eine Wanderschaft durch den Orient – ähnlich der Suche Shams' nach Rumi – begann.

Eines Tages jedoch, auf einer einsamen Straße während seiner Suche nach Shams, überkam Rumi die Erleuchtung. Plötzlich fühlte er, dass seine Suche beendet war, dass er nicht mehr suchen musste, denn in ihm selbst war dieser besondere Freund, den er verloren glaubte. Shams war in ihm, ein Teil von ihm. Diese Erkenntnis ist es, die sich im Gedicht zu Beginn dieses Kapitels ausdrückt:

Deine Dualseele ist kein anderer Mensch – deine Dualseele bist du selbst.

Doch geht diese Erkenntnis noch viel tiefer, denn es geht hier um Gott, um die Göttlichkeit, nach der alle Seelen suchen – und die wir Menschen meistens das erste Mal im Antlitz unserer Dualseele wahrnehmen –, bis sie am Ende erkennen, dass sie ihnen selbst innewohnt. Rumis eigene Aussage über sein erstes Treffen mit Shams beschreibt dies hervorragend:

„Was ich mir bisher unter Gott vorgestellt habe, habe ich heute in einem Menschen gefunden."[13]

Sowohl Rumis, als auch Shams Leben war dieser Suche gewidmet, der Suche nach Gott, und indem sich diese beiden Seelenhälften fanden und – besonders wichtig – wieder verloren, konnten sie die eine, ultimative Wahrheit erkennen, die ich gleich zu Beginn dieses Buches erläutert habe.

Gott ist Liebe, und Liebe ist alles, was ist!

Die Geschichte von Rumi und Shams, und die Poesie, die aus diesem Zusammentreffen entstand, sind eines der schönsten und deutlichsten Beispiele für den Grund der Entstehung der Dualseelen. Sie zeigt uns auf, wie wir durch die Existenz unserer Dualseele und die Besonderheit des Weges, auf den wir durch das Zusammentreffen mit dieser geworfen werden, in der Lage sind, zur letzten Wahrheit vorzudringen und dadurch wieder *Eins* zu werden.

Was man ebenfalls am Beispiel Rumis erkennen kann, ist die enorme Wichtigkeit der Dualseelen für die Welt. Rumi hat durch

---

[13] Siehe: Coleman Barks: *Rumi. The Big Red Book*, New York 2010, S. 3.

den Weg, den er gegangen ist und durch das, was daraus geboren wurde – seine Poesie, die so viel mehr ist als nur das – unzählige Menschen berührt und angehoben, sie ebenfalls auf den Weg gebracht, sie wieder in Kontakt mit der Stimme ihrer Seele gebracht. Dadurch hat er einen erheblichen Teil zu dem beigetragen, was in der heutigen Zeit endlich geschehen darf:

Die Auflösung der Illusion des irdischen Daseins und der Dualität, und dadurch der Beginn eines neuen Zeitalters des Friedens und der allumfassenden Liebe.

4.6 Die Allgegenwärtigkeit der Dualseele

Obwohl das Thema Dualseele in der heutigen Zeit immer häufiger anzutreffen ist, hat es doch die Allgemeinheit noch längst nicht erreicht, wodurch Betroffene immer wieder das Gefühl haben, relativ alleine mit dieser Thematik dazustehen. So kommt es auch, dass viele das Gefühl haben, dieses Phänomen würde eher selten auftreten.

In Wahrheit ist dieses Thema jedoch weder neu – wie man sowohl durch Platons Kugelmenschen, als auch durch die Geschichte Rumis bereits gesehen hat, existiert es seit der Antike –, noch handelt es sich um ein wirklich seltenes Phänomen. Es ist viel eher so, dass dieses Thema häufig totgeschwiegen wird, aus verschiedenen Gründen:

Zum Einen ist der Begriff Dualseele relativ neu und viele Betroffene wissen gar nicht, was sie da erleben, halten es meist für nicht mehr als eine unglückliche Liebe, zum Anderen ist die gesellschaftliche Akzeptanz solcher Geschichten relativ niedrig, vor allem, wenn sie einen Stempel wie „Dualseele“ aufgedrückt bekommen, der für nicht erwachte Menschen nach absolut esoterischem Humbug klingen mag.

Allein aus meiner Tätigkeit als Coach weiß ich persönlich von um die 1000 Dualseelen weltweit, die mich kontaktiert haben. Wieviele es wirklich sind, die sich bisher gefunden haben, kann man lediglich schätzen, doch es werden täglich mehr.

Die Thematik an sich ist allerdings schon lange ein Teil unserer Kultur, was damit zu tun haben könnte, dass Dualseelen in den meisten Fällen sehr kreative Menschen sind.[14] Viele Künstler der heutigen und früheren Zeit sind und waren solche Dualseelen und brachten dies in ihren Werken zum Ausdruck. Einige Beispiele hierfür habe ich zusammengetragen, um zu verdeutlichen, wie allgegenwärtig die Dualseele in Wahrheit in unserem Leben und der Gesellschaft ist.

Gegen Ende dieses Kapitels werde ich eine Liste der Lieder präsentieren, die meiner Meinung nach offensichtlich dem Thema Dualseele zuzuordnen sind. Es gibt Künstler, deren Lieder fast ausschließlich davon handeln, wie z.B. die Band OOMPH!.

4.6.1 OOMPH! und Erich Kästner:

Viele Lieder über die Dualseelenthematik sind mir inzwischen geläufig, das Lied, das mich aber am meisten bewegt ist „Eine Frau spricht im Schlaf" von der Band OOMPH!, was damit zu tun haben könnte, dass dieser Text nicht im Original von OOMPH!! stammt, sondern ein Gedicht von Erich Kästner ist. Von der Band aufgegriffen wurde dieses Lied wohl hauptsäch-lich, weil sich viele ihrer Lieder mit der Dualseelen-Thematik beschäftigen – ob der Band dies ist bewusst ist, sei hier mal dahingestellt.

Eine Frau spricht im Schlaf

Als er mitten in der Nacht erwachte,

schlug sein Herz, daß er davor erschrak.

Denn die Frau, die neben ihm lag, lachte,

---

[14] Zwar ist im Grunde jeder Mensch eine Dualseele, an dieser Stelle beziehe ich mich jedoch auf die Dualseelen, die sich gefunden und auf den Weg gemacht haben.

daß es klang, als sei der Jüngste Tag.
Und er hörte ihre Stimme klagen.
Und er fühlte, daß sie trotzdem schlief.
Weil sie beide blind im Dunkeln lagen,
sah er nur die Worte, die sie rief.
“Warum tötest du mich denn nicht schneller?”
fragte sie und weinte wie ein Kind.
Und ihr Weinen drang aus jenem Keller,
wo die Träume eingemauert sind.
“Wieviel Jahre willst du mich noch hassen?”
rief sie aus und lag unheimlich still.
“Willst du mich nicht weiterleben lassen,
weil ich ohne dich nicht leben will?”
Ihre Fragen standen wie Gespenster,
die sich vor sich selber fürchten, da.
Und die Nacht war schwarz und ohne Fenster.
Und schien nicht zu wissen, was geschah.
Ihm (dem Mann im Bett) war nicht zum Lachen.
Träume sollen wahrheitsliebend sein ...
Doch er sagte sich: “Was soll man machen!”

und beschloß, nachts nicht mehr aufzuwachen.

Daraufhin schlief er getröstet ein.[15]

Das Bild, das sich bei diesem Gedicht und vor allem bei der akustischen Umsetzung aufdrängt, kennen wohl alle Dualseelen nur zu gut. Die Frau, die in ihrer Liebe nicht loslassen kann, weil der Mann es ebenso wenig schafft. Da er sie aber gleichzeitig von sich schiebt, indem er diese Liebe leugnet, sind beide auf ewig aneinander gefesselt, während sie versuchen, trotzdem ihr Leben zu leben, was sich äußerst qualvoll gestal-tet. In diesem Fall bricht diese Qual in der Nacht – während des Schlafes – aus dem Unterbewusstsein aus.

Die Frage, die sich mir stellte, war: Hatte Erich Kästner etwa seine Dualseele gefunden? Im Grunde kein so abwegiger Gedanke, begegnen sich Dualseelen im Laufe ihrer Inkarnationen doch regelmäßig wieder, doch ich wollte es genauer wissen.

In seiner Biographie[16] finden sich die ersten Hinweise. Erich Kästner hat im Laufe seines Lebens nie geheiratet, aber es gab zwei Frauen, die von großer Bedeutung waren. Die eine Frau war seine langjährige Lebensgefährtin, mit der er auch zusammenlebte, Luiselotte Enderle. Die andere Frau war Friedel Siebert, die 27 Jahre jünger war als er und mit der er ein gemeinsames Kind hatte, dessen Existenz aber jahrelang verschwiegen wurde.

---

[15] Siehe: Johan Zonneveld: *Bibliographie Erich Kästner. Band 1: Primärliteratur, Zeittafel,* Bielefeld 2011, S. 266.

[16] Siehe: Klaus Kordon: *Die Zeit ist kaputt. Die Lebensgeschichte des Erich Kästner,* Weinheim 2012.

Im Jahre 1977, drei Jahre nach Kästners Tod, veröffentlichte seine Lebensgefährtin Luiselotte Enderle eine Sammlung von Briefen, die Kästner an seinen Sohn und dessen Mutter in den 60er Jahren geschrieben hatte, die „Briefe aus dem Tessin".

Einen Auszug aus diesen Briefen möchte ich hier als Zitat wiedergeben, um die Gefühle, die darin stecken, nicht zu verfälschen.

> Ach Liebste, Du hättest nicht wegfahren sollen. Im Winter, aus dem Tessin, nach Hamburg – es ist wider die Natur. Obgleich ich natürlich verstehe, daß es Dich hier unten nicht länger gelitten hat. Die Schwalben sind fort, die Schwalben der Weihnachtswoche in ihren Mercedeswagen – und was bleibt? Die Blätter sind längst gefallen, die scharfe Kontur der hochkomforta-blen Sackgasse, in der wir hier leben, steht demaskiert.
>
> Es ist nichts für eine junge Dame gleich Dir, höchst erfreulich anzusehen und höchst gebildet (erwähntest Du nicht sogar etwas von einem philosophischen Doktorat?), Repräsentantin Deiner rüstigen und sachlichen Generation, und fünfundzwanzig Lenze jung, wie man blumeranterweise in meiner Generation oder doch wenigstens in der meines Vaters zu sagen pflegte – und hast Du dir einmal in einer müßigen Sekunde ausgerechnet, wie viele Jahre Du zu leben haben wirst, bevor Du auch nur halb so alt bist wie ich (dieses Leben auf meiner Seite auf so lange Frist hinaus einmal als Hilfs Hypothese vorausgesetzt)? Ich rechnete es mir aus, als ich nach Deiner Abreise unlängst (in Deinem nie gewaschenen kleinen Sport Coupe) schlaflos zu Bett lag. Wenn Du um sechzehn Jahre älter bist als heute, werde ich doppelt so alt sein, immer noch. Es ist — wie nennen sie es in jener Zeitung dort oben, in

> Deinem Hamburg? Es ist eine Logelei. Ein Geheimnis zwischen mir und der Mathematik. Denk bitte darüber nach.
>
> Weg bist Du also, mein inneres Auge (wie unsereiner damals zu sagen pflegte).[17]

Als ich diesen Brief las, war die Antwort glasklar. Natürlich muss ich einräumen, dass ich hier im Grunde nur Vermutungen anstellen kann. Was Kästner wirklich gefühlt hat, kann heute wohl niemand mehr belegen, aber die belegbaren Tatsachen und diese Briefe, sowie die Verbindung zu einer modernen Band, die sich häufig mit dem Thema Dualseele auseinandersetzt, sprechen ihre eigene Sprache.

1927 lernte Kästner seine Lebensgefährtin Luiselotte Enderle kennen und zog 1944, als seine Wohnung in Berlin zerbombt wurde, bei ihr ein, die beiden haben fast 40 Jahre zusammengelebt.

Innerhalb dieser 40 Jahre muss er Friedel Siebert – seine Dualseele? – kennen gelernt haben, denn der gemeinsame Sohn Thomas wurde 1957 geboren. Das bedeutet, Kästner war schon lange mit seiner Lebensgefährtin zusammen, als er schließlich irgendwann auf seine Dualseele traf. Die beiden hatten ein kurzes Verhältnis, aus dem ein Kind entstand, aber Kästner brachte es nicht fertig, zu seiner Liebe zu stehen. Warum?

Die Gründe sollten für jeden, der seine Dualseele gefunden hat, offensichtlich sein, denn hier finden wir das altbekannte Schema:

---

[17] Siehe: Erich Kästner: *Briefe aus dem Tessin*, Zürich 1977.

1. Seine Dualseele war doppelt so jung wie er, er fühlte sich ihrer nicht wert, wie aus dem obigen Zitat zu entnehmen ist.
2. Er hatte bereits eine langjährige Lebensgefährtin, mit der er sich ebenfalls verbunden fühlte und zu der er ein gutes Verhältnis hatte, wodurch er auch Verantwortung für sie fühlte.
3. Der Altersunterschied war nur ein Vorwand, genau wie die bereits vorhandene Lebensgefährtin, in Wirklichkeit war Kästner mit diesem Gefühl und dieser Verbundenheit einfach überfordert, sodass er nur die Flucht ergreifen konnte.
4. Kästner hat zeitlebens nie geheiratet, was wohl sein einziges Zugeständnis an seine wahre Liebe war.

Ist dies nicht das klassische und altbekannte Dilemma der Dualseelen? Zwei Hälften, durch unstillbare Sehnsucht auf ewig verbunden, gleichzeitig durch Angst und gesellschaftliche Konventionen auf ewig getrennt ...

Wie sehr muss Kästners Lebensgefährtin ihn dennoch geliebt und geachtet haben, dass sie trotzdem diese Briefe nach seinem Tod veröffentlichte? Dass sie das Andenken an diese Liebe nicht in Vergessenheit geraten lassen konnte?

Ein Happy End gab es für Kästner und seine Dualseele leider nicht, zumindest nicht in diesem Leben. In vergangenen Inkarnationen waren die Dualseelen noch nicht bereit für die Vereinigung, trotzdem erkennt man hier so etwas wie ein Vorspiel zur finalen Inkarnation, in der die Vereinigung en-dlich geschehen soll – in der heutigen Zeit.

Bei meinen Nachforschungen nach Interpretationen des Gedichtes „Eine Frau spricht im Schlaf“ fand ich nicht eine

Interpretation die der meinen auch nur nahe kommt, doch betrachtet man es vor dem Hintergrund der Dualseelenthematik, wird klar, wie sehr Kästners Gedicht und Biographie von diesem Phänomen zeugen.

4.6.2 Die Dualseele im Märchen – *Jorinde und Joringel*

Das Märchen von *Jorinde und Joringel*, welches im Original aus dem späten 18. Jahrhundert stammt, erzählt die Geschichte zweier Liebender, die in den Bann einer bösen Hexe geraten und dadurch getrennt werden. Die Hexe verwan-delt Jorinde in eine Nachtigall und verbannt den hilflosen Joringel, sodass er nicht in der Lage ist, seine Geliebte zu retten.

Dennoch gibt er nicht auf, er zieht in die Ferne und verweilt dort lange Zeit, auf der Suche nach dem Schlüssel zur Rettung seiner Geliebten, der sich ihm eines Tages im Traum offenbart. Nachdem er diesen Schlüssel – in Form einer roten Blume mit einer Perle in der Mitte – gefunden hat, gelingt es ihm, seine Jorinde – und sämtliche 7000 anderen gefangenen Jungfrauen – aus dem Bann der Hexe zu befreien.

Dieses Märchen begleitete mich seit der frühen Kindheit und ließ schon damals, im zarten Alter von sechs Jahren, etwas tief in meiner Seele anklingen. Viele Jahre begegnete mir dieses Märchen immer wieder und ich konnte mich seiner Faszination nicht erwehren, auch wenn ich nicht hätte er-klären können, was es war, das mich in dieser Geschichte so ansprach – bis ich vor einigen Jahren auf ein besonderes Buch stieß, in dem es um geheime Botschaften im Märchen[18] ging.

---

[18] Siehe Christa M. Siegert: *Geheime Botschaft im Märchen*, Bad Teinach-Zavelstein, 1991, S.141 - 161

Dieses Buch entschlüsselte die Geschichte von *Jorinde und Joringel* als eine Metapher der Dualseelenmystik und erklärte im Grunde sogar den Weg der Dualseelen. Gleichzeitig kann man in diesem Buch, anhand verschiedenster Märchen, die dort besprochen werden, eine Art Bewusstseinsmodell erkennen.

Jedes Kapitel – jedes Märchen – beschreibt eine bestimmte Bewusstseinsstufe, dabei ist die Gliederung gleichzeitig so aufgebaut, dass sie eine Art Aufstiegsmodell abzeichnet, dem man tatsächlich folgen kann. Da ich mich nicht mit fremden Federn schmücken will, indem ich das betreffende Kapitel über Jorinde und Joringel hier einfach nacherzähle und sich die inhaltliche Thematik ohnehin – nur sehr viel ausführlicher – über dieses gesamte Buch erstreckt, möchte ich an dieser Stelle einfach nur auf dieses Märchen und dieses Buch verweisen und damit gleichzeitig aufzeigen, wo sich die Dualseelenthematik überall wiederfindet.

4.6.3 Die Dualseele in der Musik

Es gibt zahlreiche Musiker, in deren Texten man die Thematik der Dualseele wiederfinden kann. Wie bewusst es diesen Künstlern ist, worüber sie da schreiben und singen, kann ich größtenteils nur vermuten – bei einem Künstler weiß ich es genau, da meine Dualseele selbst Musiker ist. Wenn es sich jedoch um Künstler handelt, deren Lieder sich fast ausschließlich mit dieser Thematik auseinandersetzen, kann man bei-nahe davon ausgehen, dass sie sehr wohl wissen, mit was sie es da zu tun haben.

Zu nennen wäre da natürlich an vorderster Stelle die Band OOMPH! mit Liedern wie „Niemand“, „Brennende Liebe“, „Zuviel

Liebe kann Dich töten" und „Viel zu tief" an vorderster Front, sowie vielen weiteren, in denen man dieses Thema wiederfindet.

Aber auch die Sängerin und Songwriterin *Amy Lee* von *Evanescence,* bewegt sich hier mit an der Spitze, denn auch ihre Lieder beschreiben fast ausschließlich das Thema Dualseele, so zum Beispiel „Haunted", „Bring me to life" und „Tourniquet", um an dieser Stelle auch einige weniger bekannte Lieder zu nennen.

Bei der Band *Muse* kann man die Dualseele ebenfalls in einigen ihrer Lieder erkennen, wie zum Beispiel „Unintended" oder „Guiding Light", und auch die Band *Käptn Peng und die Tentakel von Delphi,* deren Texte ich in diesem Buch einige Male zitiere, hat ein Lied über Dualseelen geschrieben – „Sie mögen sich".

Im Grunde könnte man hier seitenweise Künstler und Lieder aufzählen, genauso wie Stücke aus der klassischen Literatur, in denen sich die Dualseele versteckt hat, ich denke aber, es ist mir inzwischen gelungen, aufzuzeigen, dass die Dualseele in Wahrheit hinter jeder Ecke lauert – heute genauso wie vor tausenden von Jahren. Sieht man sich einmal bewusst um, wird schnell klar, dass mehr als die Hälfte aller Menschen dieses Phänomen zu kennen scheint.

Interessant ist dabei die Frage, warum man dennoch alleine dasteht, hat man seine Dualseele gefunden. Zunächst scheint es ja niemanden zu geben, der verstehen oder nachvollziehen kann, was da mit einem passiert. Die gesellschaftliche Akzeptanz dieses Themas ist auch heute noch minimal, obwohl immer deutlicher wird, dass dieses Phänomen beinahe schon alltäglich zu sein scheint.

Vielleicht ist es an der Zeit, etwas daran zu ändern und offen über diese besondere Liebe zu sprechen, um den Menschen, die noch nicht das Glück hatten, ihre andere Hälfte zu finden, zu zeigen, dass es doch mehr jenseits der normalen, endlichen Liebe gibt.

Vielleicht ist es an der Zeit, endlich offen zu dieser Liebe zu stehen ...

4.7 Das Phänomen der Verbindungsseelen

Hattest du schon einmal das Gefühl, es gibt jemanden, dessen Schicksal irgendwie mit dem deinen und dem deiner Dualseele verbunden ist? Nun, dann hast du vermutlich eine eurer Verbindungsseelen entdeckt, oder man könnte auch sagen, deine Seele hat diese andere Seele erkannt.

4.7.1 Was ist eine Verbindungsseele?

Verbindungsseelen sind Seelen, die sich vor dieser Inkarnation als Helfer in euren Lebensplan eingetragen haben. Da der Weg der Dualseelen gleichzeitig der Weg in die Erleuchtung ist, ist es auch der schwierigste, den man sich als Seele wählen kann.

Wir Dualseelen haben uns vor dieser Inkarnation ein hohes Ziel gesteckt – jetzt, in dieser Zeit, die Erleuchtung zu erreichen, wieder *Eins* zu werden, um die Welt durch die Liebe vor dem Ende bewahren zu können.

Dieses ist das höchste Ziel aller Seelen und alle wollen irgendwie ihren Teil dazu beitragen, auch die, die noch nicht so weit sind, in diesem Leben die Erleuchtung zu erlangen. Aus diesem Grund gibt es zwei verschiedene Arten von Verbindungsseelen, ganz gemäß dem Prinzip der Dualität, dem die gesamte Existenz unterliegt – die *harmonsiche Verbindungs-seele* und die *disharmonische Verbindungsseele.*

Verbindungsseelen können in jeder möglichen Form und Gestalt auftauchen, als Mensch oder Tier, und es kann sich durchaus auch um ein weiteres Dualseelenpaar handeln, ebenfalls in menschlicher und tierischer Gestalt. Ich kenne ein Dualseelenpaar, von dem jeder der beiden einen Hund hat. Diese Hunde sind ebenfalls Dualseelen und gleichzeitig die Verbindungsseelen dieses menschlichen Dualseelenpaars.

Meine persönlichen Verbindungsseelen, die ich bisher erkannt habe, sind eine Katze, die mich bereits in der zweiten Inkarnation begleitet, ein Pferd und mehrere Menschen, zudem mehrere weitere Dualseelenpaare in menschlicher Form.

4.7.2 Die harmonische Verbindungsseele

Ziel und Aufgabe der harmonischen Verbindungsseele ist es, das Dualseelenpaar immer wieder zueinanderzuführen, besonders dann, wenn beide - oder einer von beiden - dabei sind, vom gemeinsamen Weg abzukommen.

Außerdem sind sie da-für zuständig, uns bestimmte Dinge begreiflich zu machen oder Botschaften aus der geistigen Welt zu übermitteln. Sie führen uns immer wieder unsere Verbindung vor Augen.

Geschehen kann dies auf die unterschiedlichsten Arten, sowohl auf der irdischen Ebene, als auch auf der Traumebene. Geschieht es auf der irdischen Ebene, wird die Verbindungsseele zum Beispiel dafür sorgen, dass du zur rechten Zeit wieder an deine Dualseele erinnert wirst, oder sie sorgt dafür, dass es zu einer Zusammenkunft kommt. Die Verbindungsseele handelt dabei nicht bewusst – es sei denn, sie ist bereits erleuchtet –, normalerweise folgt sie dabei einfach instinktiv ihrem Lebensplan und weiß auf irdischer Ebene nicht, was sie da tut und warum.

4.7.3 Die disharmonische Verbindungsseele

Die disharmonischen Verbindungsseelen kann man erst erkennen, und vor allem ihnen dankbar sein, wenn man sich dem Zustand der Erleuchtung nähert, denn ihre „Arbeitsweise“ empfinden wir nicht nur als absolut unangenehm, sondern oft auch als absolut boshaft.

Diese Art von Verbindungsseelen helfen dir und deiner Dualseele auf ganz besondere Art und Weise – nämlich indem sie euch so gut es geht dazwischenfunken! Sie schüren Streit zwischen euch, verletzen euch, versuchen alles, um euch auseinanderzuhalten. Sicher fragst du dich jetzt, wie das eine Hilfe sein kann? Ich sage dir:

Das ist die größte und wertvollste Hilfe auf deinem Weg!

Indem die Verbindungsseele euch zum Streiten bringt, oder versucht, euch auseinanderzuhalten, zeigt sie euch genau auf, wo die Schwachstellen in eurer Beziehung liegen, wo ihr angreifbar seid. Indem sie euch verletzt, zeigt sie euch auf, wie weit Ihr wirklich mit eurer Selbstliebe seid.

Durch die disharmonische Verbindungsseele habt ihr die wertvollste Chance von allen – immer wieder erkennen zu dürfen, woran ihr noch gezielt arbeiten müsst, um euer Ziel erreichen zu können, die *Erleuchtung* und *Einswerdung*.

4.7.4 Beispiel für tierische harmonische Verbindungsseelen

Interessant wird es bei Tieren als Verbindungsseele, dazu ein Beispiel aus meinem eigenen Leben. 1998 fand ich meine Dualseele und empfand es sofort als unmöglich. Ich ging in die totale Verdrängung, befahl mir einfach, *ihn* zu vergessen und hatte Erfolg damit, weshalb ich mich nicht auf den Weg machte. Drei Jahre später, 2001, trat ein Pferd in mein Leben – Lucky. Lucky wurde damals zu meinem Pflegepferd und zu dieser Zeit war er das einzig Gute in meiner Welt. Ich versorgte und ritt ihn täglich.

Am 19. September 2001 geschah es dann, ich ritt Lucky, war dabei aber unaufmerksam. Mein Leben stand damals vor dem Supergau, ich war so unglücklich, dass ich in Gedanken nicht auf dem Pferd saß, sondern meilenweit weg war. In dem Moment erschrak sich Lucky und ging durch, ich verlor den Halt. Ich klammerte mich an die Zügel, um nicht zu fallen und sah im vollen Galopp einen Zaunpfahl auf mich zukommen, an dem ich dann mit meinem Gesicht ausbremste.

Ich war dann nicht bewusstlos, aber so schwer verletzt, dass ich unter Schock stand, was einer Bewusstlosigkeit ziemlich gleichkommt. Irgendwann im Krankenhaus kam ich das erste Mal wieder zu mir und mein erster Gedanke – den ich auch laut ausrief – war: „Wo ist mein Freund?“

Die Ärzte sagten mir, er würde draußen warten und meine gedankliche Reaktion darauf war: „Den meine ich nicht, *er* war doch gerade noch bei mir!“ Als ich merkte, was ich da denke, fiel ich wieder zurück in die Dunkelheit. Erst in der Zeit nach dem Unfall kam dieser Gedanke hartnäckig wieder hoch, nur hatte ich keine Ahnung, um wen es sich dabei gehandelt haben könnte.

Dieser Unfall war jedoch mein Auslöser, endlich mein Leben in die Hand zu nehmen, weshalb ich ein Jahr später eine Umschulung begann – wo mir dann eine weitere, menschliche Verbindungsseele begegnete. Wie sollte es auch anders sein ... Diese Verbindungsseele schaffte es dann, die Erinnerung wieder hochzuholen, *wer* dieser mysteriöse, andere „Freund" war.

Lucky wurde nach meinem Unfall verkauft und ich erfuhr nie, wohin. Jahrelang suchte ich ihn, fand aber nichts heraus. Nach zwei Jahren träumte ich dann, wie meine Dualseele auf mich zukam, er führte Lucky an der Hand und gab mir die Zügel. Als ich aufwachte dachte ich noch „Wunschdenken ..." und gab nichts weiter auf den Traum.

Luckys Part war damit nicht zu Ende, aber er machte eine Pause von 10 Jahren. In dieser Zeit trat Isis auf den Plan, eine Katze. Sie ist mir 1996 zugelaufen, und im Laufe der Jahre fiel mir immer wieder auf, dass sie eine unglaubliche Affinität zu Pferden hatte. Wann immer draußen mal ein Pferd zu hören war, saß sie sofort voller Begeisterung am Fenster. Später wohnten wir für ein Jahr auf einem Hof mit Pferden, Isis zog es immer zu diesen Tieren.

Zudem brachte sie mir, direkt nachdem ich meine Dualseele gefunden hatte, eine wichtige Botschaft im Traum, die Botschaft, dass das Ganze zwar unmöglich scheint, aber dennoch die Wahrheit ist!

Sie starb 2010, und ein halbes Jahr später wurde ein kleiner Kater direkt vor meiner Haustür ausgesetzt. Ich wollte ihn eigentlich nicht aufnehmen, weil ich schon vier Katzen hatte. Meine Tochter und ich versorgten ihn und brachten ihn dann zu einem Tierarzt, der ihn ans Tierheim weitergab.

Aber dieser Kater ging mir nicht mehr aus dem Kopf – zwei volle Wochen lang. Ich verspürte einen so unglaublich starken Drang, ihn zurückzuholen, dass ich schließlich nachgab. Eine Freundin fuhr mich zum Tierheim, neben dem ein Reiterhof liegt. Direkt gegenüber war eine Weide, auf der eine Herde Pferde graste – ich erkannte Lucky sofort!

Ich stieg aus und rief nach ihm, er hörte meine Stimme, hob den Kopf und kam im vollen Galopp zu mir, wäre vor Freude fast über den Graben gesprungen. Ich hatte Lucky wiedergefunden, nach zehn Jahren, und zu verdanken hatte ich das diesem Kater!

Als ich den kleinen Kater dann nach Hause brachte, begann mir zu dämmern, was hier lief. Er stieg aus dem Transportkorb und lief sofort selbstbewusst und mit hoch erhobenem Schwanz durch die Wohnung, als hätte er schon immer hier gelebt und wolle nur schauen, was sich in seiner Abwesenheit verändert hatte. Die anderen Katzen begrüßten ihn wie einen alten Bekannten, bis auf einen. Das war der Kater, der mit Isis immer Streit gehabt hatte. Da wusste ich schon, wer der kleine Kater war – die Reinkarnation von Isis.

Abends lag er auf meinem Schoß und ich sagte zu ihm: „Ich kenn dich doch, wer bist du?“ Ich nannte mehrere Namen von Katzen, die mal bei mir gewesen waren – keine Reaktion.

Dann sagte ich „Isis?“ und der Kleine legte mir seine Pfote aufs Herz ...

Kurz darauf tauchte dann Lucky wieder in einem Traum auf, der Traum spielte in einer mir unbekannten Gegend, und in diesem Traum lebten meine Dualseele und ich als Paar. Natürlich konnte ich mir wieder keinen Reim darauf machen. Das war 2011.

2012, ein paar Monate später, fuhr ich nach Hannover, um mich dort mit einer Klientin für eine Familienaufstellung zu treffen, an der wir gemeinsam teilnehmen wollten. Aus irgendeinem Grund hatte man ihr aber die falsche Adresse genannt, wir standen vor verschlossenen Türen und erreichten auch niemanden.

Also fuhren wir zu ihr nach Hause. Als wir in ihre kleine Siedlung – außerhalb von Hannover – einbogen, erkannte ich die Gegend aus meinem letzten Traum mit Lucky wieder. Ich konnte die nähere Umgebung präzise beschreiben und alles stimmte. Der Witz an der Sache war, dass meine Dualseele mal vor einiger Zeit überlegt hatte, nach Deutschland auszuwandern – in die Nähe von Hannover, da er beruflich ohnehin sehr oft dort zu tun hat.

Diese lange Geschichte habe ich erzählt, um deutlich zu machen, wie stark die Wege einzelner Seelen miteinander verschlungen sind, wie alles verbunden ist, aber wieviel Zeit es braucht, um all diese Zusammenhänge erkennen zu können, und natürlich auch, um die „Arbeitsweise“ von tierischen Verbindungsseelen zu verdeutlichen. Das Prinzip der Verbindungsseelen sollte dir vor allem eines vor Augen führen:

Es gibt kein Gut und Böse, alles ist Teil des göttlichen Lebensplans und führt unweigerlich ins Licht!

So kannst du lernen, dem Leben zu vertrauen und auch das vermeintlich Negative als das anzunehmen, was es ist – ein Geschenk! Schau mal auf deine eigene Geschichte und beginne, die einzelnen Puzzleteile zusammenzusetzen, erkennst du schon das fertige Bild, das *große Ganze*?

4.7.5 Der Stellvertreter

Es gibt noch eine weitere Art von Verbindungsseelen: Der Stellvertreter, der entweder als Botschafter, oder aber als Übungspartner erscheinen kann.

Nach meiner eigenen Erfahrung sind Stellverteter relativ selten und begegnen uns meist erst dann, wenn wir auf unserem Weg bereits eine gewisse Entwicklung zurück gelegt haben, weshalb ich auf dieses Phänomen erst relativ spät aufmerksam wurde.

4.7.6 Der Botschafter

Diese Art von Stellvertreter tritt scheinbar zufällig auf, jeder Mensch der dir begegnet, kann zu einem *Botschafter* werden: Fremde, denen du auf der Straße oder im Supermarkt begegnest, Nachbarn, entfernte Verwandte, usw.. Erfahrungsgemäß sind es meisten jedoch Menschen, die du gar nicht oder nicht besonders gut kennst.

Es handelt sich im Normalfall um sehr kurze und gleichermaßen intensive Begegnungen, zum Beispiel läufst du gerade eine Straße hinunter, dir kommt ein fremder Mensch entgegen und für einen kurzen Augenblick bleibt dir das Herz fast stehen. In diesem Augenblick „erkennst" du deine Dualseele in diesem Menschen. Diese Person ähnelt deiner Dualseele nicht, es fühlt sich eher an, als wäre sie „besessen" von deiner anderen Hälfte. Du siehst und fühlst die Anwesenheit einfach. Hin und wieder entsteht jedoch eine längere Verbindung zwischen dir und dem Botschafter, wie ein Beispiel zeigt, zu dem ich gleich noch kommen werde.

Oft kommt es zu solchen Begegnungen in Phasen, in denen wir den „Ausgang" aus unserer Dualseelengeschichte suchen, es sind dann Momente, die uns unsere Gefühle wieder ins Bewusstsein rufen sollen, wenn wir sie zu sehr verdrängt, oder uns der irrationalen Hoffnung hingegeben haben, wir hätten uns nur in etwas verrannt. Der fremde Mensch wird zum Spiegel unserer Selbst und damit zum *Botschafter* unserer Emotionen.

Hin und wieder erfüllt der Botschafter aber auch andere Aufgaben, die sehr vielfältig und individuell sein können. Um dir das Erkennen deiner eigenen Botschafter zu erleichtern, möchte ich dir wieder einmal ein Beispiel aus meiner eigenen Geschichte erzählen.

Wenn ich morgens aufstehe, gehe ich immer zuerst auf den Balkon, noch im Pyjama und völlig zerknittert, um etwas frische Luft zu schnappen. Eines Morgens stand mein Nachbar, den ich zu diesem Zeitpunkt noch nicht besonders gut kannte, auf dem Nebenbalkon. Wir unterhielten uns kurz, hauptsächlich Smalltalk, als er plötzlich innehielt und mir sehr intensiv in die Augen sah. Ich spürte eine große Verwirrung in ihm und merkte, dass auch ihm bewusst war, dass hier etwas Außergewöhnliches geschah, das er sich nicht erklären konnte. Er setzte an etwas zu sagen, stockte aber mitten im Satz, trotzdem wußte ich, was er sagen wollte, ich „hörte" es richtiggehend in meinem Kopf. Dann schüttelte er sich, als wollte er etwas abschütteln und der Moment war vorbei – er scheinbar peinlich berührt, ich hin und weg.

Denn in diesem Moment sah ich meine andere Hälfte durch seine Augen, während ich gleichzeitig mich selbst durch seine Augen sah. Es war als wäre mir ein Moment geschenkt worden, in dem ich mich selbst durch die Augen der Liebe sehen durfte – unbezahlbar ...

Damit war es aber nicht vorbei, wie ich einige Tage später, bei einer Begegnung im Garten erfuhr. Wir saßen mit den Nachbarn zusammen und unterhielten uns, als auf einmal mein Nachbar sagte, dass er es „riechen“ könne, wenn ich morgens aufstehe. Er würde dann meine Räucherungen riechen – ich muss dazu sagen, dass ich zu diesem Zeitpunkt seit Wochen nicht geräuchert hatte – und wüßte, ich bin wach. Er hätte das auch überprüft und es stimmte jedes Mal. Dieses Phänomen trat auch auf, wenn er seine Fenster und Türen geschlossen hatte.

Lange Rede, kurzer Sinn, diese Erfahrung rief mir unsere Verbindung zu einer Zeit ins Bewusstsein zurück, als ich gerade voller Zweifel war. Gleichzeitig lieferte es mir die Erklärung für eine Begegnung auf Traumebene, die kurz vor diesen Begebenheiten stattfand.

Dabei stand ich einem Hochhaus in einer fremden Stadt an einem Fenster und wusste, ich stecke nicht in meinem eigenen Körper. Ich sah durch das Fenster und konnte ihn im gegenüberliegenden Gebäude am Fenster stehen sehen. Er sah mich und erkannte mich, obwohl ich „nicht ich selbst“ war. Möglicherweise ist das die Erklärung, wie solche Begegnungen zustande kommen können.

Das Phänomen der Botschafter ist mir auch im Coaching immer wieder mal begegnet, genauso wie das der *Übungspart-ner*, zu denen ich jetzt komme.

4.7.7 Der Übungspartner

Diese Art von Stellvertreter ist die intensivste und, wie der Name bereits vermuten lässt, bleibt dieser Mensch auch immer eine längere Zeit in deinem Leben. Es handelt sich um Menschen, die deiner anderen Hälfte meist sehr ähnlich sehen, teilweise haben sie sogar den gleichen Namen, gleiche Hobbies und Interessen, und vor allem einen ähnlichen oder gleichen Charakter. Allein aus diesem Grund wirst du dich zu deinem Übungspartner irrational stark hingezogen fühlen und in einen inneren Widerstreit der Emotionen geraten.

Du wirst beginnen, deine Gefühle für diesen Menschen mit den Gefühlen für deine Dualseele zu verwechseln, einfach weil der Übungspartner dir das Gefühl gibt, es mit deiner Dualseele zu tun zu haben. Jedoch geht es hier nicht darum, mit dem Übungspartner eine Beziehung zu beginnen, das ist es nicht, was hier geübt werden soll ...

Vielmehr geht es darum, die Probleme, die auf zwischenmenschlicher Ebene zwischen dir und Deiner Dual-seele bestehen, bearbeiten zu können. Dadurch, dass der Übungspartner so viele Ähnlichkeiten zu deiner anderen Hälfte aufweist, entstehen nämlich binnen kurzer Zeit auch die gleichen Probleme auf zwischenmenschlicher Ebene, was eine große Chance bedeutet – die Chance, die Wurzel dieser Probleme zu erkennen und sie gezielt – miteinander, bearbeiten zu können. Alles was du tun musst, um diese Chance wahrzunehmen, ist zum Einen, dir ins Bewusstsein zu rufen, dass es sich eben *nicht* um deine Dualseele handelt, wodurch du emotional wieder festen Boden unter deine Füße bekommst, und zum Anderen, *bewusst* in die Kommunikation und Interaktion einzusteigen, die Beziehung zu analysieren und daran zu arbeiten.

Auf diese Art konnte ich mit meinem eigenen Übungspartner schnell erkennen, woran die Kommunikation mit meiner Dualseele immer wieder gescheitert ist, was für alte Muster unser Verhalten prägten und wie ich die Beziehung verbessern konnte. Zugleich war dies ein idealer „Spielplatz", um zu lernen, das Ego aus unserer Beziehung herauszuhalten.

Die Beziehung zum Übungspartner ist wie „Trockenschwimmen", du bekommst einen Übungsplatz, um dich auszuprobieren, hier kann nichts schlimmes geschehen, aber die „Wirklichkeit" wird perfekt simuliert. Es handelt sich um eine große Chance – ein Geschenk – die man unbedingt erkennen und nutzen sollte.

5 Weg der Dualseelen

5.1 Die wichtigsten Lernaufgaben der Dualseelen

Immer wieder werde ich von Menschen, die gerade erst Ihre Dualseele gefunden haben, und somit neu in der Materie sind, gefragt: „Was genau sind es denn für Lernaufgaben, die wir zu erledigen haben?".

Auf diese Frage möchte ich nun näher eingehen. Lernaufgaben gibt es viele, und die karmisch bedingten Lernaufgaben zwischen Dualseelen sind immer individuell. Dabei kann es darum gehen, bestimmte, sich immer wiederholende Probleme zu lösen, alte Verhaltensmuster zu durchbrechen oder karmische Verknüpfungen zu anderen Menschen zu lösen, die Möglichkeiten sind hier zahlreich.

Gleichzeitig gibt es aber auch Lernaufgaben, die nicht karmisch bedingt sind und damit allen Dualseelen gemeinsam auferlegt wurden, dabei handelt es sich um drei wichtige Dinge, die über Allem stehen:

1. Das Loslassen und die bedingungslose Liebe
2. Die Selbstliebe und Eigenverantwortung
3. Die Balance zwischen dem männlichen und weiblichen Prinzip, dem *Yin* und *Yang*

Aber worum genau geht es denn beim Loslassen, der Selbstliebe oder der Balance zwischen Yin und Yang wirklich und wie bewältige ich diese Lernaufgaben? Dazu muss ich erst einmal sagen, dass dies nicht auf Knopfdruck funktioniert und das Tempo, in dem wir diese Lernaufgaben bewältigen, hängt natürlich auch stark davon ab, wie weit jeder Einzelne in diesen Bereichen bereits ist.

Jeder Mensch hat seine Schwächen und Stärken, der Eine lebt vielleicht schon eine starke Selbstliebe und Eigenverantwortung, es fehlt ihm dafür aber an der inneren Balance, weil er nur seinen männlichen Anteil lebt, dies ist meist bei Männern der Fall, bei den Frauen ist es oft umgekehrt. Das Loslassen ist sogar als besondere Lernaufgabe herauszuheben, denn von Natur aus sind wir Menschen durch die Gesellschaft auf eine ganz gegenteilige Lebensweise konditioniert.

Wichtig ist, sich bewusst zu machen, dass man diese Dinge nur lernen kann, indem man sie lebt, indem man alte Verhaltens- und Denkmuster, die dem im Wege stehen, langsam überschreibt und das Ganze Schritt für Schritt in sein Leben integriert, bis es zu einem Bestandteil des eigenen Wesens geworden ist, der nicht mehr erschütterbar ist.

Man sollte sich dafür die Zeit geben, die man braucht und nicht auf Biegen und Brechen so schnell wie möglich ans Ziel kommen wollen. Versucht man dies nämlich, setzt man sich selbst unter Druck, was wiederum nichts mit Selbstliebe zu tun hat ...

Kommen wir nun zu einer genaueren Erklärung der einzelnen Themen.

5.1.1 Loslassen – oder: Was Liebe wirklich ist

Loslassen, mit Sicherheit eines der am häufigsten missverstandenen Wörter überhaupt. Im Grunde wird jeder, der beginnt, sich mit dem Thema Dualseele zu beschäftigen, damit so ziemlich als Erstes konfrontiert. Und meistens fühlt es sich an wie ein Schlag ins Gesicht, wer will schon hören „Vergiss ihn/sie doch einfach!"?

Dabei liegt genau da das Problem, die wenigsten wissen so richtig, was mit Loslassen überhaupt gemeint ist, folglich wird es als Vergessen, Verdrängen, Aufhören zu lieben interpretiert und manch einer versucht auch, es genau so umzusetzen. Natürlich kann das nur in Frust enden, denn die Dualseele ist ein Teil von uns, weder können, noch sollen wir sie vergessen, oder gar aufhören sie zu lieben.

Würde ich diesen Menschen vergessen, aufhören, diesen Menschen zu lieben, der doch *ich* ist, würde ich da nicht mich selbst vergessen, aufhören, mich selbst zu lieben?

Kann das wirklich der Sinn der Sache, so gewollt sein vom Universum? Geht das überhaupt? Die Antwort ist ein klares *Nein* und jeder, der versucht hat, diesen Weg einzuschlagen, wird mir zustimmen. Dieser Weg führt zu nichts als Schmerz und Verzweiflung, weil sich die Seele mit aller Macht dagegen wehrt. Wer zu lange diesen Weg beschreitet, wird sogar krank, zuerst seelisch, später auch körperlich.

Die Verdrängung dieser Liebe führt zuerst immer in die Depression, oftmals ruft sie auch starke Aggression hervor, beachtet man diese Antwort der eigenen Seele nicht und macht so weiter, beginnt die Seele, über den Körper zu schreien, man wird körperlich krank.

Was aber ist dann mit Loslassen gemeint? Dieses Wort erscheint wie ein bodenloser Abgrund, den es zu überwinden gilt, aber es ist keine Brücke in Sicht. Wie soll man diesen Abgrund überwinden?

Bevor ich anfange, zu erklären, wie sich Loslassen definiert, und wie man es am besten umsetzt, möchte ich ein Gedicht von Rumi vorstellen, das ich aus dem Englischen übersetzt habe. Ich werde dann im folgenden Text auf bestimmte Passagen dieses Gedichtes näher eingehen.

Rumi – Keine Erwartungen

Die Existenz einer Seele, die in dieser Welt lebt,
und nicht in das Gewand der Liebe gekleidet ist,
ist eine große Schande.

Sei leichtsinnig in der Liebe,
denn Liebe ist alles, was ist.
Es gibt keinen Weg ins Sein,
außer durch den Austausch von Liebe.

Wenn jemand fragt,
„Aber was ist Liebe?“,
antworte: „Den Willen auflösen.“
Wahre Freiheit erfahren die,
die den Fragen von freiem Willen und Schicksal
entkommen sind.

Die Liebe ist ein Kaiser.
Die zwei Welten spielen durch sie.
Sie bemerkt ihr taumelndes Spiel kaum.
Liebe und Liebender leben in Ewigkeit.
Andere Sehnsüchte sind nur Ersatz für diese Art,
zu sein.

Wie lange bleibst du liegen, um einen Toten zu umarmen?
Liebe besser die Seele,
die sich nicht halten lässt.
Alles, was im Frühling geboren wird, stirbt im Herbst,
aber die Liebe ist nicht an Jahreszeiten gebunden.

Von Wein, aus Trauben gepresst,
erwarte einen Kater.
Aber dieser Pfad der Liebe hat keine Erwartungen.

Du fühlst dich nicht wohl in der Körperlichkeit?
Steig aus. Reise lichter.
Flügel werden dir gegeben.

Sei so rein wie ein Spiegel, der nichts reflektiert.
Sei frei von Bildern und den Sorgen, die sie mit sich bringen.
Blicke auf das, was sich weder schämt, noch Angst hat vor der Wahrheit.

Mache alle menschlichen Gesichter zu deinem eigenen,
ohne auch nur eins davon zu verurteilen.
Sei reine Leere.
„Was ist darin?", fragst du.
Stille ist alles, was ich sagen kann.

Manche Geheimnisse bleiben unter den Liebenden.[19]

Um jetzt zu erklären, worum es beim Loslassen wirklich geht, muss ich noch einmal etwas weiter ausholen. Will man wirk-lich verstehen, was Loslassen bedeutet, muss man zunächst verstehen, warum die Dualseelen überhaupt existieren. Was ist ihre Bedeutung, ihr Zweck?

Grundlegend geht es darum, dass wir alle zu Beginn *Eins* waren, eine einzige Seele, eine Form reinster Energie, reiner Liebe. Liebe ist *alles*, was in Wirklichkeit ist.

---

[19] Siehe: Coleman Barks: *Rumi. Bridge To The Soul*, New York 2007, S. 76. Übersetzung aus dem Englischen durch die Autorin.

Das Gefühl des Getrennt seins, das Prinzip der Dualität, welches unserer Welt zugrundeliegt, war von Beginn an nichts als eine Illusion. Wir selbst haben diese Illusion erschaffen, um Schritt für Schritt wieder herausfinden zu können, wer und was wir wirklich sind, *Eins*, *Liebe* ...

Der erste Schritt in Richtung dieser Erkenntnis ist die Dualseele, mit der wir uns ganz natürlich *Eins* fühlen. Die Dualseele ist im Grunde nur eine Hilfe auf dem Weg zur Erkenntnis.

Die eine Seele – Gott, alles was ist – hat sich aufgespalten in viele einzelne Seelen, die sich als getrennte Individuen erfahren. Damit wir irgendwann begreifen können, dass dies nur eine Illusion ist, hat sich jede „einzelne Seele“ nochmals in zwei Hälften aufgespalten.

Treffen diese Hälften aufeinander, erfahren sie plötzlich, dass es *Einssein* gibt, wie es sich anfühlt. Schaffen beide Hälften es, wieder zu verschmelzen, folgt die Erkenntnis, dass die Trennung nur eine Illusion war und mehr noch, dass man nicht nur mit der anderen Hälfte *Eins* ist, sondern mit allem, was ist. Dass alles andere nur eine Illusion ist, geschaffen, um zu lernen, dass in Wirklichkeit nur Eines existiert: reine, göttliche Liebe.

Dies drückt sich im ersten Teil des oben stehenden Gedichtes von Rumi aus:

> Die Existenz einer Seele, die in dieser Welt lebt,
> und nicht in das Gewand der Liebe gekleidet ist,
> ist eine große Schande.
> Sei leichtsinnig in der Liebe,
> denn Liebe ist alles, was ist.
> Es gibt keinen Weg ins Sein,
> außer durch den Austausch von Liebe.

Es geht also um viel mehr, als „nur“ darum, mit der anderen Hälfte zu verschmelzen, es geht darum, wieder zu fühlen, was wir wirklich sind, zurück zum Ursprung zu finden. Die Dualseele ist nur so etwas wie unser „Sprungbrett“ dorthin.

Diese Erkenntnis führt uns nun auch endlich zum eigentlichen Thema: Dem Loslassen. Der Weg, unser Leiden zu beenden, führt über die reine Liebe, die bedingungslose Liebe, denn Liebe ist alles, was ist. Wenn wir die Dualseelen erschaffen haben, um das herauszufinden, kann der Weg der Erlösung auch nur über die Liebe führen und damit kommen wir zum nächsten Teil des Gedichtes:

> Wenn jemand fragt,
> „Aber was ist Liebe?“,
> antworte: „Den Willen auflösen.“

Liebe bedeutet also, den Willen aufzulösen. Betrachten wir das einmal genauer, wie leben wir Menschen für gewöhnlich die Liebe?

Lieben bedeutet für uns Menschen fast immer auch Besitz, ich liebe jemanden, also bin ich nur glücklich, wenn ich denjenigen *haben* kann. Was hat das mit Liebe zu tun? Warum leiden wir unter einer Liebe, die „nicht erwidert“ wird? Verwechseln wir vielleicht wahre Liebe mit körperlicher Liebe, dem faden, materiellen Abklatsch einer reinen, heiligen Energie?

Konzentriert man sich einmal auf das reine Gefühl der Liebe, ohne auf den Zustand derselben in der materiellen Welt zu achten, fühlt man, dass Liebe reines Glück ist, ein Gefühl von so positiver, kraftvoller Natur, dass kein Platz mehr für Schmerz bleibt.

Wer wirklich liebt, will nur eines: Dass es dem „Objekt“ seiner Liebe gut geht. Leichter finden wir diese Wahrheit in unserer Liebe zu einem Tier oder Kind, denn diese Liebe stellt keine Bedingungen, sie *ist* einfach. Und genau darum geht es beim Loslassen, es bedeutet, einfach nur zu lieben, nicht zu *wollen* oder zu *leiden*!

Ich kann mir lebhaft vorstellen, was du jetzt vielleicht denkst:

„Klingt ja sehr schön, aber ich bin nur ein Mensch, kein Heiliger, das kann ich nicht!“

Um ehrlich zu sein, so war auch meine erste Reaktion auf diese Erkenntnis, ja, wir sind „nur“ Menschen, und doch auch wieder nicht. Denke an den Sinn der Existenz allen Seins – zu wachsen, zu lernen und zu erfahren, was wirklich *ist*.

Es ist also ein Weg, der zu gehen ist, kein Schalter, den man einfach umlegen kann. Der Weg zur bedingungslosen Liebe beginnt mit der Erkenntnis, dass alles *Eins* ist und führt darüber, dass wir beginnen, diese Einheit und die reine, göttliche Liebe tatsächlich in uns zu fühlen, nur um dieses Gefühl genauso schnell wieder zu verlieren.

Nur die Erfahrung und unser Streben danach führen uns letztendlich in den gewünschten Zustand, einfach nur *sein*, nur *Liebe* zu sein. Für diese Erfahrungen und diesen Weg muss Vieles verstanden werden, deshalb möchte ich auch den Rest dieses Gedichtes noch eingehender beleuchten, denn es ist so etwas wie der Schlüssel zur Existenz. Der folgende Absatz zeigt uns genau den Weg, den wir zu beschreiten haben:

> Wahre Freiheit erfahren die,
> die den Fragen von freiem Willen und Schicksal
> entkommen sind.

Auch hier geht es wieder um das reine *Sein*, die bloße Existenz und das *Loslassen* von allem, aus der Erkenntnis heraus, dass sowohl freier Wille, als auch Schicksal nur die Illusionen sind, die wir uns selbst erschaffen haben, um zu lernen.

Wenn wir dies wirklich begreifen, können wir uns von unserem Selbst, dem Ego lösen und eine andere Position einnehmen, die des Beobachters, der einfach nur geschehen lässt und nichts erwartet oder beurteilt. Denn genau diese Haltung führt uns zurück zu dem, was wir wirklich sind, lässt uns das Schauspiel des Lebens begreifen. Das ist der viel besprochene Aufstieg der Menschheit, die Erkenntnis über das, was wir wirklich sind und die Konsequenzen, die sich daraus für die Welt ergeben. Der nächste Absatz malt uns ein Bild von unserer Welt, wie sie wirklich ist:

> Die Liebe ist ein Kaiser.
> Die zwei Welten spielen durch sie.
> Sie bemerkt ihr taumelndes Spiel kaum.
> Liebe und Liebender leben in Ewigkeit.
> Andere Sehnsüchte sind nur Ersatz für diese Art, zu sein.
> Wie lange bleibst du liegen, um einen Toten zu umarmen?
> Liebe besser die Seele,
> die sich nicht halten lässt.
> Alles, was im Frühling geboren wird, stirbt im Herbst,
> aber die Liebe ist nicht an Jahreszeiten gebunden.
> Von Wein aus Trauben gepresst,
> erwarte einen Kater.
> Aber dieser Pfad der Liebe hat keine Erwartungen.

Der Kaiser – die Liebe – ist Gott, *wir*, alles, was ist. Die zwei Welten, die durch ihn spielen, symbolisieren unsere selbsterschaffene Dualität. Die Liebe bemerkt dieses Spiel deshalb kaum, weil sie einfach ist, sie bewertet nicht, sie *ist* einfach, in *Ewigkeit* – man könnte auch sagen *zeitlos*.

All die verschiedenen (Sehn-)Süchte der Menschen führen im Grunde nur zu einem Ziel, der Erkenntnis, dass wir reine Liebe sind und auch nichts Anderes sein wollen. Genau deshalb führt die Verwirklichung unserer mannigfaltigen Wünsche immer nur zu neuen, noch größeren Wünschen, wir sind auf der Suche nach etwas, das wir längst haben, das wir selber sind, der Erfahrung, was Liebe wirklich ist!

Fühle bitte einmal in dich hinein. Wenn du jemanden wirklich aus tiefstem Herzen liebst, was genau spürst du da in diesem Gefühl? Konzentriere dich nur auf *dieses* Gefühl, nicht auf die anderen Gefühle, die damit verknüpft sind, wie Erwartungen oder Wünsche. Die reine Liebe als Solches *will* gar nichts, außer zu sein und uns zu erfüllen. Fühlt sich das nicht einfach nur wundervoll an? So losgelöst von allem Schmerz?

Dieses Gefühl ist es, auf das du dich auf deinem Weg konzentrieren musst. Je mehr du das tust, umso mehr wirst du bemerken, dass es nicht nur die Liebe zu deiner Dualseele ist, sondern vielmehr die Liebe zu allem, was ist. Dieser Aspekt bringt mich dann auch zum letzten Teil des Gedichtes, der uns aufzeigt, wie wir auch dieses Problem überwinden können:

> Du fühlst dich nicht wohl in der Körperlichkeit?
> Steig aus. Reise lichter.
> Flügel werden dir gegeben.

Der erste Satz „Du fühlst dich nicht wohl in der Körperlichkeit" nimmt wieder Bezug auf unsere materielle Welt, in der wir uns nicht wohlfühlen, weil wir uns von allem getrennt fühlen.

„Steige aus. Reise lichter." ist die Richtung, in die wir zu gehen haben, nicht nur erkennen und verstehen, sondern vor allem *fühlen*, dass dies nur Illusion ist. Wir sollen uns dem geistigen, seelischen, energetischen Aspekt des Lebens zuwenden.

Auch dabei hilft uns unsere Dualseele, denn fast alles, was zwischen Dualseelen passiert, lässt sich auf materieller Ebene nicht greifen, mindestens 95% spielen sich auf einer rein geistigen Ebene ab. Man weiß, der Andere liebt einen auf die gleiche Art, wie man selbst es tut, nur gibt es meistens scheinbar keinen Beweis dafür auf der materiellen Ebene. Und dennoch ist es real.

Und nun kommen wir zur wichtigsten Übung von allen, der Perfektion sozusagen:

> Sei so rein wie ein Spiegel, der nichts reflektiert.
> Sei frei von Bildern und den Sorgen, die sie mit sich bringen.
> Blicke auf das, was sich weder schämt, noch Angst hat vor der Wahrheit.
> Mache alle menschlichen Gesichter zu deinem eigenen, ohne auch nur eins davon zu verurteilen.

Es geht hier um reines Bewusstsein, die Dinge um uns herum einfach anzunehmen, ohne Widerstand, ohne Bewertung. Wir sollen lernen, hinter die Dinge zu blicken, zu sehen, was *wirklich* ist – an dieser Stelle empfehle ich, dir einmal Platons[20] Höhlengleichnis anzuschauen.

---

[20] Siehe: Platon: *Der Staat*, Ditzingen 1982, S. 328 ff.

Wenn wir das schaffen, fangen wir irgendwann an, wirklich zu begreifen, dass alle Seelen Licht sind, egal wie niedrig ihre Schwingung auf der materiellen Ebene sein mag. Dann können sich alle negativen Gefühle endlich auflösen und wir erreichen einen neuen Bewusstseinszustand:

> Sei reine Leere.
> „Was ist darin?“, fragst du.
> Stille ist alles, was ich sagen kann.
> Manche Geheimnisse bleiben unter den Liebenden.

Diese Leere ist nichts als die Loslösung vom Ego, das Finden des wirklichen *Ichs*, oder genauer gesagt des *Wir*. In diesem Zustand herrscht Stille, Gedankenstille, es ist reines Fühlen, wir haben uns von unserem ständig plappernden Ego befreit, wir wollen oder erwarten nichts mehr, wir beurteilen nicht, wir *sind* einfach und wir beobachten. In diesem Zustand können die Energien endlich fließen und reine Liebe und reines Glück werden in unser Leben strömen.

Das Paradoxeste daran ist, dass es hier ja zu Beginn um den Weg zur Dualseele über das Loslassen ging. Im Laufe des Textes haben wir dann gesehen, dass es nicht wirklich um die Dualseele geht, und haben in eine ganz andere Richtung geblickt, uns auf die Suche nach uns selbst gemacht, und die Dualseele dabei einfach nur geliebt, aber diesmal *ohne Erwartungen*.

Wo kommen wir jetzt am Ende an? Natürlich bei uns selbst, aber ist die Dualseele nicht *auch* wir selbst? Wer es schafft, diesen Weg bis zum Ende zu gehen, wird sich am Ende mit der Dualseele vereinen, um den Menschen, die noch auf dem Weg sind, dabei zu helfen, auch endlich anzukommen. Also machen wir uns doch einfach auf den Weg nach Hause, zu uns *selbst*!

5.1.2 Loslassen, die Zweite, oder: Warum einfach, wenn es auch kompliziert geht?

Doch wer denkt, es wäre nun schon alles zum Thema loslassen gesagt, der irrt sich. Doch keine Angst, es wird nicht noch komplizierter, sondern ganz im Gegenteil – die Lösung ist ganz simpel!

Begonnen hat das Reifen dieser Erkenntnis an einem sonnigen Tag. Ich hatte wieder einmal ein sehr kompliziertes Problem, das dringend nach einer Lösung verlangte. Da ich beim Laufen meistens einen klaren Kopf bekomme, entschied ich mich spontan für einen Spaziergang und hoffte, währenddessen die Lösung für mein Problem zu finden.

Nach einigen Kilometern gelangte ich in ein Gebiet mit beinahe unberührter Natur, es war warm und sonnig, Vögel sangen, Grillen zirpten, der Wind rauschte in den Bäumen. Und plötzlich fiel alles von mir ab, der ganze Alltagsstress, die Sorgen, meine Probleme.

Mein Ego war damit aber nicht einverstanden und meldete sich sofort lauthals zu Wort: „Stopp! Das geht so nicht, du musst doch über dein Problem nachdenken!"

„Ich hab aber gar keine Lust, über mein Problem nachzudenken!", entgegnete ich, „Es ist so schön, hier und jetzt, ich will viel lieber einfach nur *sein*!"

Daraufhin verstummte mein Ego tatsächlich und ich wurde eins mit dem Augenblick, ließ mich einfach treiben. Und wie ich da so lief und gar nicht mehr über mein Problem nachdachte, über *gar nichts* mehr nachdachte, begegnete mir ein Mann, der mich ansprach.

Eines habe ich gelernt, jede Begegnung hat ihre Botschaft, also ließ ich mich auf die Begegnung ein, ging in die Rolle des Beobachters und wartete gespannt, was nun passieren würde. Zunächst war ich sehr verwirrt, es war eine recht bizarre Begegnung. Der Mann da mich da ansprach, kam nämlich ohne Umschweife direkt zum Punkt, und fragte mich, ob ich gerne mit ihm Sex haben würde. Ein wenig überrumpelt verneinte ich, wünschte ihm einen schönen Tag und ging meines Weges, konnte mir jedoch überhaupt keinen Reim auf die Botschaft dieser Begegnung machen.

„Was soll's", dachte ich und ließ es wieder los, dachte im Anschluss nicht weiter darüber nach. Ich ging nach Hause, hatte zwar immer noch keine Lösung für mein ach so dringendes Problem, aber ich war wieder in meiner Mitte. Und kaum wurde mir das bewusst, verstand ich plötzlich die Begegnung und erkannte, dass die Lösung meines Problems mir genau durch diese Begegnung auf dem Silbertablett präsentiert worden war!

Mein Problem war nämlich der Art, dass ich einen Mann kennen gelernt hatte, der mehr von mir wollte. Ein Teil von mir war dem gegenüber sehr aufgeschlossen, während ein anderer Teil in mir schrie – natürlich nach meiner Dualseele...

Durch die Begegnung mit dem Mann, der mich einfach so auf Sex ansprach, wurde mir endlich klar, dass ich mich auf diesen neuen Mann überhaupt nur aus einem Grund eingelassen hatte:

Ich war wieder im Gefühl des Mangels, es ging lediglich um Sex, nicht um Liebe oder Beziehung, zumindest von meiner Seite aus. Also sagte ich dem Mann lebewohl und begab mich zurück auf meinen Weg.

Nach diesem Ereignis begann ich, eine Ahnung davon zu bekommen, was Loslassen wirklich bedeutet. Ich wendete dieses

Prinzip immer öfter an und die Dinge begannen sich zu verändern. Eins war mir nämlich schon lange klar:

Sich zu sorgen macht überhaupt keinen Sinn, es ändert sich nichts dadurch, außer dass es einem immer schlechter geht!

Ein weiser Mann hat einmal zu mir gesagt: „Lass deine Probleme los. Durch Konzentration auf ein Problem verstärkst du es nur.

Was ist denn Konzentration? Es bedeutet, etwas zu *verdichten*! Dein Problem liegt genau vor dir und du starrst darauf, konzentrierst dich darauf, bekommst einen Tunnelblick. Die Lösung liegt aber rechts oder links daneben ..."

„Warum ist das eigentlich so schwer umzusetzen?", fragte ich mich immer wieder, vor allem, je mehr mir das Loslassen zeitweise gelang. Wenn man loslässt und einfach nur *ist*, gerät alles in Fluss, die natürliche Harmonie stellt sich praktisch von alleine ein und alles ist plötzlich ganz leicht, bestehende Probleme lösen sich wie von selbst, neue treten viel seltener auf.

„Kann doch nicht so schwer sein." Dachte ich und probierte es mit Loslassen. Es funktionierte, ich wurde zu der Antwort geführt, die wiederum ganz simpel ist. Sie wurde mir in einem Video von einem meiner abonnierten Youtube-Kanäle gegeben, in diesem Fall in einem Video über männliche und weibliche Energie.

Wir Menschen sind seit Jahrhunderten so geprägt, dass wir fast ausschließlich unsere männliche Energie ausleben, unsere Gesell-schaft baut auf Rationalität auf, Logik und Denken. Darauf sind wir trainiert, von Geburt an. Wir werden von unserer linken Gehirnhälfte gesteuert, der Logik und Ratio. Und genau das ist der Grund, warum wir so etwas Einfaches wie Loslassen so kompliziert finden, Loslassen ist nämlich ein Attribut weiblicher Energie!

Zum Thema Probleme muss ich auch noch etwas loswerden, denn gäbe es keine Probleme, müsste man auch nichts loslassen, richtig?

Was wäre nun, wenn ich dir sagen würde: „Es gibt in Wirklichkeit gar keine Probleme!“

Es gibt sie tatsächlich nicht, Probleme sind ein Konstrukt unserer Gedanken, die ständig mit etwas beschäftigt sein wollen, weil sie sonst überflüssig sind. Das Ego oder der Verstand bauen auf Logik auf, Logik braucht aber etwas, was sie analysieren und lösen kann!

Je mehr du es schaffst, wirklich loszulassen, und damit ist längst nicht nur die Dualseele gemeint, sondern *alles*, desto mehr wirst du diese wirklich simple Tatsache verstehen. Alles ist gut, wie es ist!

Ich denke, langsam wird deutlich, dass wir uns das Leben selbst so kompliziert und schwer machen. Deshalb möchte noch etwas über bedingungslose Liebe sagen, und dadurch wird sich ein weiterer Kreis schließen.

Vor allem wir Dualseelen sind wirklich gut darin, ständig über bedingungslose Liebe zu grübeln und zu diskutieren. „Liebe ich schon bedingungslos oder bin ich noch vom Ego gesteuert?“, könnte man diese ständige Diskussion auch nennen.

Ich möchte dich dazu einmal etwas fragen. Wieviel hast du schon erlebt mit deiner Dualseele? Hat deine andere Hälfte dich nicht zurückgestoßen, abgewiesen, dir auf alle nur erdenklichen Arten wehgetan, immer wieder? Hast du deswegen aufgehört, deine andere Hälfte zu lieben? Nein? Komisch, oder?

Du liebst deine andere Hälfte immer noch, egal was sie dir jemals angetan haben mag. Ist das etwa nicht *bedingungslos*?

Und genau darum geht es. Wir lieben schon bedingungslos, schon immer. Wir sind schon immer und zu jeder Zeit genau richtig gewesen, der einzige „Fehler", den wir immer gemacht haben, war, uns ständig selbst in Frage zu stellen und alles analysieren zu wollen!

Alles, was wir wirklich tun müssen, um das Gleichgewicht herzustellen und Harmonie mit uns selbst und unserer anderen Hälfte zu finden, ist *loszulassen*. Die Balance zwischen männlicher und weiblicher Energie ist sofort hergestellt!

Und denke mal an das Gesetz der Resonanz, was manifestierst du in deine Realität, wenn deine Gedanken und Gefühle ständig um deine 83 Probleme kreisen?

Was manifestierst du dagegen in deine Realität, wenn du *Eins* bist mit dem Augenblick, im Fluss und in Harmonie mit dir selbst und allem um dich herum?

5.1.3 Loslassen, die Dritte: Stell dir vor, deine Dualseele wäre tot

Ich hoffe, der Titel dieses Kapitels macht dir keine Angst, dennoch war es nötig, genau diesen Titel zu wählen. Warum, wirst du feststellen, wenn du weiterliest.

Vielleicht kennst du das Problem: Obwohl man vermeintlich losgelassen hat, scheint die Dualseele sich immer weiter zu entfernen oder fängt sogar eine Beziehung mit jemand anderem an, manchmal sogar eine Ehe. Dies führt natürlich zu erneuten Zweifeln, die man doch eigentlich schon hinter sich gelassen glaubte, das Ganze scheint wie ein Teufelskreis, aus dem es doch kein Entrinnen gibt.

Nehmen wir uns nun einmal beispielhaft den Fall meiner Klientin vor, die die Anregung zu diesem Kapitel gab. Die Beschreibung ihrer Situation übernehme ich hier als Zitat, anschließend folgt meine Erklärung:

„Ich kenne ja meine Dualseele nun schon seit 6 Jahren und habe die Hoffnung nie aufgegeben. Nun erfahre ich, dass er seit 9 Monaten eine Beziehung hat. Nach seinen Angaben eine glückliche. Ich fange mittlerweile an, an mir selbst zu zweifeln. Das passt alles nicht mit meinem Gefühl zusammen. Bin ich schon so verbohrt in meinem Hoffen, dass ich mich auf meine Gefühle auch nicht mehr verlassen kann? Und warum kann (darf) er glücklich sein, und ich bekomme ständig einen Schlag auf den Hinterkopf? Ich verstehe das alles nicht mehr. Wenn er glücklich ist, ist das o.k. ... Nur mein Gefühl sagt mir was Anderes ... Kann ich mich jetzt schon nicht einmal mehr auf mich selber verlassen?

Ich habe ihn ja losgelassen, 9 Monate keinen persönlichen Kontakt, sporadische SMS von seiner Seite, ich habe mich sehr mittig und in *meinem* Leben stehend gefühlt. War gerade dabei, ein zweites berufliches Standbein zu planen ... Aber auch immer die Hoffnung und Zuversicht im Herzen, dass wir jetzt getrennte Wege gehen müssen, damit wir dann gemeinsam einen wunderschönen Weg gehen dürfen ... Tja, und statt einem kleinen "Gutzettel" bekomme ich den nächsten Schlag auf den Hinterkopf ... Bin jetzt seit ca. einer Woche wieder ziemlich aus der Bahn und verliere langsam den Glauben an alles."

Das Problem in diesem Fall kenne ich sehr gut, und mir selbst wurde auf die harte Tour gezeigt, wo mein Fehler lag. Loslassen ist hier das Hauptproblem, darauf möchte ich deshalb zuerst eingehen. Die Verbindung von Dualseelen spielt hier noch erschwerend hinein, darauf komme ich im Anschluss.

Wenn wir mit dem Loslassen an dem Punkt angelangt sind, an dem wir voll auf unser eigenes Glück konzentriert sind, unabhängig von anderen Menschen – vor allem der Dualseele –, *und* wo wir *immer* im Hier und Jetzt sind, *immer* in unserer Mitte – was ja an sich schon eine Weile dauern kann –, gibt es noch eine weitere Hürde zu überwinden.

Tief in unserem Innern haben wir immer noch einen Teil, der glaubt, das wirkliche Glück, und das Einzige, was wirklich zählt, ist das Zusammensein mit der Dualseele – es kann sogar noch weiter gehen. Hin und wieder definieren wir unseren Wert nur darüber, ob wir irgendwann mit unserer Dualseele zusammenkommen. Diese Anteile verstecken sich sehr tief im Unterbewusstsein. Selbst wenn wir glauben, dem sei ganz sicher nicht so, wird das Leben uns zur rechten Zeit knallhart auf diesen Punkt stoßen, was extrem schmerzhaft sein kann.

Es geht dann nämlich darum, auch alle Hoffnung und sogar den Glauben einmal komplett aufzugeben und sich anzuschauen, was man ohne dieses Thema noch hat. Nur wenn es einem gelingt, von diesem Punkt trotzdem wieder in die eigene Mitte zu finden, in dem aktuellen Bewusstsein, dass es ein für alle Mal vorbei ist, kann es einen entscheidenden Schritt in Richtung Annäherung weitergehen. Und dann braucht man keine Hoffnung mehr, dann hat sich der Glaube, der vorher nur allzu oft in Zweifel gezogen wurde, in *Wissen* verwandelt.

Hier erreicht man eine neue Bewusstseinsstufe, der ein Prozess vorhergeht, den man mit dem Sterben durchaus vergleichen kann, so schmerzhaft ist er. Ich schreibe dies, weil ich es selbst erlebt habe. Im Anschluss wird deutlich, dass selbst der stärkste Glaube zu einem großen Teil nur eingeredet war, ein krampfhaftes Festhalten an einer Hoffnung – wie ein Ertrinkender, der sich an einen Strohhalm klammert.

Bisher habe ich immer gesagt, halte an deinem Glauben fest, an der Hoffnung und dem Wissen deines Herzens, dass ihr zusammengehört und es auch sein werdet. Dazu stehe ich nach wie vor, wer das nicht schafft, kann den eben beschriebenen Schritt gar nicht erst erreichen, oder wird diese Prüfung nicht bestehen. Nur werden wir an diesem Schritt wirklich auf die denkbar härteste Probe gestellt, was das Loslassen angeht.

„Kann ich wirklich auch ohne meine Dualseele glücklich und in meiner Mitte sein? Dauerhaft?"

Stell dir vor, du würdest die Nachricht erhalten, deine Dualseele wäre gestorben, dann weisst du, wie sich diese Prüfung anfühlt. Genau deshalb ist auch der Glaube hierbei so wichtig. Nehmen wir einmal an, deine Dualseele würde wirklich sterben, würdest du dann deinen Glauben daran, dass ihr *Eins* seid und eure Liebe ewig ist, verlieren? Wohl kaum. Es wäre extrem schmerzhaft, zu wissen, man könnte die Vereinigung in diesem Leben nicht mehr verwirklichen, aber die Liebe würde bleiben, genauso wie das Wissen, dass es sich bei dieser Beziehung um etwas Heiliges handelt.

Wenn dein Glaube nun zum Zeitpunkt dieser Schicksalsprüfung nicht stark genug war, wirst du im Anschluss nicht wieder in deine Mitte finden. Um durch diese Prüfung überhaupt gehen zu können, wird dir dein Glaube für den Moment aber dennoch vollständig genommen werden müssen.

Situationen wie die der Klientin, in denen die Dualseele plötzlich heiratet oder eine Beziehung eingeht, sind so etwas wie eine Vorbereitung auf diese ultimative, letzte Prüfung, die in ihrer Qualität wohl die schmerzhafteste ist.

Kommen wir nun zum zweiten Grund für das Problem der Klientin, die Verbindung von Dualseelen. Hier spielt zusätzlich noch das Thema „männliches und weibliches Prinzip" eine wichtige Rolle. Es wird also langsam extrem komplex.

Die männliche Hälfte unterliegt dem rationalen Prinzip, je extremer sich der männliche Part in dieser Rolle befindet, umso stärker ist das Rationale ausgeprägt und umso weniger kann diese Hälfte mit den Emotionen umgehen.

Bei der weiblichen Hälfte finden wir das genaue Gegenteil. Solange die weibliche Hälfte sich also völlig dem weiblichen Prinzip hingibt und „in ihren Emotionen badet", wird das zu Problemen führen. Durch die Verbindung bekommt nämlich die männliche Hälfte diese Emotionen zusätzlich zu seinen eigenen – mit denen alleine er schon nicht umgehen kann – nochmal als Paket obendrauf. Bildlich gesprochen wird die männliche Hälfte von einer Flutwelle der Emotionen mit-gerissen, ohne wirklich schwimmen zu können.

Was also bleibt dem armen Kerl, außer um sein Leben zu rennen und immer höhere Deiche zu bauen?

Hier kommen wir wieder zum Gleichgewicht, in diesem Fall geht es darum, die Emotionen zu meistern, sie zu leben und zuzulassen, gleichzeitig aber auch kontrollieren zu können und vor allem, ihnen die Schwere zu nehmen.

Solange diese Liebe wehtut anstatt zu beflügeln, stimmt etwas nicht!

Nun möchte ich noch etwas zu folgender Aussage der Leserin sagen:

„Und warum kann (darf) er glücklich sein, und ich bekomme ständig einen Schlag auf den Hinterkopf? Ich verstehe das alles nicht mehr. Wenn er glücklich ist, ist das o.k. ... Nur mein Gefühl sagt mir was anderes......“

Wir sind nicht auf der Erde, um dauerhaft glücklich zu sein, dies ist bestenfalls unser Endziel. Um dorthin zu gelangen müssen wir aber auch durch die gegenteiligen Extreme. Das Licht wird erst in der Dunkelheit erkennbar ...

Deshalb ist es nicht wichtig, ob unsere Dualseele nun glücklich ist oder nicht. Die Tatsache, dass der Andere vielleicht leidet, gibt uns nicht das Recht, einzugreifen oder uns etwas anderes für ihn zu wünschen. Seine Seele hat sich diese Lernaufgabe aus einem bestimmten Grund ausgesucht, er braucht diese Erfahrung, um seine, beziehungsweise die gemeinsame Lebensaufgabe erfüllen zu können.

Im Grunde sind all diese Gefühle und Gedanken, über die wir hier sprechen, Egofallen.

Dualseelen sind das Heiligste, Reinste und somit auch vom Verstand her Unfassbarste, was existiert. Solange unsere Gefühle von unserem Ego kontrolliert werden, können wir diese Liebe niemals erfassen.

Wenn dies aber unser Ziel ist, was ich ja von Anfang an behauptet habe, kommen wir an einem Schritt nicht vorbei, der vollständigen Loslösung vom Ego.

Aber auch hier ist Vorsicht geboten. Solange wir auf der irdischen Ebene leben, brauchen wir unser Ego. Deshalb müssen wir die irdische Ebene überwinden, durch die Erkenntnis, dass Raum und Zeit, genauso wie Materie, nichts als Illusion sind. Nach der Erkenntnis folgt die Umsetzung, die man in diesem Falle als den wahren Aufstieg bezeichnen kann.

Wer dies meistert wird, nach eigenem Belieben entweder hier in der irdischen Dimension, oder eben in der nicht-materiellen verweilen können und dabei Herr über die Materie sein.

Vielleicht erklärt dies endlich einmal, warum der Weg der Dualseelen so wahnsinnig lang ist ...

5.1.4 Selbstliebe und Eigenverantwortung

Auch die Selbstliebe gehört meiner Meinung nach zu den am häufigsten missverstandenen Begriffen der heutigen Zeit. Viele Menschen setzen Selbstliebe mit Egoismus gleich, verstehen darunter, nur noch für sich selbst da zu sein, das eigene Wohl immer vor das der Anderen zu stellen, egal wie nahe einem jemand steht. Dabei ist Selbstliebe so viel mehr als das, und auch der Aspekt, das eigene Wohlergehen an die erste Stelle zu stellen, hat nicht wirklich etwas mit Egoismus zu tun.

Wenn es mir selbst nicht gut geht, wie kann ich dann Anderen gut tun? Wenn ich in einer belastenden Situation stecke und aus Verantwortungsgefühl für Andere in dieser Situation bleibe, wie kann irgendjemand der Beteiligten auf die Art glücklich oder zufrieden sein?

Leidet man selbst, oder ist man selbst unzufrieden, überträgt sich das auf die eine oder andere Art immer auch auf die Menschen in unserer Umgebung. Indem man sich selbst zum

Wohle Anderer aufopfert, tut man niemandem wirklich einen Gefallen. Es entstehen automatisch Schuldgefühle auf der anderen Seite, manchmal auch Vorwürfe, Hass oder Ablehnung, aus etwas Ungutem kann nichts Gutes entstehen.

Hier kommen wir auch zu der Erkenntnis, dass man Selbstliebe und Eigenverantwortung nicht trennen kann, sich selbst zu lieben bedeutet nämlich in allererster Linie, die Verantwortung für sich selbst und das eigene Wohl zu übernehmen.

In logischer Konsequenz bedeutet das auch, dass man immer wieder Entscheidungen treffen muss, was für einen selbst gut ist und was nicht, dass man selbst die Weichen für das eigene Glück stellen muss und dies nicht auf Andere abschieben darf.

Wenn mir etwas nicht gut tut, sei es nun eine bestimmte Situation, eine zwischenmenschliche Beziehung, eine Arbeit oder was auch immer, obliegt es meiner eigenen Verantwortung, die Dinge so zu verändern, dass ich wieder zufrieden sein kann und die Belastung verschwindet. Wer sonst sollte oder würde das für mich tun?

Für viele Menschen ist dies eine harte Erkenntnis und eine noch härtere Lektion, denn es fühlt sich zunächst so an, als wäre man ganz auf sich allein gestellt, als dürfe einem niemand helfen, aber auch das ist nicht richtig. Es geht nur darum, die Dinge selbst in Bewegung zu bringen und anzuerkennen, dass man selbst der Herr über sein eigenes Leben ist. Dass man selbst bestimmen kann, ob es einem gut geht, oder eben nicht. Niemand ist für das eigene Leid verantwortlich außer man selbst!

Aber dies ist nur der eine Aspekt der Selbstliebe, und im Grunde der, der am leichtesten umzusetzen ist. Es gibt aber noch einen weiteren Aspekt, einen, der ungleich schwerer umzusetzen ist und für den man manchmal lange Zeit braucht, denn dafür muss man in den Spiegel sehen.

Es geht darum, sich selbst mit allen Anteilen zu lieben, die gute und lichte Seite genauso wie die dunkle Seite. Wir alle haben diese zwei Seiten in uns, beim Einen sind sie ausbalanciert, beim Anderen gibt es ein Ungleichgewicht.

Jeder Mensch hat seine Stärken und Schwächen, seine gute und seine schlechte Seite, positve und negative Eigenschaften. Wer einen Menschen kennt, an dem es nichts zu meckern gibt, gibt mir bitte Bescheid, denn das wäre nun wirklich einmal etwas Neues!

Aber wenn wir jemanden lieben, dann tun wir es trotz der negativen Aspekte seiner Persönlichkeit, weil Liebe eben bedingungslos ist. Warum können wir uns selbst dann nicht auch bedingungslos lieben? Uns so annehmen, wie wir sind?

Es ist wichtig, zu erkennen, dass wir genauso wie wir sind, richtig und gut sind, dass es Gründe dafür gibt, warum wir so sind, wie wir eben sind, und dass es keinen Grund gibt, zu bewerten, weder uns selbst, noch Andere!

Wir alle sind so, wie wir sein müssen, um die Lernaufgaben, die wir uns für dieses Leben ausgesucht haben, auch bewältigen zu können, und um mehr geht es dabei gar nicht. Je eher wir lernen, uns selbst einfach zu akzeptieren, mit *Allem*, was uns ausmacht, umso eher finden wir unser inneres Gleichgewicht, unsere Mitte.

Die meisten Menschen unterdrücken ihre dunkle Seite heutzutage und wollen nur Licht und Liebe sein, aber wer seinen Schatten unterdrückt, ist ihn deswegen noch lange nicht los ...

Somit kommen wir dann auch zur nächsten Lernaufgabe, der Balance, und erkennen letztlich, dass die drei Lernaufgaben, die alle Dualseelen gemeinsam haben, und die über allen anderen stehen, nicht getrennt betrachtet oder angegangen werden können, weil sie alle ineinander übergreifen.

5.1.5 Die Balance zwischen dem männlichen und weiblichen Prinzip, dem Yin und Yang

Nach dem Kapitel über die *gnostische Ehe* weißt du, dass in der gnostischen Weltsicht das weibliche Prinzip für das Dunkle oder Böse steht und das männliche Prinzip für das Helle oder Gute.

Dies ist aber nicht nur in dieser Weltanschauung so, wenn wir uns noch einmal Yin und Yang anschauen, erkennen wir schnell, worum es wirklich geht. Auch hier erkläre ich noch einmal kurz das männliche und das weibliche Prinzip.

Yin steht für das weibliche und ist scharz und passiv, Yang steht für das männliche Prinzip und ist weiß und aktiv. Dieses Prinzip finden wir überall wieder, die Nacht, in der wir schlafen, der Tag, an dem wir aktiv sind, die Sonne, die Leben spendet, die Erde, in der der Samen ruht, usw.

Es geht also nicht um Wertung oder Beurteilung, sondern vielmehr um eine Einteilung und vor allem um das Gleichgewicht der Kräfte. Nur wo Gleichgewicht herrscht, ist auch Harmonie, und diese Harmonie müssen wir zuerst in uns selbst herstellen, bevor sie sich auf unsere Umwelt übertragen kann.

Wir müssen nicht nur unsere männlichen und weiblichen Anteile miteinander ausbalancieren, sondern auch unsere guten mit unseren schlechten Seiten. Um dies zu verdeutlichen, möchte ich einmal ein Beispiel für eine geschlechtsspezifische Eigenschaft geben:

Aggression ist eine typisch männliche Eigenschaft, die in der Gesellschaft eher negativ bewertet wird, aber eindeutig dem aktiven und damit hellen Prinzip zugeordnet werden kann. Man sieht, Bewertungen funktionieren hier gar nicht. Zudem kommt es auf die Ausprägung dieser Eigenschaft an, zu wenig Aggression bedeutet auch kein Antrieb, kein Handeln, zuviel Aggression bedeutet wiederum Unterdrückung und Verletzung von Anderen, selbst in einer einzigen Eigenschaft geht es nur um die Balance.

Wir sind also gefordert, letztlich alle männlichen und weiblichen, sowie alle vermeintlich positiven und negativen Eigenschaften in uns in ein Gleichgewicht zu bringen, die Harmonie in uns wieder herzustellen. Wenn wir das schaffen, sind wir wieder da, wo wir ursprünglich begonnen haben, *außerhalb der Dualität*!

Nun sollte auch klar werden, warum die Dualseelen sich nicht vereinigen können, bevor dieses hohe Ziel nicht erreicht ist. Auch hier gibt es wieder zwei „Ebenen“, die zwischenmenschliche und das große Ganze.

Auf der zwischenmenschlichen Ebene hat keine Liebe dauerhaften Bestand, solange Einer vom Anderen abhängig ist oder Einer dem Anderen die Verantwortung für sich selbst abgibt. Es entsteht ein Ungleichgewicht, die Harmonie löst sich auf und das ist der Anfang vom Ende.

Betrachtet man das große Ganze, wird alles noch viel deutlicher. Im Kapitel über die *gnostische Ehe* habe ich erklärt, dass die Dualseelen die Aufgabe haben, im Zuge des Aufstiegs der Menschheit den Weg zu zeigen.

Dieser Aufstieg soll uns in ein neues Zeitalter führen, ein besseres Zeitalter, das Ende der Dualität! Warum ist unsere Welt so, wie sie ist? Warum werden die Zustände und die Lebensbedingungen für alle immer nur schlechter? Weil diese Welt der Dualität unterliegt und die Kräfte aus dem Gleichgewicht geraten sind. Nur indem wir die Welt zurück in die Balance bringen, können wir aus der Dualität aussteigen und uns selbst und diese Welt auf eine völlig neue Art erleben, als eine bessere Welt.

Um dieses Ziel zu erreichen, ist es aber von Nöten, dass jeder Mensch diese Balance zunächst in sich selbst herstellt, und da die Dualseelen den Menschen durch ihr Beispiel den Weg zeigen sollen, ist es nur logisch, dass sie dies erst tun können, wenn sie dieses Ziel selbst erreicht haben. Dies ist ein weiterer Grund dafür, warum der Weg der Dualseelen so lang und hart ist, denn im Grunde geht es um Perfektion, die höchsten Lernaufgaben von allen.

In Zeiten der eigenen Ungeduld sollte man sich das Ziel wieder vor Augen führen und sich klar machen, dass alles seine Zeit braucht, gut Ding will Weile haben, sagt man doch so schön ...

5.2 Der Weg in die Mitte

Wie wir gesehen haben, ist es wichtig, das Thema Balance besonders intensiv zu beleuchten, ist es doch einer der Hauptschlüssel für den Weg der Dualseelen. Es gibt verschiedene Aspekte, wie man an das Thema herangehen kann, einen irdischen und einen spirituellen, erklären werde ich beide, denn meistens ist es einfacher, zunächst auf irdischer Ebene mit der Arbeit zu beginnen, den spirituellen Aspekt kann man jedoch nicht auslassen.

Beides ist wichtig, und wie sollte es auch anders sein, auch hier gilt es, die Balance zu finden. Für den Anfang möchte ich genauer erklären, wie die beiden Energien zu verstehen sind. Mir wird sehr oft die folgende Frage gestellt: „Was ist denn typisch Mann und typisch Frau?“, jetzt also ein paar typisch weibliche Eigenschaften:

5.2.1 Typisch Frau – Weibliche Energie

Die weibliche Energie wird mit dem Wasser gleichgesetzt. Sie ist warm, fließend, umsorgend, beschützend, mütterlich. Geborgenheit ist ein wichtiger Aspekt der weiblichen Energie.

Alles, was du mit dem Gefühl greifen und betrachten kannst, oder mit einem Gefühl in Verbindung bringen kannst, fällt dir sehr leicht. Deshalb fallen dir als typische Frau in der Schule Fächer wie Mathematik, Chemie und Physik sehr schwer, denn sie gehören der Rationalität – also dem männlichen Prinzip – an, Gefühle haben hier keinen Platz. Dein Metier sind eher die Sprachen, die Künste und Musik, denn hier ist nicht nur Platz für Gefühle, für diese Bereiche sind Gefühle unabdingbar.

Es fällt dir leicht, dich in andere hineinzuversetzen, mitzufühlen, eine Fähigkeit, die du als Frau seit Anbeginn der Menschheit zum Überleben brauchtest – wie beim Thema Mutterschaft deutlich wird. Du musst in der Lage sein, dich in dein Kind heineinzufühlen.

Im menschlichen Miteinander reagierst du absolut gefühlsbetont, was nicht immer positiv sein muss, du nimmst etwas auf und reagierst sofort mit einem Gefühl, was du nicht tust, ist erst einmal darüber nachzudenken, ob du das Gehörte auch richtig verstanden hast. Dein Gefühl dazu ist so stark, dass es deinen Verstand blind macht. So kommt es vor allem im Kontakt mit dem anderen Geschlecht immer wieder zu Missverständnissen, Streit und Disharmonie, eben weil hier zwei Pole aufeinanderprallen.

Auch Träume – vor allem Tagträume – gehören in die weibliche Energie. Es tut dir gut, in Träumen zu verweilen, ihnen zu folgen, du gehst an diese Dinge nicht mit dem Verstand heran, sondern folgst einzig deinem Gefühl.

Du hast eine stark ausgeprägte Intuition, der du auch vertraust, dein Bauchgefühl ist dein Wegweiser. Begründungen wie „Ich tue das nicht, weil ich ein schlechtes Gefühl dabei habe“ sind für dich völlig normal und nachvollziehbar, ein typischer Mann dagegen kann bei sowas nur die Augenbrauen hochziehen ...

Als typische Frau willst du umsorgen, aber du möchtest geführt und beschützt werden. Du kannst Geborgenheit geben, brauchst sie aber selbst auch sehr stark von außen. Du brauchst jemanden an deiner Seite, der stark ist und dich beschützen kann.

5.2.2 Typisch Mann – Männliche Energie

Die männliche Energie entspricht dem Feuer, sie ist aktiv, aggressiv, rational. Es geht um Stärke und Durchsetzungsvermögen. Dein Verstand ist dein wichtigstes Werkzeug und dein Wegweiser.

Als typischer Mann hast du eine natürliche Begabung für alle naturwissenschaftlichen Fächer, wie Mathematik, Physik und Chemie, hier fühlst du dich in deinem Element, denn Logik und Rationalität sind das, was dir am meisten liegt, hier darf sich dein Verstand so richtig austoben.

Sprachen, Künste und Musik liegen dir weniger bis gar nicht, weil es hier immer wieder um Dinge geht, die dein Verstand nicht greifen kann. Du bist zwar beispielsweise in der Lage, perfekt Noten lesen zu lernen, aber wenn es darum geht, eine eigene Melodie zu komponieren, fehlt dir das Gefühl dafür. Oder in der Sprache lernst du die Regeln, Grammatik, etc. vielleicht sehr leicht, aber einen eigenen Text zu schreiben, der nicht rein analytisch gehalten ist, zum Beispiel ein Gedicht, ist für dich ein Buch mit sieben Siegeln.

Im Umgang mit dem anderen Geschlecht hast du das Gefühl, Frauen würden eine völlig andere Sprache sprechen als du, denn ganz einfache, rationale Aussagen, die du machst, werden oft auf eine dir völlig unverständliche Art aufgenom-men, du verstehst die Reaktionen deines Gegenübers nicht.

Es fällt dir überhaupt schwer, mit Gefühlen umzugehen. Wenn jemand weint, fühlst du dich unwohl und du verstehst nicht, warum jemand, der mit einem Problem zu dir kommt, kein Ohr hat für deine Lösungsvorschläge. Dass jemand sich etwas einfach nur von der Seele reden will – ohne eine Lösung präsentiert bekommen zu wollen, so wie Frauen es oft tun –, geht dir nicht in deinen Kopf.

Überhaupt versuchst du Gefühlsausbrüche von anderen schnell zu beenden, entweder indem du versuchst, die Situation mit Humor zu überspielen, das Ganze wegzurationalisieren, oder du reagierst sogar mit Wut, wenn es dir zuviel wird.

Du hast zwar Gefühle, aber sie zu zeigen empfindest du als Eingeständnis von Schwäche. Du stehst mit beiden Beinen im Leben und bist fest in der Realität verankert, da ist kein Platz für Träumereien, die sich nicht mit der Wirklichkeit vereinbaren lassen. Es ist dir sehr wichtig, für andere stark zu erscheinen und mit deinem Verstand zu glänzen.

Als typischer Mann hast du einen ausgeprägten Beschützerinstinkt und brauchst eine Frau an deiner Seite, die deine Autorität und Stärke anerkennt und sich vertrauensvoll an deine Schulter lehnt und von dir leiten lässt.

5.2.3 Fazit: Dualität ist eine Illusion!

Wie du nun siehst, gibt es eigentlich keine Menschen, die wirklich *typisch Mann* oder *typisch Frau* sind, wir alle bewegen uns irgendwo dazwischen. Schaut man sich die Haupteigenschaften beider Geschlechter genau an, ist auch schnell deutlich, dass wir beide Seiten in uns brauchen, um ein wirklich erfülltes, glückliches Leben führen zu können, wir brauchen beides, sowohl unser Herz, als auch unseren Verstand. Und genau hier kommen wir in die spirituelle Komponente hinein.

Weibliche Energie, das ist das Herz, männliche Energie ist der Verstand. Ziel ist es, dass die beiden *heiraten*.

Das Wort heiraten habe ich nicht nur aus „humoristischen“ Gründen gewählt, sondern ganz gezielt verwendet, denn aus spiritueller Sicht nennt man diesen Zustand – Herz und Verstand im Einklang miteinander – die *chymische Hochzeit*[21].

5.2.4 Der spirituelle Weg

Hier kommen wir im Grunde wieder bei den Chakren und der Kundalini-Energie an ...

Dem Thema „Herz öffnen“ ist in diesem Buch ein eigenes Kapitel gewidmet, das Herz ist ganz simpel dem Herz-Chakra zuzuordnen, beim Verstand wird es etwas schwieriger. Denn der Verstand gehört nicht, wie man zunächst vielleicht vermuten mag, zum Stirn- oder Scheitel-Chakra, dort sitzt das höhere Bewusstsein, das aber trotzdem eine wichtige Rolle spielt.

Der Verstand, wie wir ihn kennen, also die männliche Energie, findet sich hauptsächlich im Kehlkopf-Chakra – das unter anderem für die Kommunikation zuständig ist – und teilweise auch im Sakral-Chakra, weil es nämlich Sitz des Egos ist.

Wenn du willst, dass Verstand und Herz Hochzeit feiern, führt der Weg dahin ausschließlich über die Auflösung des Egos. Das Ego ist der Verstand, den wir Menschen benutzen, aber das Ego wird *niemals* in der Lage sein, sich mit dem Herzen zu vertragen.

Gott sei Dank brauchen wir das Ego aber gar nicht, denn wir haben etwas sehr viel Wertvolleres – das höhere Bewusstsein, das wir, wie bereits erwähnt, in den beiden obersten Chakren finden. Und nur dieses höhere Bewusstsein kann sich mit dem

[21] Siehe: Horst E. Miers: *Lexikon des Geheimwissens*, München 1993, S. 142-143.

Herzen vereinen, aber es kann sich erst dann aktivieren und voll entfalten, wenn das Ego sich aufgelöst hat.

Aus diesem Grund ist es unumgänglich, *alle Chakren* miteinander in Einklang zu bringen, was durch den Aufstieg der Kundalini-Energie geschieht. Dieser Aufstieg kann sich aber über Jahre hinziehen, deshalb brauchst du vor allem eines: *Geduld.* Da ist es wieder, das böse Wort ...

Dieser Vorgang beginnt von ganz alleine und er schreitet auch von ganz alleine fort, *einfach, indem du dich auf den Weg machst, deine Lernaufgaben annimmst und Stück für Stück daran arbeitest.*

Mehr musst du nicht tun. Fange an, bewusst zu werden, und nimm die Verantwortung für dein Leben in die Hand, der Rest geschieht automatisch. Wenn du trotzdem etwas zusätzlich tun möchtest, empfehle ich dir zwei Dinge, um den Prozess der aufsteigenden Kundalini Energie zu unterstützen:

5.2.5 Meditation und Yoga

Erwarte hier bitte keine Wunder, es gibt keine Wundermethoden, die dich ganz schnell an dein Ziel kata-pultieren, das Leben ist Arbeit! Wäre es nicht auch eigentlich wahnsinnig langweilig, wenn du immer alles sofort haben und erreichen könntest?

Meditation hilft dir Schritt für Schritt, dein wahres Bewusstsein zu entdecken und dein Ego irgendwann als Illusion zu entlarven.

Yoga ist vor allem darauf ausgerichtet, der Kundalini ihren Weg zu erleichtern, indem es gezielt energetische Blockaden über körperliche Übungen auflöst. Es ist vor allem deshalb eine gute

Sache, weil es alle drei Aspekte des Menschseins mit einbezieht – *Körper*, *Seele* und *Geist*.

5.2.6 Warum die Rose das Symbol der Liebe ist und was sie uns über die Liebe lehren kann

Dass die Rose das ultimative Symbol der Liebe ist, dürfte jedem bekannt sein. Aber warum ist das eigentlich so? Wie kam die Rose dazu, das Symbol für die einzig reale Kraft im Universum zu werden und kann es sein, dass wir in der Antwort auf diese Frage vielleicht noch mehr finden?

Wenn du dir eine Rose mal genau anschaust, was sind dann ihre beiden Hauptmerkmale? Richtig, die liebliche Blüte mit dem betörenden Duft und der schmerzhaft stechende Dorn!

Die Rose ist eine Verbindung der Gegensätze! Die Blüte mit ihrem zarten Aussehen und dem lieblichen Duft wird hierbei mit den Qualitäten der Venus, also dem weiblichen Prinzip, in Verbindung gebracht. Es geht um Schönheit und Gefühl.

Der Dorn, der so schmerzhaft stechen kann und der Verteidigung dient, wird mit den Qualitäten des Mars in Verbindung gebracht, dem männlichen Prinzip. Hier geht es um Aggressivität und Aktivität.

Bei der Rose sind diese beiden Merkmale, die männliche und die weibliche Energie, miteinander im Einklang, es ist ein Bild der Harmonie, die Rose ist ein lebendes Yin-Yang-Symbol!

Das Ganze lässt sich sogar noch erweitern, wenn man eine Ebene tiefer geht. Die Rose, die wir heute kennen, ist nämlich nur eine Züchtung aus der Wildrose, auch als Hagebutte bekannt. Dies ist die Rose in ihrem Ursprung, und hier kommt noch ein wichtiges Merkmal hinzu – die Frucht!

An diesem Punkt erkennen wir nun die drei Aspekte, die in der Rose vereint sind: die weibliche Energie, die Blüte, die männliche Energie, der Dorn, und die Frucht als Symbol der Verschmelzung der Polaritäten, was nichts Anderes meint als den Ausstieg aus der Dualität.

An dieser Stelle möchte ich ein Zitat von Sabine M. Schmid, einer befreundeten Autorin, hinzufügen:

„Die 3 ist ja auch das Transzendieren der Welt der Dualität, die Gottwerdung der Liebenden durch die Schaffung oder das Erklimmen einer dritten, höheren Position, die die Trennung in zwei Körper, zwei Menschen aufhebt. Gott, der Liebe ist und dort Zeuge wird, wo zwei Menschen Gott in die Welt holen, weil sie zur Liebe werden.“

Dies sind Worte, die sie in Bezug auf mein Logo – der Vereinigung von Triskele und Yin-Yang-Symbol – gesagt hat, aber genau dieses Prinzip finden wir auch in der Rose wieder, in der Vereinigung von Blüte und Dorn und der Entstehung der Frucht.

Damit ist die Rose nicht nur das ultimative Symbol der Liebe, sondern gleichzeitig auch eine Art „kosmische Gebrauchsanweisung“ für die Liebe!

Sie zeigt uns die wahre Bedeutung von Liebe, nämlich die Einswerdung der Polaritäten. Sie hilft den Frauen, auch ihre männlichen Qualitäten zu erkennen, anzunehmen und zu leben, so wie sie den Männern hilft, ihre weiblichen Qualitäten zu erkennen, anzunehmen und zu erleben, wodurch sie beide Geschlechter in die Einheit mit sich selbst zurückführt.

Gleichzeitig ist die Frucht ein Hinweis auf die Vereinigung von Mann und Frau – die ja auch Früchte tragen kann, indem sie neues Leben Leben entstehen lässt – und die Heiligkeit derselben.

Da die Dualität ja nur eine Illusion ist, sind wir in Wirklichkeit längst eins, haben *beide* Polaritäten – männlich und weiblich – seit Anbeginn der Zeit in uns. Die Rose holt uns diese Tatsache ins Bewusstsein zurück und hilft uns somit, der Illusion zu entfliehen, indem sie die Energien in uns ausbalanciert.

5.3 Die Verbindung von Dualseelen und wie man lernt, damit umzugehen

Nun ist es wohl an der Zeit, sich mit der energetischen Verbindung, die zwischen Dualseelen besteht, einmal ausführlicher auseinanderzusetzen. Diese Verbindung ist sowohl telepathischer, als auch empathischer Natur – die Gedanken und Gefühle beider Hälften werden über diese Verbindung „hin- und her transportiert“, doch im Grunde ist diese Verbindung eine Ego-Falle die uns in der Dualität festhält, darüber später mehr.

Da der Weg der Dualseelen aber nunmal ein Weg ist, und wir nicht gleich am Ziel stehen, müssen wir mit dem arbeiten, was wir *jetzt* haben, was im Grunde nichts Anderes bedeutet als die Tatsache, dass wir zunächst die Verbindung als etwas real Gegebenes betrachten müssen. Wir müssen lernen, sie zu verstehen und mit ihr zu arbeiten, um überhaupt irgendwann die Illusion dahinter erkennen zu können. Eine Möglichkeit, mit dieser Verbindung zu arbeiten bietet die „Tür-Meditation“, die ich in einem eigenen Kapitel dieses Buches vorstelle, an dieser Stelle soll es jedoch um ein grundlegendes Verständnis und die Symptome dieser Verbindung gehen.

5.3.1 Psychische Symptome der Verbindung

Beginnen möchte ich mit dem gesitig-emotionalen Aspekt der Auswirkungen der Tatsache, dass wir mit unserem Dual untrennbar verbunden sind. Diese Symptome können zwar auch schon dazu führen, dass wir nicht nur an unserem Verstand, sondern auch an der Realität zweifeln, aber dennoch sind sie leichter anzunehmen, als die körperlichen.

Zu Beginn – nachdem du deine Dualseele gefunden hast – bemerkst Du plötzlich, dass du scheinbar mehr fühlst als sonst. Da sind auf einmal Gefühle in dir, von denen du einfach weißt, dass sie nicht von dir, sondern von deiner Dualseele kommen. Diese Tatsache wird dir schleichend bewusst. Manchmal ist es ganz klar und deutlich, ein Gefühl kommt in dir auf und du weißt es sofort – dies ist das Gefühl deiner Dualseele. Manchmal jedoch kommt eine Emotion auf, die du nicht verstehst und für die du scheinbar keinen Grund findest, und erst nach einer ganzen Weile bemerkst du plötzlich, dass es gar nicht „dein eigenes" Gefühl ist.

Im nächsten Entwicklungsschritt beginnen plötzlich „geistige Unterhaltungen" und spätestens an diesem Punkt denkst du darüber nach, ob es nicht doch besser wäre, dir professionelle Hilfe in Form eines Psychiaters zu suchen. Diese geistigen Unterhaltungen mit deiner Dualseele entstehen völlig spontan, es ist nicht vergleichbar mit der *Vorstellung*, sich mit deiner Dualseele zu unterhalten. Verdeutlichen möchte ich dies anhand des Beispiels meines ersten geistigen Kontakts zu meiner Dualseele.

Zu diesem Zeitpunkt kannten wir uns bereits einige Jahre und der irdische Kontakt war schon lange abgebrochen. Ich hatte mehrfach versucht, den Wunsch, mit ihm zusammen zu sein, loszulassen, mich meinem eigenen Leben zuzuwenden und meinen Frieden mit ihm zu machen. Doch jedesmal wenn ich an der Schwelle stand, ihn hinter mir zu lassen und nach vorne zu blicken, spürte ich wieder dieses Ziehen, diesen Schmerz, der von ihm kam, was mich wieder völlig zurückriss in Gefühle der Sehnsucht, des Brauchens und des Wollens.

In einem Augenblick tiefster Verzweiflung sagte ich in Gedanken etwas zu ihm, ohne bestimmte Absicht und erst recht ohne die

Erwartung einer Antwort. Es war von meiner Seite aus mehr eine Bitte, die ich zwar an ihn, aber letztendlich einfach in den Raum stellte.

„Wenn du nicht mit mir zusammen sein willst, dann tut mir das zwar weh, aber ich akzeptiere es. Ich wünsche mir, dass du glücklich bist, aber ich habe es selbst auch verdient, glücklich zu sein. Du kannst mich nicht auf der einen Seite ständig von dir schieben, mich dann aber, auf der anderen Seite, festhalten, wenn ich deshalb gehen will. Lass mich bitte endlich los!"

Die Antwort war plötzlich einfach in meinem Kopf, glasklar, in seiner Stimme gesprochen:

„Was ist, wenn ich das nicht kann?"

Ich erschreckte mich zutiefst, denn im gleichen Augenblick, in dem ich seine Stimme hörte, spürte und wusste ich, dass dies keine „Einbildung" war, diese Antwort war real und nicht aus Wunschdenken geboren, es war sogar das, was ich zu diesem Zeitpunkt am allerwenigsten hören wollte – ich hatte nämlich die Nase gestrichen voll von dieser Geschichte! Nachdem ich den ersten Schock überwunden hatte, entstand eine längere Diskussion mit ihm – natürlich ergebnislos –, und dies war der Auftakt für regelmäßige, weitere Gespräche auf dieser Ebene.

So sehr man zunächst über diese Art des Kontakts erschrecken mag, so schnell und leicht akzeptiert man diesen jedoch als neuen Teil seines Lebens – die eigene Realität erweitert sich an dieser Stelle zum ersten Mal wirklich, und das auf ganz erhebliche Art und Weise.

Was jetzt folgt, ist der ständige Versuch, zu trennen. Du überwachst deine Gefühle und Gedanken, „scannst" nach Anteilen deiner Dualseele und versuchst dich von diesen abzugrenzen, diese nicht als dein Eigenes anzunehmen. An einem früheren Punkt meines Weges habe ich dieses Vorgehen als unbedingt notwendig betrachtet und von einem gewissen Standpunkt aus macht dies sogar Sinn, denn grundsätzlich kann man sagen, Dualseelen befinden sich entweder in einer Aufwärts- oder Abwärtsspirale, die eben durch diese Verbindung entsteht. Solange keiner von beiden Hälften diese Verbindung wirklich bewusst ist, handelt es sich leider meistens um eine Abwärtsspirale.

Einer der Beiden fängt an, zu zweifeln, der andere fühlt diese Zweifel im gleichen Moment auch, ohne zu wissen, dass sie vom anderen kommen und nimmt diese an. Im gleichen Augenblick wird das Gefühl oder der Gedanke verstärkt und geht wieder zurück, wo er wieder angenommen und verstärkt wird. So ziehen sich beide gegenseitig schön herunter. Das geht natürlich nicht nur mit Zweifeln so, aber ich denke, in diesem Beispiel wird sich jeder wiedererkennen.

Dieses Phänomen ist oberflächlich betrachtet ein wichtiger Grund, bei sich selbst zu bleiben, denn sich selbst kann man kontrollieren, indem man lernt, Zweifel, Ängste und negative Gefühle zu transformieren. So gibt man sie nicht mehr an die andere Hälfte weiter und befreit sich aus der Abwärtsspirale.

Diese Vorgehensweise besteht zwar auf der falschen Annahme, diese Verbindung sei existent, ist aber gleichzeitig der Weg zur wahren Erkenntnis, dass sie eben doch nicht existiert, gar nicht existieren kann!

Indem du bei dir selbst bleibst und dich auf deine vermeintlichen Anteile konzentrierst, tust du ja letztlich eines, du transformierst nicht nur die negativen Anteile deiner selbst, sondern auch die deiner Dualseele, da ja alles, was in dir ist, automatisch auch in deiner Dualseele ist. Genau dies führt dich aus der „Dualitätsfalle“ hinaus und lässt dich endlich wahrhaftig – im Herzen – verstehen:

Wie kann etwas, das *Eins* ist, mit sich selbst verbunden sein?

Das ist wie ein Telefon, das nur sich selbst anrufen kann. Es existiert keine Verbindung, weil du und deine Dualseele nicht zwei, sondern *Eins* sind. Die irdische Ebene ist ja nur die Manifstation dessen, was wir denken und fühlen, wir fühlen uns getrennt, also sind wir auf irdischer Ebene zwei vonein-ander getrennte, unabhängige Wesen. Durch die Arbeit mit der Verbindung löst sie sich auf und die Wahrheit kommt wieder zum Vorschein: Ihr wart es nie, seid es nicht und werdet es nie sein – getrennt –, die Einheit existiert in Ewigkeit.

Das bedeutet, die geistigen Unterhaltungen mit deiner Dualseele sind tatsächlich nur geistige Selbstgespräche – allerdings aus einem neuen Blick- und Verständniswinkel heraus, denn auch auf die Gefahr hin, mich zu wiederholen – deine Dualseele bist du selbst ...

Wirklich deutlich vor Augen geführt wird uns dies über die körperlichen Symptome dieser „nicht vorhandenen Verbin-dung“.

5.3.2 Physische Symptome der Verbindung

Auch diese Symptome sind etwas, das uns selten sofort be-wusst wird, besonders in Zeiten des Kontaktabbruchs zu unserer Dualseele auf irdischer Ebene können wir nur durch „Zufälle“ darauf aufmerksam werden. Definiere das Wort *Zufall* hier bitte wörtlich, im Sinne von *dir fällt etwas zu.*

Zur Verdeutlichung führe ich hier wieder einmal eigene Beispiele an, die du sicher wiedererkennen wirst. Vor einigen Jahren hatte ich plötzlich, ohne äußere Ursache, Probleme mit dem rechten Knie. Weder hatte ich mich gestoßen, noch sonst irgendwie daran verletzt, aber das Knie war dick und schmerzte, über Wochen hinweg, so stark, dass ich teilweise kaum laufen konnte.

Hätte es sich dabei um mein linkes Knie gehandelt, wäre dies nicht weiter verwunderlich gewesen, denn dieses Knie wurde durch einen Unfall beschädigt und macht seit Jahren immer wieder Probleme. Ich versuchte alles Mögliche zur Behandlung, was mir beim linken Knie immer geholfen hatte, diesmal aber ohne jegliche Wirkung. Bis ich irgendwann – durch *Zufall* – zur Erklärung geführt wurde.

Meine Dualseele – zu der zu diesem Zeitpunkt kein irdischer Kontakt bestand – hatte sich das rechte Knie schlimm verletzt und hatte dadurch auch einen längeren Arbeitsausfall. Zu dem Zeitpunkt, als ich es erfuhr, war seine Verletzung fast ausgeheilt und auch meine Symptome gingen zurück.

Auch Krankheiten erleben Dualseelen immer gemeinsam, oder man könnte sagen, einer ist krank und der andere erlebt die Symptome der Krankheit mit – Fieber, Schnupfen, Husten, alles ist hier möglich und es findet immer zeitgleich statt. Eine Tatsache, die auf vielfältige Weise Angst machen kann, denn auf gewisse Weise bekommt das altbekannte Eheversprechen „In guten wie in schlechten Zeiten, bis dass der Tod euch scheidet“ so eine völlig neue Bedeutung. Letztendlich sind diese Symptome aber doch nur der deutlichste Hinweis darauf, dass die Trennung nur eine Illusion ist. Zu guter letzt möchte ich noch auf etwas eingehen, das die psychischen mit den körperlichen Symptomen verbindet.

5.3.3 Die Verbindung zwischen den psychischen und physischen Kontaktsymptomen

Über dieses Phänomen berichten alle Dualseelen, und was die Art und Weise angeht, wie es beim Einzelnen auftritt, zeigt wieder Gemeinsamkeiten bei allen Dualseelen. Deshalb möchte ich an dieser Stelle kurz darauf eingehen, um dir zu verdeutlichen, dass du dir gar nichts *einbildest*.

Zwei verschiedene Arten dieses Phänomens konnte ich durch Aussagen der Dualseelen, mit denen ich in Kontakt stehe, bisher feststellen, natürlich ist es möglich, dass es hier noch weitere Varianten gibt, die mir nur bisher nicht begegnet sind.

Wenn ein psychsischer Kontakt kurz bevorsteht kündigt sich dies zunächst auf körperlicher Ebene an, was auf verschiedene Arten geschehen kann. Der eine Teil der Daulseelen berichtet von einem körperlichen Spüren des nahenden Kontakts über ein Kribbeln in den Füßen oder Unterschenkeln, beim anderen Teil der Dualseelen sind es die Ohren. Plötzlich rauscht es auf einem Ohr, zunächst fast unmerklich, dann jedoch zunehmend, bis das betroffene Ohr plötzlich einen kurzen Augenblick wie verstopft escheint. Dann fühlt es sich an, als würde es sich wieder öffnen, ein kurzer Tinitus kommt, geht wieder und dann ist die Verbindung da.

Diese Symptome treten übrigens nicht nur als Ankündigung kurz bevorstehenden geistigen oder emotionalen Kontakts auf, sie können auch die tatsächliche körperliche Nähe der Dualseele auf irdischer Ebene ankündigen. Bei einer meiner Seelenschwestern beginnt das zunächst leichte Kribbeln in Füßen und Unterschenkeln regelrecht zu pulsieren, wenn ihre Dualseele sich ihr nähert, auf diese Art spürt sie ihn, noch bevor er tatsächlich vor ihr steht.

Die wenigsten Betroffenen reden von sich aus über dieses Phänomen – verständlicherweise –, in diesem Fall zweifelt jeder an sich selbst. Bis das Thema doch einmal zur Sprache kommt, was jedesmal große Erleichterung auslöst.

5.4 Die Zurückgelassenen

Dieses Kapitel möchte ich einem Thema widmen, das für die meisten Dualseelen von größter Bedeutung ist, und für die, um die es dabei geht, ein Grund, die Dualseelen und ihren Weg aufs Schärfste zu kritisieren oder auch zu verspotten. Es geht um diejenigen, die wir auf unserem Weg zurücklassen, oftmals nur nach einem langen Kampf voller innerer Zweifel und Schuldgefühle. Es geht um die Partner, die vor der Dualseele an unserer Seite waren.

In ca. 80 – 90% aller Fälle ist es so, dass mindestens einer von beiden in einer Beziehung steckt, wenn Dualseelen sich das erste Mal begegnen. Und natürlich gibt es auch noch die Partnerschaften, die nach der ersten Begegnung eingegangen wurden, was aus vielfältigen Gründen geschehen kann.

Zum Scheitern verurteilt sind so gut wie alle dieser Partnerschaften, denn wer seine andere Hälfte erst gefunden hat, verspürt nur noch Liebe für diesen Menschen. Selbst wenn man seinen Partner auch noch weiterhin liebt, die Liebe zur Dualseele ist immer stärker und lässt sich nicht wegschieben.

Über kurz oder lang siegen die Schuldgefühle, man muss reinen Tisch machen und eine Entscheidung treffen. Viele bleiben danach dennoch bei ihrem Partner, sei es aus Schuldgefühl, aus Mitleid, einer vielleicht im Laufe der Zeit entstandenen tiefen Freundschaft und Gewohnheit, oder schlicht und einfach aus dem Grund, dass die Dualseele ja sowieso nicht für eine Partnerschaft zur Verfügung steht und man auf keinen Fall alleine bleiben will.

Es ist auch hier nur eine Frage der Zeit, bis man dennoch und endgültig geht. Dann ist man allein und der ehemalige Partner fühlt sich in seiner Einschätzung bestätigt. „Du hast dich verrannt! Du bist verrückt, wegen sowas eine Familie oder eine Ehe zu zerstören! Du denkst doch nur an dich!“, sind Vorwürfe, die alle in dieser Situation kennen.

Betrachten wir deshalb einmal die Situation aus der Perspektive derer, die für eine Dualseele verlassen wurden. Ich werde versuchen, dabei so viele Standpunkte wie möglich zu berücksichtigen, muss mich aber auf das Wesentliche beschränken und weise deshalb im Voraus darauf hin, dass gerade dies ein wenig nach Pauschalisierung aussehen wird. Natürlich gibt es hunderte individuelle Sichtweisen und Standpunkte, aber in den meisten Fällen ist es doch so wie folgt, oder zumindest ähnlich.

Man hat oft lange Zeit gemeinsam mit dem Partner in einer Beziehung gelebt, war vielleicht verheiratet, möglicherweise gibt es auch gemeinsame Kinder. Man hatte ein normales, vielleicht auch schönes Leben, viele hatten alles, was die heutige Gesellschaft als das ansieht, was man zu einem glücklichen Leben braucht. Geld, einen guten Beruf, Ansehen, oder auch nur eine nette, kleine Familie, die klarkommt.

Urplötzlich scheint aber der Partner den Verstand zu verlieren, einem scheinbaren Phantom hinterherzujagen. Wenn man dies herausfindet, oder der Partner endlich reinen Tisch macht, geht es oft schon eine lange Weile so, dass der Partner plötzlich meint, jemand anders zu lieben. Allein das ist schon wie ein Schlag ins Gesicht, wer würde sich da nicht hintergangen und betrogen fühlen? Wer wäre nicht misstrauisch, ob da nicht doch schon mehr gelaufen ist? Oftmals ist dies ja tatsächlich der Fall ...

Wie kann der geliebte Partner so plötzlich alles wegwerfen? Die Sicherheit, die man sich gemeinsam aufgebaut hat? Die Familie? Und wofür das alles? Für ein Phantom, das den Partner scheinbar nicht einmal ernsthaft haben will?!

Oder im dem Falle, dass das neu gefundene Dualseelenpaar vorerst zusammen bleibt und offen eine Liebe und Einheit demonstriert, die dem Zurückgelassenen nicht nur das Herz herausreißen, sondern auch völlig unbegreiflich sein muss, wie soll man damit umgehen? Vor allem, wenn die beinahe unvermeidliche Trennung der Dualseelen dann doch geschieht? Man glaubt, es vorhergesehen zu haben, es war also doch nur ein Hirngespinst, aber der ehemalige Partner ist so verbohrt in diesen Menschen, dass er trotzdem nicht reumütig zu einem zurückkommen will.

Warum reagieren also diese Zurückgelassenen fast immer mit Unverständnis, Wut, Spott, Hohn und Verachtung und beginnen oftmals sogar damit, die Dualseelen in Frage zu stellen, die Liebe, die sie in die Welt bringen?

An dieser Stelle möchte ich ein Zitat aus der Dualseelen-Community aufgreifen:

„Ich weiß, dass ich meine große Liebe gefunden habe, schon seit der 7. Klasse, und dass nach über 30 Jahren diese Liebe, unsere Zusammengehörigkeit wegen einer angeblichen Zwillingsseele zerstört ist, sehr schmerzlich. Dabei sollten ja diese Seelen allen die göttliche Liebe geben und nicht nur sich und der Zwillingsseele, Himmel nochmal, doch leider begreifen viele dies überhaupt nicht. Ich bete zu Gott, dass sie endlich begreifen, um was es wirklich geht und nicht darum, die Liebe zwischen zwei wirklich zusammengehörenden Menschen zu zerstören und eigenmächtig zu handeln."

Ich verstehe diese Sichtweise sehr gut, auch wenn ich sie nicht teile, gerade deswegen möchte ich aber versuchen, ein wenig Licht in die Sache zu bringen. Die eine, wahre Liebe ist ewig. Das ist eine Tatsache. Damit ist die Liebe der Dualseelen gemeint, denn diese Liebe ist der Ursprung, das reinste und heiligste Gefühl, das existiert. Darüber hinaus gibt es noch viele andere Arten, zu lieben, und auch die Liebe zu einem Seelenpartner ist auf eine gewisse Weise ewig. Die Liebe an sich ist ewig, sie *ist* einfach. *Aber* Liebe wird immer noch nicht richtig verstanden. Zu Beginn auch von den Dualseelen nicht.

Die Menschen schlafen seit einer langen Zeit, gefangen in einer falschen Vorstellung von sich selbst, dem Ego. Dies hat das Verständnis von Liebe geprägt, Liebe zum Besitz gemacht. „Du gehörst mir – ich gehöre dir" ist die allgemeingültige Definition der Liebe geworden.

Nun begegnen sich plötzlich Dualseelen und werden durch diese Begegnung sehr unsanft aus diesem Schlummer gerissen. Ein vollkommen neuer und langer Weg liegt vor ihnen, der Weg nach Hause, zurück zum *„Ich bin"*, frei vom Ego.

Da dieser Weg aber ganz anders beschaffen ist als alles, was man bisher kannte, geht man ihn zu Beginn natürlich auf die gleiche Art, wie den alten Weg. Man muss erst lernen, dass das nicht mehr funktioniert und wie dieser neue Weg zu bewältigen ist. Deshalb verwechseln auch Dualseelen oftmals Ego-Liebe mit wahrer Liebe. Allerdings muss das so sein, es geht gar nicht anders.

Um dies klarzumachen muss ich nochmals ausholen, und das Ende dieses neuen Weges genauer erklären. Ich nannte es unser Zuhause, das *„Ich bin"*, frei vom Ego. Dieser Zustand ist reine, bedingungslose Liebe und absolute Hingabe an alles. Ein Existieren in purer Glückseligkeit, unberührt von allem, was uns geschieht. Man weiß um die Verbindung zwischen allem, um den „göttlichen Plan", um die Wichtigkeit und Richtigkeit eines jeden Ereignisses. Man durchschaut die Illusion.

Um dorthin zu gelangen, muss man einen Weg voller Entbehrungen beschreiten, auf dem man alles zurücklässt, was das bisherige Leben ausgemacht hat. Am Ende lässt man sogar sich selbst zurück, das, wovon man immer geglaubt hat, es wäre das Ich, unsere heißgeliebte „Individualität“, unser Ego.

Dies ist ein extrem angstbesetzter Prozess, der dem Sterben durchaus gleichkommt. Warum zur Hölle sollte sich das jemand freiwillig antun?

Es braucht einen besonders starken Motor, um einen Menschen dazu zu bringen, sich auf diesen Weg zu machen und ihn bis zum Ende zu gehen. Was außer einer Liebe, die einen zerreißt, wenn man nicht beim anderen ist, und die dennoch einfach nicht zu „haben“ ist, bringt uns dazu, wirklich alles zu tun, um unsere Sehnsucht letztendlich doch noch stillen zu können?

Und so lernen wir Schritt für Schritt wieder, was Liebe wirklich ist, erkennen das größere Ganze und können beginnen, unsere Herzen wirklich zu öffnen, für alles, was ist. Der Weg aus dem Ego heraus führt nur durch das Ego hindurch, durch seine schlimmsten Untiefen!

Um zu den zurückgelassenen Partnern zurückzukommen, sie befinden sich in den meisten Fällen nicht auf diesem Weg der Erkenntnis, sondern bleiben auf dem Weg des Egos! Sie alle haben zwar durch dieses schmerzhafte Ereignis die Chance, ebenfalls aufzuwachen und den neuen Weg zu betreten, sind aber oftmals einfach noch nicht bereit dazu. Ihre Seele mag einen anderen Plan haben, oder sie brauchen einfach länger dafür. Aber solange sie auf dem Weg des Egos verweilen, können sie nur aus dem Ego reagieren ...

Aber auch aus einer bestimmten Perspektive des Egos betrachtet, dem Verstand und der Vernunft, wäre es falsch, wenn Dualseelen auf Dauer in ihrer bestehenden Partnerschaft bleiben, anstatt sich der anderen Hälfte zuzuwenden.

Selbst wenn man rein auf dieser Ebene bleibt, gibt es nämlich so etwas wie Ehrlichkeit und Fairness. Tut man dem Partner wirklich einen Gefallen, wenn man bleibt, obwohl man jemand anders liebt? Tut man dem Partner einen Gefallen, indem man ihn permanent anlügt? Ihn vielleicht sogar betrügt, weil man seiner Sehnsucht einfach nicht standhalten kann?

Was ist das für ein Argument, „Ich möchte meinem Partner nicht wehtun", tut eine Lüge etwa nicht weh? Wollen wir auf ewig bequeme Lügen der unbequemen Wahrheit vorziehen? Wem ist damit geholfen? Wollen wir dem Partner wirklich die Chance vorenthalten, vielleicht selber noch sein Glück, seine Liebe zu finden?

Geht man darüber hinaus wieder auf eine spirituelle oder die Herzensebene, ist es noch schlimmer, zu bleiben und sich nicht auf den Weg zu machen. Immerhin geht es hier nicht wirklich um uns selbst, sondern um viel mehr. Den Dualseelen wurde der Schlüssel zur Rettung dieser Welt in die Wiege gelegt. Ihn nicht anzunehmen und nach der richtigen Tür zu suchen, auch wenn man dabei auf viele Irrwege gerät, und vieles in Kauf nehmen muss, was einem nicht gefällt, wäre ein Verrat an der gesamten Welt. Zum Abschluss möchte ich noch allgemein etwas zum Thema Beziehung sagen, was im Grunde auf das gesamte Leben zutrifft.

Alles ist gut, wie es ist! Alles ist Teil des göttlichen Plans!

Wenn eine Liebe 30 Jahre anhielt und dann zerbricht, weil einer der Partner seine Dualseele gefunden hat, schmälert das die Qualität dieser Liebe oder Beziehung nicht im Geringsten! Es bedeutet nicht „Ihr wart nicht füreinander bestimmt", das wart ihr, sonst wärt ihr nicht zusammen gewesen, es bedeutet nur, „Ihr seid *nicht mehr* füreinander bestimmt, jetzt beginnt etwas Neues!“

Dies ist eine Tatsache der wir uns alle früher oder später stellen müssen, weil sie allumfassend ist und mit dem wahren Verstehen großen Frieden bringt. Es gibt nicht Schlechtes, Schlimmes, Böses oder Falsches, alles ist genau so wie es sein muss, damit wir alle dahin kommen, wo wir hin wollen – zurück nach Hause.

5.5 Missverstandene Worte – „Verrückt sein“ und „Einbildung“

Ich denke, der Bezug von Dualseelen zu *Alice im Wunderland* liegt ziemlich nahe, hast du dich nicht, einmal in der Welt der Dualseelen angekommen, ein bisschen gefühlt, wie Alice?

Plötzlich geschehen lauter wundersame Dinge, die du allesamt zunächst nicht erklären kannst – da gibt es auf einmal jemanden, den du „fühlst“, dessen Gedanken du scheinbar lesen kannst und es passieren die schrägsten Sachen.

Solltest du versuchen, mit jemandem darüber zu reden, befürchtest Du, eine hübsche neue Jacke zu bekommen, eine, in der du dich so richtig „lieb haben“ kannst ... Eigentlich glaubst du selbst, *verrückt* geworden zu sein, immerhin ist all das nicht logisch erklärbar und somit auch eigentlich nicht möglich. Sicher träumst du nur, leider scheint es aber auch kein Erwachen mehr zu geben.

Willkommen also in unserem Wunderland, in der Welt der Dualseelen, wo Autokennzeichen zu dir „sprechen“, Menschen, die gar nicht da sind, dennoch deutlich sichtbar – natürlich nur für dich – neben dir stehen und der Zufall als Normalität herrscht!

Wenn du hier überleben willst, ist es essentiell, deine Angst vor dem Verrückt sein hinter dir zu lassen, irgendwann musst du nämlich, wie eine Freundin es mal so schön formuliert hat, „endgültig den Wahnsinn umarmen“, wenn du nicht tatsächlich beim Tee mit dem verrückten Hutmacher und der Grinsekatze in einer Gummizelle enden willst.

Schauen wir uns also die beiden Begriffe *Verrückt sein* und *Einbildung* doch einmal genauer an.

5.5.1 Berühmte Verrückte der Geschichte

Beginnen möchte ich hier mit jemandem, den sicherlich jeder kennt – Christoph Columbus. Was haben die Menschen nicht damals über ihn gelacht, über seine *verrückte* Idee, die Erde wäre rund. In Wirklichkeit war er seiner Zeit weit voraus, ein Visionär, der es wagte, über den allgemeinen Tellerrand hinauszublicken und eine Reise in's Ungewisse zu beginnen! Wo wären wir heute, ohne seinen unerschütterlichen Mut, seinen Glauben an seine Vision?

Oder denk mal an die berühmten Philosophen der Geschichte, wie z.B. Platon und seinen Lehrmeister Sokrates. Platon mit seinem Höhlengleichnis und der Geschichte von den Kugelmenschen, glaubst du wirklich, dass er sich, außerhalb des Kreises der damaligen Intellektuellen, besonderer Beliebtheit erfreute? Dass das „gewöhnliche Volk" ihm nicht hinter seinem Rücken heimlich den Vogel zeigte und über ihn lachte? Bei Sokrates ging die Geschichte sogar so weit, dass er für seine Lehren hingerichtet wurde ...

Auch diese beiden waren ihrer Zeit weit voraus, wagten es, über den damaligen Tellerrand hinauszublicken. Eine Eigenschaft, die von den meisten Menschen bis heute nicht besonders geschätzt wird, denn wer über den Tellerrand blickt, sieht dort meist wundersame Dinge; Dinge, die man nicht versteht und die bei genauerem Hinsehen durchaus Angst machen können. Ein begrenzter Horizont bietet nämlich vor allem eines – Sicherheit!

Genug damit der Beispiele von früheren „Verrückten", wenden wir uns nun mal der wahren Bedeutung dieses Wortes zu.

5.5.2 Über den Gebrauch von Sprache

Wie sind wir eigentlich davon abgekommen, Worte als das zu verstehen, was sie sind – einfach nur *Worte*? In diesem Sinne müssen wir sie nämlich auch *wortwörtlich* nehmen, denn der Kern der Bedeutung eines Wortes steckt genau darin, in dem *Wort.*

Nehmen wir ein Wort nicht wörtlich, sondern messen ihm eine andere Bedeutung zu, als in ihm steckt, fangen wir an, unsere eigene Sprache in eine Fremdsprache zu verwandeln. Das ist, als würde man Vokabeln lernen, dabei geht es doch um das Verständnis der eigenen Sprache!

Erinnert dich das vielleicht an eine andere alte Geschichte? Richtig, der Turmbau zu Babel. Wie war das doch gleich? Der Mensch wollte einen Turm bauen, der so hoch ist, dass er bis in den Himmel hinaufreicht, um so zu Gott zu gelangen. Zur Strafe „verfluchte“ Gott den Menschen, indem er die vielen verschiedenen Sprachen erschuf, und so eine Menge Verwirrung erzeugte, denn eine Kommunikation untereinander war zunächst nicht mehr möglich, wodurch sich die vielen Menschen in kleine Gruppen zersplitterten und verstreuten.

Die Sprache ist Fluch und Segen des Menschen zugleich. Sie ist Strafe für unseren Hochmut, macht es uns auf einer tieferen Ebene unmöglich, einander wirklich zu verstehen, da jeder Mensch sein eigenes Verständnis von Sprache hat, geprägt durch zwei Dinge – seine *Erfahrungen* und seine *Wahrnehmung.*

Nimmt man dann noch verschiedene Sprachen hinzu, wird schnell klar, dass wir uns wirklich nicht zu 100% verstehen können. Jeder, der mal eine Fremdsprache gelernt hat, weiß, es gibt Dinge, die kann man nicht in beiden Sprachen gleich ausdrücken, wodurch aber automatisch Unterschiede in der

Aussage entstehen. Hinzu kommt die Tatsache, dass wir viele Wörter selbst in der eigenen Sprache „verfremdet“ haben, sie haben eine neue allgemeine Bedeutung erhalten, wie die beiden Wörter, um die sich dieses Kapitel dreht.

Gleichzeitig ist Sprache aber auch ein Geschenk und Segen, denn wenn wir lernen, sie richtig zu nutzen, ermöglicht sie uns, unser Innerstes in die richtigen Worte zu verpacken und uns so der Welt verständlich zu machen, doch gehören immer zwei dazu – der Sprecher und der Zuhörer ...

Jeder sieht das, was er sehen will, oder anders ausgedrückt, was sein Horizont ihm zu sehen erlaubt, genauso verhält es sich mit allen Sinneswahrnehmungen, auch mit dem Hören! Und genau hier stoßen wir auf die Essenz der beiden Begriffe *Verrückt sein* und *Einbildung* – bei dem Wort *Wahrnehmung*, denn das ist es, worum die beiden Begriffe sich im Kern drehen.

5.5.3 Ver-rückt sein

Was bedeutet dieses Wort denn in seiner wortwörtlichsten Anwendung? Was tust du, wenn du etwas, zum Beispiel einen Gegenstand, ver-rückst? Richtig – du *verschiebst* ihn! Bezogen auf Gegenstände nutzen und verstehen wir dieses Wort also noch vollkommen richtig, warum nicht in Bezug auf den Menschen?

In seiner ursprünglichsten Bedeutung bezeichnet das Wort *Verrückt sein* nämlich einen Menschen, dessen *Wahrnehmung* verrückt – man könnte auch sagen, *verschoben* – ist. Könnte man nicht vielleicht sogar behaupten, ein Verrückter ist jemand, der über den allgemeinen Tellerrand hinausblickt, da er seinen Horizont, seine *Wahrnehmung* verschoben hat?

Diese Definition ist noch vollkommen frei von Wertung und es ist die reinste, ursprünglichste Definition dieses Wortes. Was dann geschah, war wohl ein Werk des Egos, denn es kam eine *Wertung* hinzu, die im Laufe der Zeit die eigentliche *Bedeutung* überdeckte.

Wer sagt denn, dass das, was der *Verrückte* wahrnimmt, nicht wahr ist? Wie es das Wort *wahrnehmen* schon sagt, es steckt *Wahrheit* darin.

Menschen, die nicht *verrückt* sind, nehmen natürlich etwas Anderes wahr, man könnte auch sagen, „sie nehmen etwas anderes als *wahr* an", folglich ist die *Wahrnehmung* des *Verrückten* *falsch*! Das ist es, was sich tief in das Unterbewusstsein der Menschheit eingegraben hat! Doch lehrt uns die Geschichte etwas Anderes: Nicht alles, was nur wenige wahrnehmen, ist zwangsläufig falsch! Betrachtest du also das Wort *verrückt sein* mal aus dieser Perspektive, nimmt dir das vielleicht die Angst davor.

„Ich bin nicht verrückt geworden, ich habe mich selbst verrückt!"[22]

---

22 Käptn Peng: „Kreuzworträtsel". Käptn Peng heißt mit bürgerlichem Namen Robert Gwisdek und ist ein bekannter Schauspieler, Musiker und Autor, den ich in diesem Buch bereits erwähnt habe, und noch öfter zitieren werde. Passend zum Thema „Verrückt sein", siehe Robert Gwisdek: *Der unsichtbare Apfel*, Köln 2014.

5.5.4 Einbildung

Die Definition dieses Wortes verdanke ich meinem schamanischen Lehrer, Raido (Dr. Rainer Ternieden[23]), der seine Seminarteilnehmer auf so ziemlich jedem Seminar damit beglückt und damit ihre *Wahrnehmung* erweitert. Dazu kurz eine Erklärung:

Auf jedem seiner Seminare machen alle Kursteilnehmer gemeinsam schamanische Reisen, im Anschluss setzen wir uns dann im Kreis zusammen und jeder berichtet, was er erlebt hat.

Im Grunde sind auch immer ein paar Neulinge dabei, die zum ersten Mal eine schamanische Reise gemacht haben und *jedesmal* kommt von diesen Neulingen die folgende Aussage, wenn sie mit berichten an der Reihe sind:

„Also, ich weiß nicht, ob ich das wirklich erlebt habe, das habe ich mir doch bestimmt alles nur *eingebildet*!“

Rainers Antwort ist jedesmal gleich erhebend:

„Was ist denn *Einbildung*? Wie das Wort schon sagt, dir wird etwas *ein-ge-bildet*, oder dir wird *ein Bild eingegeben*, oder du selbst *gibst dir ein Bild ein*. Ist es deswegen *nicht da*? Und sobald es *da ist*, ist es auch real, was immer du auch erlebt hast, was auch immer für *Bilder dir eingegeben wurden*, du hast sie doch gesehen, oder etwa nicht?“

Damit dürfte auch das Verständnis dieses Wortes geklärt sein und wer seine eigene Wahrnehmung dauerhaft erweitern möchte, dem kann ich die Seminare von Rainer nur aus tiefstem Herzen empfehlen!

---

[23] Siehe: http://www.nordischer-schamanismus.de/

5.6 Die Flucht vor dir selbst – oder: Warum andere Beziehungen nicht mehr möglich sind

Eine Frage wird mir immer wieder gestellt, seit ich diese Arbeit mache, und in der letzten Zeit häufte sich diese Frage wieder, sodass ich beschlossen habe, darüber nochmals ausführlicher zu schreiben. Es geht um das Allein sein auf dem Weg der Dualseelen:

- „Muss ich jetzt für immer alleine sein?"

- „Darf ich nie wieder einen Partner haben?"

- „Aber ich will doch leben, ich bin ein Mensch, dazu gehören auch Zärtlichkeit und Sex!"

Gleichzeitig sagt mir jeder, dass dieses Gefühl der Liebe und Verbundenheit bei keinem anderen Menschen fühlbar ist, dass sich jeder andere potentielle Partner, egal wie toll, lieb aufmerksam und wohltuend für das Ego er auch sein mag, dagegen nur wie ein billiger Abklatsch dessen anfühlt, was man durch die Dualseele kennen gelernt hat, aber ja scheinbar nicht haben darf.

Es ist eine ausweglose Situation – die Sehnsucht nach dieser Liebe, die dein Spiegelbild nicht erfüllen will, treibt dich immer wieder in die Arme eines anderen Partners –, doch sofort fängt dein Herz zu schreien an. Du fühlst dich verdammt – durftest die wahre Essenz der Liebe kosten, bist aber dazu verurteilt auf ewig alleine zu sein, die Liebe nie wieder leben zu dürfen.

Eine Frage, erinnerst du dich daran, dass ich mich in einem Punkt immer wiederhole?

Alles ist gut, wie es ist, alles geschieht zur rechten Zeit – du bekommst immer das, was du gerade für deine Entwicklung brauchst, um an dein Ziel gelangen zu können!

Wie kann es also sein, dass du verdammt bist? Glaubst du immer noch, dass das Universum „böse" ist, dich aus irgendeinem Grund bestrafen will? Kann es vielleicht sein, dass du einfach nur nicht verstehst, was es dir sagen will mit dieser Situation?

5.6.1 Alles was du im Außen suchst, ist bereits in Dir!

Deine Dualseele ist kein anderer Mensch, sie ist *du*! Ein Teil von dir, dein Spiegelbild! Im Moment eurer ersten Begegnung wird etwas in dir geweckt, die Liebe zu dir selbst. Nur ver-stehst du das für eine lange Zeit nicht, du spürst diese Liebe, aber du projizierst sie nach außen – auf deine Dualseele.

Du forderst all das, was dir da aus deinem Innern gespiegelt wird, von außen ein, deshalb läuft deine Dualseele davon, du läufst ja vor dir selbst davon! Deine Sehnsucht ist nur die Sehnsucht nach dir selbst, aber solange dir das nicht klar ist, projizierst du sie auf das Thema Partnerschaft, Zärtlichkeit, Sex, Gemeinsamkeit, *nicht Alleine sein.*

Deshalb läufst du immer schneller vor dir selbst davon – wenn deine Dualseele diese Sehnsucht nicht erfüllen kann, muss es eben ein anderer tun. Wundert es dich wirklich, dass das nicht funktioniert, dass deine Seele immer lauter schreit, deine Sehnsucht immer stärker wird?

Das ist der Grund, warum du zum Alleine sein gezwungen wirst, du kommst an der Erkenntnis deiner selbst nicht vorbei – aber diese Erkenntnis wirst du niemals in einem anderen finden, auch nicht in deiner Dualseele.

Warum hast du solche Angst vor dem Allein sein, vor *dir selbst*? Es ist notwendig, ja unumgänglich, dass du auf dich selber schaust, auf *alle Aspekte deines Seins*! Es gibt Teile von dir, die findest du so schrecklich, hast sie so tief in dir verschlossen, dass sie dir nicht einmal mehr bewusst sind. Aber ganz tief drinnen weißt du genau, was dich erwartet, wenn du einmal wirklich in den Spiegel schaust.

Habe keine Angst vor deinen Schatten, sie sind ein Teil von dir und, so wie *alles was ist*, nichts als ein Ausdruck der göttlichen Liebe. Stell dich ihnen, mache deinen Frieden mit diesen Schatten deiner selbst, es gibt keinen anderen Weg in die Selbstliebe und damit zum ultimativen Ziel – die Liebe mit deiner Dualseele auf irdischer Ebene leben zu können.

5.6.2 Das Gesetz der Resonanz

Ich höre auch oft von Klienten „Dieser andere Mann ist mir ja aus einem Grund geschickt worden, also nehme ich das jetzt an", was zwar grundsätzlich richtig ist, aber auch hier erkennt man nicht wirklich, worum es geht.

Du hast diesen schier unstillbaren Wunsch nach Partner-schaft, nach Erfüllung im Außen, statt im Innen, in dir, und das Universum reagiert einfach darauf. Es schickt dir ein weiteres Spiegelbild deiner selbst, diesen anderen Partner. Doch auch hier wird wieder nur eines gespiegelt – *du selbst*, es gibt hier immer nur eines zu lernen:

Du brauchst nichts im Außen, du hast alles, was du suchst, bereits in Dir!

Deshalb kann auch keine andere Partnerschaft funktionieren, genauso wenig wie die zu deiner Dualseele, solange du dich selbst nicht gefunden und in Liebe angenommen hast.

Wenn du auf dem Weg der Dualseelen unterwegs bist, musst du diese Tatsache irgendwann akzeptieren, dass du dein Glück nicht im Außen findest, nicht in einer Partnerschaft, sondern nur in dir selbst. Solange du das nicht kannst, wirst du auf der Stelle treten.

Der Wunsch nach dem „normalen irdischen Leben“, dem „normalen Menschsein“ bringt dich nicht weiter, denn das Ziel deines Weges ist die Erleuchtung und damit die Überwindung des Menschseins. Davor musst du keine Angst haben, nur weil du dir diesen Zustand nicht vorstellen kannst, bedeutet das nicht, dass er mit Verlust verbunden ist. Im Gegenteil, du verlierst zwar Einiges auf dem Weg dorthin, aber genau genommen sind es nur die Fesseln, die dich binden, die illusionären Qualen, was du gewinnst ist Freiheit, Liebe und Glückseligkeit – in Ewigkeit.

5.7 Die Gesetze der Liebe

Die neue Zeit bricht an und wir alle sehnen sie uns herbei, aber wie man so schön sagt: „Von nix kommt nix!“ Wir sind also alle aufgefordert, die neue Welt mit zu erschaffen, du genauso wie ich und jeder andere. Gerade wir Dualseelen sollten so etwas wie die Vorhut sein.

Eigentlich wäre es ganz einfach, eine neue Welt zu erschaffen, in der Mitgefühl, Liebe und Verständnis herrschen und in der jeder seinen Platz zum Leben hat, in der wir alle die natürliche Fülle erfahren dürfen und in der es allen gut geht. Klingt nach Utopia, doch es liegt an dir und mir, dieses Utopia zu unserer neuen Heimat zu machen.

Alles, was dafür passieren muss, ist, dass jeder sich an die Gesetze der Liebe hält, nicht mehr und nicht weniger. Dies kann aber nur in Form einer Kettenreaktion geschehen, indem einer anfängt und andere mitreißt, die wiederrum andere anstoßen.

Warum dass noch nicht passiert ist, fragst du dich? Nun, es geschieht doch schon längst, wir sind nur noch nicht am Ende. Du musst die Augen öffnen und deine Wahrnehmung schärfen, um wirklich zu sehen, wie sehr die Welt sich in den letzten Jahren schon verändert hat.

Was aber besonders wichtig ist, und das weiß ich aus eigener Erfahrung, *sei achtsam, sei bewusst, jederzeit*!

Wir alle haben unsere alten, mehr oder weniger bewährten Denk- und Verhaltensmuster, nur sind die wenigsten davon noch richtig im Sinne der neuen Zeit. Dennoch sind sie stark, und wenn du nicht bewusst dein Denken, Fühlen und Handeln steuerst, greifen diese alten Muster sofort. Das ist der Hauptgrund, warum die Welt nicht schon längst ein Utopia ist, denn im

Grunde findet es jeder schön, Gutes zu tun und Gutes zu bekommen. *Wir vergessen dies nur über dem Alltag viel zu oft!*

Um das Ganze jetzt einmal ein wenig zu erleichtern, habe ich mir die Mühe gemacht, die Gesetze der Liebe einmal aufzuschreiben. Du musst nichts Anderes tun, als sie zu verstehen, dir einzuprägen, und bewusst darauf zu achten, dass du wirklich *immer* danach handelst.

Die 7 Gesetze der Liebe:

1. Glaube an etwas!

Dies ist deshalb das erste Gesetz, weil es das Wichtigste von allen ist. Wenn du an etwas glaubst, ganz egal an was, dann bist du nicht allein und vor allem, dir ist dann bewusst, dass deine Gedanken, Worte und Taten ihre Konsequenzen haben, dass du nicht tun kannst, was du willst, dass du immer zur Rechenschaft gezogen wirst – für alles. Dies allein führt schon dazu, dass du nicht mehr völlig unbewusst durch die Gegend läufst.

2. Hüte deine Zunge – achte auf deine Worte!

Du bist, was du tust, was du denkst, fühlst, sagst. Sprache ist unser wichtigstes Ausdrucksmittel, und wie alles auf dieser Welt besteht auch Sprache aus Schwingung, diese kann niedrig sein oder hoch.

Ein kleines Beispiel zur Verdeutlichung:

Dein Tag hat schon schlecht angefangen, du bist mies gelaunt und dir geschieht ein Missgeschick nach dem anderen. Bei jedem Missgeschick fluchst du laut vor dich hin, um deine Wut herauszulassen, was dabei aber wirklich geschieht ist, dass du in Resonanz mit der negativen Energie gehst und diese noch verstärkst. Dadurch ziehst du nicht nur weiterhin Missgeschicke an, du steckst auch noch deine gesamte Umgebung an.

Achte auf das, was du sagst, mach dir die wahre Bedeutung deiner Worte klar. Sage nichts, was du nicht auch so fühlst, mache keine Scherze über etwas, woran du glaubst, damit sagst du deiner Seele nur, dass du eben doch nicht glaubst und ziehst dich wieder selbst herunter.

3. Ein Tag pro Woche gehört nur dir allein!

An diesem Tag sollst du nicht arbeiten, dich nicht anstrengen, dich einfach nur ausruhen und gut zu dir selbst sein!

Gerade in der heutigen Zeit, wo Karriere über allem steht, genauso wie gute Leistungen, gute Noten in der Schule, geht dieses Gesetz oftmals völlig unter. Vergiss aber nicht, du bist ein Mensch – keine Maschine! Du brauchst Phasen der Erholung, um deine Energie wieder aufzufüllen. Wenn du zu erschöpft bist, wird es dir nicht gelingen, den Gesetzen der Liebe zu folgen.

4. Liebe!

Achte und ehre dich selbst, dies an erster Stelle, genauso wie alles und jeden um dich herum. Alles ist Ausdruck der göttlichen Liebe, auch Menschen, die nicht gut zu dir waren. Achte vor allem deine Familie und deine Eltern, denn nur durch sie bist du auf diese Welt gelangt.

Was auch immer sie dir angetan haben mögen, du brauchtest es, um zu dem zu werden, der du heute bist. Zudem vergiss nie, jeder tut immer sein Bestes, aber auch immer vom Stand seines Bewusstseins aus gesehen.

Betrachte die Welt um dich herum und deine Mitmenschen immer mit den Augen der Liebe, arbeite daran, gerade bei

Menschen, mit denen du Schwierigkeiten hast. Frieden im Großen kann nur entstehen, wenn du zunächst den Frieden in deiner eigenen, kleineren Welt erschaffen hast.

5. „Was du nicht willst, das man dir tu, das füg auch keinem Anderen zu!"

Die einfachste Grundregel aller Zeiten, diese Redewendung kennt wohl jeder, aber halten wir uns auch immer alle daran? Ich glaube nicht, sonst wäre die Welt bereits ganz anders.

Wenn du nicht willst, dass man über dich lästert, lästere du selbst auch nicht über Andere! Wenn du nicht willst, dass man dich betrügt oder dir wehtut, dann tu es auch selbst nicht. Ausreden gelten nicht, auch wenn zum Beispiel dein Partner dich weiter betrügt, obwohl du ihn nicht betrügst. Alles, was dir geschieht, hast du selbst in dein Leben gezogen, das nennt man Karma.

Wenn dir viel Schlechtes geschieht, ist es vielleicht an der Zeit, dein Verhalten zu ändern, um mit der Zeit wieder positive Dinge in dein Leben ziehen zu können.

6. Sei ehrlich!

Keine Lügen mehr, auch keine kleinen „Notlügen". Die Wahrheit kommt immer ans Licht, darauf kannst du vertrauen, und mit einer Lüge ziehst du nur ungutes Karma an, egal wie klein und unbedeutend sie dir auch erscheinen mag. Eine Lüge zieht die nächste nach sich, und wenn man nicht aufpasst, kann daraus schnell ein ganzes Lügennetz werden, indem man sich selbst verstrickt.

7. Sei zufrieden mit dem, was du hast!

„Das Glück der Anderen“ ist immer ein guter Grund, dich nicht erfüllt zu fühlen und damit aus der Frequenz der Liebe auszusteigen.

Aber was bringt es dir eigentlich, immer auf die Anderen zu schauen und auf das, was sie alles haben, was du nicht hast? Wirst du dadurch etwa glücklicher? Neid tut immer nur eines, er vergiftet deine Seele!

Du weißt nichts über die Anderen, kannst gar nichts wirklich über sie wissen. Sie mögen nach außen noch so perfekt und glücklich erscheinen, aber was sie für tägliche Sorgen und Nöte haben, das zeigen sie oftmals nicht. Jeder versucht, nach außen ein Bild der Perfektion zu bieten, keiner mag eingestehen, dass er nicht glücklich ist.

Dabei könnten wir alle glücklich sein, indem wir zu schätzen lernen, dass wir bereits alles haben, was wir brauchen! Das ist ein Teil des Loslassens, tauche ein in den Augenblick und werde dir gewahr, dass du, gerade jetzt, wirklich alles hast und dass es immer jetzt ist!

Ich vermute, dass du inzwischen eine Ahnung hast, woher diese Gesetze stammen, und du hast Recht. Es handelt sich um die 10 Gebote, die vor über 2000 Jahren für die Menschen der damaligen Zeit sicher genau richtig formuliert waren.

Da sich die Zeiten aber ändern, muten diese Gebote heute mehr als verstaubt an, und ihre wahre Bedeutung erscheint uns oft verschleiert. Deshalb habe ich mir die Freiheit genommen, diese neu zu formulieren und zusammenzufassen.

Ich möchte, dass dieses Kapitel ein Aufruf ist. An dich, dein Leben nach diesen Gesetzen zu gestalten und wirklich bewusst damit zu arbeiten, damit wir alle die Chance haben, die neue Welt schon bald selbst erleben zu dürfen.

„Wohin auch immer du gehst, die Liebe sei mit Dir.“ , sagte ein weiser Mann einmal zu mir, und das ist es, was wir uns für uns selbst und einander wünschen sollten.

5.8 Das Gesetz von Ursache und Wirkung – Karma

„Alles, was existiert, hat eine Ursache!"

Das Gesetz des Karma besagt, dass alles eine Ursache hat, das bedeutet, alles, was existiert, ist die Wirkung einer Ursache. Diese Ursache ist der Gedanke. Alles, was existiert, existiert deshalb, weil es vorher gedacht wurde.

Man könnte also sagen, jeder deiner Gedanken hat eine Wirkung, ob du es glaubst, oder nicht, spielt dabei keine Rolle. Im Grunde ist es ganz einfach, alles, was du tust, denkst oder fühlst hat seine Konsequenzen und bringt dir Gleiches zurück. Du bist also aufgefordert, Herr und Meister über deine Gedanken und Gefühle zu werden. Du, genauso wie wir alle, erschaffst diese Welt in jedem Augenblick selbst, auf der Grundlage deiner Gedanken, Gefühle und Taten!

Ein Blick auf diese Welt genügt, um klarzumachen, dass wir unsere Sache bisher nicht besonders gut gemacht haben, aber warum ist das so? Wünschen wir uns nicht im Grunde alle Frieden, Liebe, Gerechtigkeit und Glück? Das tun wir zwar, aber wir Menschen haben die Angewohnheit, viel mehr über das nachzudenken, was uns stört, und was wir nicht haben wollen, als über das, was wir wollen und was gut ist. Allerdings bezieht sich dieser Aspekt schon stark auf das Gesetz der Resonanz.

In diesem Artikel möchte ich aber vielmehr auf eine andere menschliche Eigenschaft eingehen, die uns karmisch bedingt immer wieder in die Quere kommt, wir Menschen messen nämlich immer wieder gerne mit zweierlei Maß, und das oft nicht einmal bewusst. Das, was wir von anderen erwarten, erfüllen wir selten genug selbst und machen uns noch seltener Gedanken darüber.

Es gibt ein schönes Sprichwort, das ich bereits im vorigen Kapitel genannt habe:

„Was du nicht willst, dass man dir tu, das füg auch keinem Anderen zu!"

Ist das wirklich so schwer? Solange du nicht bewusst lebst schon, denn dein Ego steuert dich von einer Falle in die nächste. Ein beliebtes Beispiel unter Dualseelen ist zum Beispiel die Affäre mit der Dualseele. Die Dualseele lebt in einer Partnerschaft, und es spielt keine Rolle, ob diese Beziehung glücklich ist oder nicht, aber wenn du in einem solchen Fall eine Affäre mit deiner Dualseele beginnst, dann beteiligst du dich an einem Betrug.

Es ist eben nicht nur deine Dualseele, die ihren Partner betrügt, sondern auch du, du bist immerhin beteiligt! In dem Moment, wo du es tust, sendest du etwas aus, du kreierst eine Ursache, deren Wirkung irgendwann wieder an deine Tür klopfen wird. Irgendwann wirst du selbst betrogen werden, weil du immer das zurückbekommst, was du ausgesendet hast.

Das bedeutet, es gibt weder Opfer, noch einen Grund, anderen die Schuld an irgendetwas zu geben. Alles, was dir geschieht, hast du selbst verursacht. Das gilt auch für die wirklich schlimmen Dinge, wie Krankheit, Gewalt, Unfälle und den Tod. Genauso gilt es aber auch für alles Gute, was dir geschieht. Das Universum unterscheidet nicht zwischen Gut und Böse – weil Beides nur die zwei extremen Pole ein- und derselben Sache sind –, es gibt dir einfach nur zurück, was du ausgesendet hast.

Wenn du nun also die Verantwortung für dein Leben übernehmen möchtest, und wenn du deine Kontrolle über dein Leben wieder bewusst ausüben möchtest, musst du anfangen, bewusst zu leben. Keine unkontrollierten Gedanken oder Gefühle mehr, keine negativen Taten, es sei denn, du möchtest so etwas selbst erleben.

5.8.1 Was sind karmische Beziehungen?

Bei diesem Thema herrscht so viel Verwirrung, dass es meiner Meinung nach dringend notwendig ist, nochmals darauf einzugehen und Klarheit zu schaffen. Der Begriff „karmische Beziehung" ist mittlerweile zu einem Synonym für „Es ist halt schwierig und du musst da raus!" geworden, was es aber nicht im Geringsten trifft ...

Neulich erzählte mir eine Klientin von einer vergangenen, karmischen Beziehung, die sie „aufgelöst" hätte. Ich fragte sie, „Was war denn das Thema dieser karmischen Beziehung?", woraufhin sie mir keine wirkliche Antwort geben konnte. Genau das ist der Punkt, auf den ich hinaus will.

Wenn Karma das Gesetz von Ursache und Wirkung ist, dann muss man sich in einer karmischen Beziehung fragen, was war die Ursache für die Wirkung, die ich gerade erlebe?

Das klassische Verständnis einer karmischen Beziehung ist ja, dass man denjenigen aus vergangenen Leben kennt und irgendetwas aus diesem Leben mit der Person erneut durchlebt. Das ist grundsätzlich zwar richtig, aber längst nicht alles. Aus dieser Definition kann man schließlich schon ersehen, dass es darum geht, etwas zu lernen, was anscheinend noch nicht gelernt wurde. Es gilt, eine Ursache zu erkennen, etwas, das wir immer wiederholen und uns damit Probleme in unser Leben ziehen, weil uns nicht bewusst ist, was wir tun.

Karma kann man also durchaus auch als nicht verstandene, ungelöste Lernaufgaben bezeichnen, solange es negative

Auswirkungen zeigt jedenfalls. Genauso ist aber auch eine absolut positive und harmonische Beziehung eine karmische Beziehung, der einzige Unterschied ist, dass dieser Beziehung ein positives Karma zugrundeliegt.

Deshalb kann man Karma nicht wirklich auflösen - man kann nur lernen, was zu lernen ist –, schon gar nicht kann jemand anders dies für dich tun, denn du allein bist die Ursache für *alles*! Karma existiert zwangsläufig immer, denn wenn das Gesetz von Ursache und Wirkung außer Kraft gesetzt würde, wäre dies das Ende aller Existenz! Es geht einzig und allein darum, die Verantwortung zu übernehmen und zu entscheiden, was du in deinem Leben haben möchtest, und was nicht!

Wenn du nicht willst, dass man schlecht über dich redet oder denkt, rede und denke selbst nicht schlecht über Andere!

Wenn du nicht willst, dass man ein Urteil über dich fällt, dann fälle auch kein Urteil über Andere!

Wenn du nicht willst, dass man dich belügt oder betrügt, dann belüge und betrüge selbst niemanden!

Wenn du nicht willst, dass man dir Gewalt antut, dann füge selbst niemandem Gewalt zu!

Wenn du geliebt werden willst, liebe zuerst selbst!

Wenn du beschenkt werden willst, beschenke zuerst selbst!

Das Universum kennt keine „Kleinigkeiten“ oder „Notlügen“, dem Universum ist es egal, wie du selbst deine Taten rechtfertigst, zum Beispiel „Das war ja nur eine kleine Notlüge, wie schlimm kann das schon sein?“, das Universum gibt dir einfach das zurück, was du ausgesendet hast, immer und ohne Wertung!

Genau deshalb ist es so schwierig, dieses Gesetz richtig anzuwenden, denn der Teufel steckt im Detail. Führe ein rechtschaffenes Leben, nicht nur in deinen Taten, sondern auch in Gedanken und Gefühlen, dann kann dir nur noch Gutes widerfahren.

Wenn du damit beginnst, und dir passieren weiterhin negative Dinge, dann ist das nichts anderes, als entweder die Wirkung vergangener Gedanken oder Taten, die du bisher noch nicht zurück bekommen hast, oder die Ursache steckt in *unbewussten* Gedanken, Gefühlen oder Taten. Je nachdem, wie du bisher gelebt hast, kann es eine Weile dauern, negatives Karma in positives umzuwandeln. Wenn du nicht absolut bewusst lebst und lernst, dass *du selbst* der Herr über deine Gedanken und Gefühle bist, wirst du dies niemals schaffen können. Die Lehre, die du daraus ziehen kannst, ist allerdings eine absolut positive:

Du allein hast die Kontrolle und die Macht über deine Welt – jederzeit! Mach etwas Gutes daraus ...

5.9 Zeit der Prüfungen

Viele Jahre sind wir schon darauf zugesteuert und seit circa Mitte 2013 lässt es sich kaum noch vermeiden, sich diesem Thema zu stellen. Man könnte es als „Zeit der Prüfungen“ bezeichnen, und diese Prüfungen scheinen entscheidend zu sein.

Ich bin der Meinung, die Zeitenwende befindet sich in vollem Gang, *jetzt* werden die Grundsteine für die neue Zeit gelegt, indem wir geprüft werden, ob wir wirklich bereit sind. Es liegt also an uns allein, ob die neue Zeit bald beginnen kann – oder eben nicht, und so wie es steht, ist Scheitern durchaus eine Möglichkeit, die wir uns vor Augen führen müssen. Diese Prüfungen sollten wir nicht auf die leichte Schulter nehmen, denn unser aller Zukunft hängt davon ab.

Alles Alte, was uns bisher durchs Leben geholfen hat, hat seine Gültigkeit verloren und funktioniert nicht mehr. Halten wir dennoch daran fest, ist das Scheitern vorprogrammiert. Wie die Zukunft dann aussehen wird, möchte ich mir nicht einmal vorstellen.

Die einzelnen Themen, um die es geht, und die sich mir persönlich aufgedrängt haben, möchte ich nun vorstellen, dabei muss ich aber hinzufügen, dass ich durch meine Beobachtungen in der Allgemeinheit so etwas wie einen roten Faden entdeckt habe, der sich – wie immer – nicht auf alle, aber dennoch auf die meisten unter uns bezieht.

Einige sind weiter, andere stehen am Anfang, und haben deshalb scheinbar andere Prüfungen vor sich liegen als die meisten. Für die Allgemeinheit geht es aber um die folgenden Themen, die alle aufeinander aufbauen:

- Schuld
- Vergebung
- Balance
- Demut
- Hingabe
- Vertrauen
- *Loslassen*

All diese einzelnen Themen sind wie die Teile eines großen Puzzles und ergeben ein Gesamtbild, das ich nun zu erklären versuche.

5.9.1 Schuld

Betrachtet man die aktuelle Situation, in der sich die meisten von uns befinden, sticht eines ganz besonders ins Auge – finanzielle Probleme, oder bei vielen auch das finanzielle Desaster.

Die Schulden häufen sich, neues Geld kommt, wenn überhaupt, aber nur tröpfchenweise herein, wie eine Abwärtsspirale, die einen immer tiefer hinunterzieht, in ein schwarzes Loch, das uns zu verschlingen droht. So fühlt es sich für viele mittlerweile an. Diese Situation spiegelt sich inzwischen sogar auf globaler Ebene, da muss man nur einmal über den großen Teich auf die aktuelle Situation in den USA schauen.

Hinzu kommt eine weitere Tatsache, die ich beobachten konnte. Die Beziehung zur Dualseele, die sich bei vielen in der letzten Zeit verbessert zu haben schien, scheint wieder auf Anfang gesetzt und ist nun wieder einmal geprägt von Misstrauen, Angst und zum Teil sogar Kämpfen untereinander. Die alten Verletzungsmuster brechen wieder durch – auch hier geht es grundlegend um das Thema *Schuld*.

Ich gebe zu, dass ich lange gebraucht habe, um zu durchschauen, was hier eigentlich abläuft. Wenn man mitten in diesen Prozessen steckt, ist es nicht immer einfach, den nötigen Abstand einzunehmen um das Ganze aus einer höheren Perspektive zu betrachten.

Das herausstechendste Merkmal an der derzeitigen Situation sind sicherlich die Finanzen, ist der Druck für viele doch mittlerweile so groß geworden, dass das Thema Dualseele dagegen absolut verblasst ...

Es nützt aber wenig, an dieses Problem auf irdischer Ebene heranzugehen und sich Gedanken über das Finanzsystem oder irgendwelche Verschwörungen zu machen. Man muss das Ganze auf energetischer Ebene betrachten und dabei bedenken, dass alles, was uns im Leben begegnet, auch eine symbolische Bedeutung für uns hat. Dieses Prinzip werde ich im Kapitel über Traum und Realität genauer erläutern.

Es geht um Geld und Schulden, es ist nicht genügend Geld vorhanden, um das Leben zu bestreiten, wodurch die Schul-den wachsen. Die Schulden sind hierbei meiner Meinung nach viel wichtiger als das nicht ausreichende Geld, sie sind der Schlüssel zur Lösung des Rätsels.

Geld ist Energie, und wie wir eigentlich wissen, ist Energie im Überfluss vorhanden – *alles* besteht aus Energie, im Grunde existiert nichts Anderes als Energie. Warum also wird uns der Hahn zugedreht?

Wenn ich sage, die Schulden sind der Schlüssel, müssen wir uns nur die Bedeutung dieses Wortes einmal genau ansehen. Schulden kommt von *Schuld* und es geht gar nicht darum, dass wir irgendwem Geld schulden, sondern um die Schuld an sich.

Wir alle haben im Laufe dieses Lebens – und unserer Vorleben – eine Menge davon angesammelt. Ob wir das nun bewusst so sehen oder nicht, in unserem Unterbewusstsein haben wir eine absolut exakte Bilanz darüber gespeichert, wie groß unsere Schuld sein mag.

Das Problem ist nur, Schuld ist eine Illusion. Das Konzept Schuld ist so alt wie die Menschheit selbst und basiert auf einem Werte- und Moralsystem, das größtenteils falsch ist. Denn alles, was geschieht, ist *immer* genau das Richtige. Gut und Böse existieren nicht wirklich, bisher haben wir dieses System jedoch gebraucht, um zu lernen und zu erkennen, was wir wirklich sind.

Gut und Böse, richtig und falsch, sind zwei Extreme derselben Sache. Was für den einen gut ist, muss es für den Anderen noch lange nicht sein. Wenn mir etwas Schlimmes geschieht, das mir ein Anderer angetan hat, ist dies in Wirklichkeit nichts Anderes als die Chance, etwas zu lernen, also könnte ich dem Anderen genauso gut dankbar sein! Was geschieht dann in diesem Augenblick mit der Schuld des anderen? Sie löst sich auf, denn eigentlich hat sie nie existiert.

Die gesamte Situation spiegelt uns etwas, wir sind immer noch absolut in der Illusion der Dualität verhaftet, wir glauben an Schuld, werden erdrückt davon, was sich auf irdischer – dualer – Ebene durch finanzielle Schuldenberge manifestiert.

Um es mal in aller Deutlichkeit zu sagen, wir sollen endlich erkennen, dass das alles absoluter *Bullshit* ist! Das Argument „Auch wenn die irdische Dimension nur eine Illusion ist, wir leben aber darin und müssen uns darin zurechtfinden und deshalb ihren Gesetzen gehorchen!“ zählt nicht mehr, genau das kann unser aller Untergang werden!

Sollen wir etwa nicht aufsteigen und die Illusion überwinden? Wie sollen wir das schaffen, wenn wir uns ihr immer wieder beugen?

Schuld ist nichts als ein Konzept und ein falsches noch dazu, der erste Schritt, den wir machen müssen, ist dies *in unseren Herzen* – und nicht nur mit dem Verstand – anzuerkennen. Wir wir das schaffen können, werde ich im Folgenden erläu-tern.

5.9.2 Vergebung

Der Schlüssel zur Auflösung der Schuld ist Vergebung – *grenzenlose Vergebung*. Nicht nur allen anderen gegenüber, sondern vor allem *dir selbst*. Doch gerade Vergebung ist ein Thema, an dem wir Menschen seit Anbeginn der Zeit scheitern. Der Verstand kann tausend Mal sagen „Ich vergebe Dir", doch das Herz spielt dabei selten mit – so glauben wir, es zu fühlen ...

Doch nach allem, was wir bis hierhin gelernt haben, kann es da wirklich möglich sein, dass unser Herz nicht vergeben kann? Wenn wir unser Herz mit unserer Essenz – unserer Seele – gleichsetzen, wie kann dann überhaupt eine Notwendigkeit zur Vergebung vorhanden sein?

Wieder einmal hat sich unbemerkt das Ego in unser Fühlen eingeschlichen und sich als die Stimme des Herzens getarnt. Nur das Ego verweilt und denkt innerhalb der Konzepte der Dualität – *Gut* und *Böse*, *Schuld* und *Vergebung*, das Herz – die Seele – hingegen, existiert außerhalb der Dualität und der damit verbundenen Konzepte.

5.9.2.1 Den „Anderen“ vergeben

Wenn du dir die Illusion hinter der Schuld immer bewusst machst, fällt es mit der Zeit auch immer leichter, allen zu vergeben, die dir jemals etwas angetan haben. Denke zurück an jede Verletzung, jedes Unrecht, die dir jemals zugefügt wurden und ermittle die *Wirkungen* dieser *Ursachen.* Verfolge diese Ereigniskette, betrachte die Verknüpfungen zwischen den Ereignissen, bis du beim Ergebnis ankommst – dem *Hier und Jetzt.* Was auch immer geschehen ist, es hat dich genau hierhin gebracht – in diesen Augenblick, in dem du dieses Buch liest. Es hat dich zu dem Menschen gemacht, der du *jetzt* bist, und nun frage ich dich – und bitte bedenke Deine Antwort *genau*:

Willst du *wirklich* jemand anders sein? Auch wenn du noch nicht der bist, der du gerne sein möchtest, auch wenn du noch nicht da bist, wo du gerne sein willst, ist dein derzeitiger Standpunkt so falsch in Hinblick auf dein Ziel?

Das Leben ist ein Weg und *der Weg ist das Ziel*! Wozu geboren werden – den Weg betreten –, wenn das Ziel nur einen Schritt entfernt ist? Betrachte nochmals die Vergangenheit, schau dir an, wer du warst, bevor dir die schlimmste Verletzung deines Lebens zugefügt wurde, was hast du dadurch gelernt? Wie hast du dich seitdem weiterentwickelt?

Bist du nicht stärker geworden, hast durch diese Verletzung mehr Mitgefühl entwickelt, verstehst ein wenig mehr die „Regeln“ in diesem Spiel, genannt Leben?

Solltest du diese Fragen mit *Nein* beantworten, bedenke Folgendes:

Jedesmal, wenn dir etwas vermeintlich Negatives zustößt, beginnt ein Prozess – ein Lernprozess. Dieser kann schnell beendet sein, oder auch über Jahre andauern, aber er führt *immer* zu einem Punkt – dem *Verstehen,* wofür diese Erfahrung gut war. Dieses Verstehen kann – wenn du es zulässt – eine „kleine Erleuchtung“ sein, denn in diesem Augenblick löst sich das Konzept der Schuld desjenigen, der die Ursache für diesen Prozess war, auf. Dies ist der Moment, in dem *Vergebung* geschieht.

Der einzige Grund für dein *Nein* ist die Tatsache, dass du diesen Prozess noch nicht abgeschlossen hast.

5.9.2.2 Dir selbst vergeben

Kommen wir nun zur Meisterdisziplin, bei der „Selbst-Vergebung“ handelt es sich nämlich um ein völlig anderes Paar Schuhe – würde unser Ego jetzt sagen. An diesem Punkt – vorausgesetzt, dass wir uns ihm wirklich stellen – kommen wir bei unserem wahren Selbst an – der *allumfassenden, göttlichen Liebe.*

Alle Anderen – die gesamte Außenwelt – sind ein Teil von dir! Wenn es Dir gelingt, allen Anderen – die doch nur ein Teil von dir sind – zu vergeben, warum gelingt es dir dann nicht bei dir selbst? Die Bibel – in meinen Augen ein Buch der Weisheit, das nur leider bewusst falsch interpretiert und dadurch zur Kontrolle der Massen missbraucht wurde – sagt es uns ganz deutlich:

„Denn alle Gesetze werden in einem Wort erfüllt, in dem: „Liebe deinen Nächsten wie dich selbst.““[24]

„Und das andere ist ihm gleich: „Du sollst deinen Nächsten lieben wie dich selbst.“ Es ist kein anderes Gebot größer denn dieses.“[25]

---

[24] Bibel, Galater 5.14

Solange dein Herz nicht vollständig geöffnet ist, erscheint dies dennoch lediglich wie graue Theorie. Der Verstand – das Ego – sagt „logisch“, doch dein Gefühl stimmt nicht damit überein. Das liegt daran, dass dein Ego hier ein Versteckspiel mit dei-nem wahren Selbst treibt. Es versucht, dich immer tiefer in die Dualität zurückzuziehen, indem es die Stimme deines Herzens imitiert und dir sagt, du seist es nicht wert, Vergebung zu erlangen, was du getan hast läge außerhalb der Möglichkeit der Vergebung. All dies tut es aus nur einem Grund:

Wenn du dich selbst erkennst, muss sich das Ego der Tatsache stellen, dass es in Wahrheit eine Illusion ist, nicht existent. Das Ego handelt aus reinem „Selbstschutz“!

Dadurch läufst du die ganze Zeit vor dem Gefühl der vermeintlichen Schuld davon, vermeidest jeden Gedanken daran, kannst dich dem einfach nicht stellen, der Schmerz ist zu groß. Doch auch dieser Schmerz ist nur eine Illusion. Hier geht es unter anderem auch um Bewusstheit – wahrhaftig bewusst kannst du nur sein, wenn du nichts mehr ausblendest, wenn alles offen vor dir liegt –, ohne Bewertung.

Dir selbst zu vergeben ist im Grunde ganz einfach – und gleichzeitig kann es der Sprung in einen bodenlosen Abgrund sein: Stelle dich dem Gefühl deiner Schuld, sieh hin, geh zurück und erlebe noch einmal, was du getan hast. Weiche den Gefühlen nicht aus, erlebe die Scham, die du fühlst, die Reue, lass all das zu! In dem Moment, in dem du dir erlaubst, deine Schuld wirklich zu fühlen, geschieht die Vergebung, denn die „Nicht-Vergebung“ – das Verharren in der Schuld – entsteht lediglich aus der Tatsache, dass du dich deiner Schuld emotional nicht stellst.

---

[25] Bibel, Markus 12.31

„Eure Schuld – sie steht wie eine Mauer zwischen euch und eurem Gott! Eure Sünden verdecken ihn, darum hört er euch nicht.“ [26]

„Wenn wir aber unsere Sünden bereuen und sie bekennen, dann dürfen wir darauf vertrauen, dass Gott seine Zusage treu und gerecht erfüllt: Er wird unsere Sünden vergeben und uns von allem Bösen reinigen.“ [27]

Betrachte Gott hier nicht auf die Weise, wie es im Christentum geschieht, als personifiziertes Wesen, das über allem steht und die Macht über alles hat, sondern so, wie du ihn im Verlauf dieses Buches kennen und verstehen gelernt hast – als *alles, was ist, das Prinzip der allumfassenden Liebe*. In diesem Kontext wird verständlich, wie die Schuld uns von Gott trennt, denn solange wir in der Schuld verweilen, befinden wir uns in der Dualität und finden den Zugang zu unserer göttlichen Seele – die außerhalb der Dualität existiert – nicht.

Dich der Schuld zu stellen, ist der Schlüssel zur Auflösung derselben. Es ist reinigend, zu fühlen, was du getan hast, es ist reinigend, zu bereuen, denn in diesem Augenblick erkennst du, dass es Vergangenheit ist, unabänderbar, und dass es dennoch richtig war, inbegriffen sämtlicher Konsequenzen, die sich daraus ergaben. Wenn du dies tust, integrierst du einen Teil von dir, den du „abgespalten hast“, wieder in dich und bist der Ganzheit – und damit deinem wahren, göttlichen Selbst – wieder einen Schritt näher gekommen.

---

[26] Bibel, Jesaja 59:1-2
[27] Bibel, 1 Johannes 1:9

5.9.2.3 Balance

„Und richtet nicht und ihr werdet nicht gerichtet werden, verurteilt nicht und ihr werdet nicht verurteilt werden. Laßt los und ihr werdet losgelassen werden.“[28]

„Gebt und es wird euch gegeben werden: ein gutes und gedrücktes und gerütteltes und überlaufendes Maß wird man in euren Schoß geben, denn mit demselben Maß mit dem ihr meßt, wird euch wieder gemessen werden.“[29]

Die beiden oberen Bibelzitate erklären etwas, das wir alle längst wissen, Geben und Nehmen müssen in Balance sein. Beim einen überwiegt das Geben, beim anderen das Nehmen, jeder selbst muss für sich prüfen, in welche Richtung die Waage bei ihm ausschlägt und dies in Ordnung bringen. Gleichzeitig geht es darum, endlich mit dem Urteilen aufzuhören, denn dadurch bestärken wir in uns selbst nur wieder das falsche Konzept der Schuld.

Es hilft uns überhaupt nicht, ständig aufzuzählen, wer uns noch etwas schuldet, und wem *wir* noch etwas schulden und dabei auch noch wütend darauf zu sein, im Gegenteil, *genau* dieses Verhalten sorgt dafür, dass sich die Situation immer weiter verschlimmert. Wir selbst sind es, die die Schlinge um unseren Hals immer fester zuziehen …

Ich möchte dies anhand eines Beispiels verdeutlichen. Nehmen wir eine Person, die sich im Laufe ihres Lebens ein Geschäft aufgebaut hat. Zu Beginn lief es möglicherweise noch ganz gut, dann wurden die Zeiten schwieriger und diese Person musste sich Geld leihen, wodurch das Gefühl der Schuld ins Spiel kam.

---

[28] Bibel, Lukas 06/37
[29] Bibel, Lukas 06/38

Gemäß dem Gesetz der Resonanz zieht Gleiches einander an, in Folge der gefühlten Schuld zieht diese Person nun also neue Schuld in ihr Leben, zum Beispiel in Form von Kunden, die nicht bezahlen, „etwas schuldig bleiben“. Dadurch spitzt sich die Situation dieser Person immer mehr zu. Angst kommt ins Spiel, und diese Person wird immer mehr an ihrem Geld festhalten, immer mehr beginnen, alles aufzurechnen und irgendwann nur noch geben, wenn sie sofort eine ausreichende Gegenleistung erhält. Doch leider hat diese Person selbst immer weniger zu geben, weshalb sie auch keine Menschen, die ihr etwas geben, mehr in ihrem Leben manifestieren kann.

Diese Abwährtsspirale führt letztendlich unweigerlich an den absoluten Tiefpunkt, an dem man scheinbar hilflos und ohnmächtig dasteht – an diesem Punkt sind wir gewissermaßen der „göttlichen Gnade“ ausgeliefert, wir haben es nicht mehr in der Hand. Folglich gibt es nun – wieder ganz gemäß den Gesetzen der Dualität – nur zwei mögliche, gegensätzlich extreme Reaktionen:

Entweder, wir beenden das Spiel, geben auf und nehmen uns das Leben – was in den letzten Jahren tatsächlich immer mehr Menschen aus Verzweiflung getan haben, oder wir „ergeben uns“, zeigen Demut und erkennen an, dass wir es nicht in der Hand haben. Dies führt uns zu den letzten Punkten, die ich zu Beginn dieses Kapitels als die Haupt-Prüfungsthemen unserer Zeit aufgeführt habe:

5.9.2.4 Demut, Hingabe, Vertrauen, Loslassen

Eine Kette von Aktionen, die sich gegenseitig bedingen und zu der wir leider immer erst dann fähig sind, wenn uns kein anderer Weg mehr offen steht. Traurigerweise, denn im Grunde ist es so einfach, was wir aber erst erkennen, nachdem wir uns hingegeben haben.

„Schuld daran" ist eine weitere Illusion, die Angst: Angst, zu versagen, Angst, zu fallen, Angst, zu sterben. Seit Anbeginn der Zeit werden wir dazu aufgefordert, zu vertrauen und zu verstehen, dass uns nichts geschehen kann, doch wir klammern uns an unsere illusorische Menschlichkeit, unsere illusorische Verletzlichkeit und leben lieber in ewiger Angst.

Die Zeit ist gekommen, mit diesem Verhalten kommen wir nicht mehr durch! Wir müssen endlich den Sprung wagen, jeder für sich allein. Wir werden in die Knie gezwungen aus einem einfachen Grund, wir sollen endlich demütig werden. Denn nur in der Demut erkennen wir, dass wir auf diese Art *gar nichts* steuern können. Erst, wenn wir scheinbar alles verloren haben, schaffen wir Menschen den Sprung ins Vertrauen, und genau darum geht es doch auch bei der Dualseele.

Wir haben im Laufe der Jahre alles getan, was in unserer Macht stand, um endlich zusammen sein zu dürfen, doch scheinbar vergebens. Nun müssen wir erkennen, wir haben es nicht in der Hand! Das ist wahre Demut, dieses Erkennen, und nur daraus kann echtes Vertrauen erwachsen, denn in dieser Situation ist das alles, was uns noch bleibt.

Demut, Hingabe und Vertrauen – und in diesem Vertrauen *loslassen*, die scheinbare Kontrolle aufgeben. Gebe dich nicht mehr der Angst hin, dein Leben könnte den Bach hinuntergehen, wenn du aufhörst, alles krampfhaft kontrollieren zu wollen. Durch diesen Kontrollzwang, geboren aus der Angst, erschaffen wir unseren eigenen Untergang.

Werden wir nicht alle gerade, auf sämtlichen Ebenen, zum Loslassen aufgefordert? Wird uns nicht immer wieder gezeigt, „Du hast es nicht in der Hand!"?

Wir haben die Wahl, wir können ewig am seidenen Faden hängen und in der Qual verharren – oder wir lachen der Angst ins Gesicht und lassen los ...

Wir stehen jetzt an der Schwelle, die Frage ist, ob wir den Mut aufbringen werden, sie auch zu überschreiten, denn noch können wir nur erahnen, was uns dahinter erwartet ...

> Und plötzlich bricht uns der Boden weg,
> 6000 Jahre fallen,
> Leute, die versuchen, sich mit Gurten festzuschnallen,
> ein elegant gestaltetes, jedoch ebenfalls fallendes,
> vom Wind schon halb erkaltetes, der Sicht zum Spaß gefallenes,
> schallendes Gelächter durch den Wind hallt.
>
> Manche machen plötzlich im Wind Halt,
> Sie stoppen wenn sie schweben und sie lachen sich halb tot,
> haben aufgehört zu halten und gestalten ihre Not
> um zur Tugend,
> sie bemerken, dass das Fallen zum Schweben wird,
> wenn man aufhört, sich an Dingen festzukrallen.[30]

---

[30] Auszug aus: Käptn Peng & Die Tentakel von Delphie: „Sockosophie".

5.10 Die Zielgerade

Nun, denke ich, ist es an der Zeit, das Thema Zielgerade mal näher zu beleuchten.

Denn sei gewarnt, mit Erreichen der Zielgeraden bist du noch lange nicht sicher am Ziel, gerade hier tun sich die größten Tücken dieses Weges auf. Vielleicht warst du kürzlich schon kurz vorm Ziel und jetzt fühlst du dich plötzlich wieder wie auf Anfang gesetzt? Das liegt daran, dass – metaphorisch gesprochen – kurz vor dem Ziel ein verschlossenes Tor steht, fehlt dir der Schlüssel, musst du zurückgehen und weitersuchen.

Die endgültige Vereinigung mit deinem Dual kann nur unter bestimmten Voraussetzungen geschehen, sind diese nicht erfüllt, tritt die eben genannte Sicherung in Kraft und du wirst wieder auf den Weg der Dualseelen zurückgeworfen.

Es fehlt also der Schlüssel, der diese Sicherung außer Kraft setzt – nur wo finden wir diesen Schlüssel? Natürlich auf dem Weg zum Ziel! Deshalb schauen wir uns diesen Weg jetzt ebenfalls einmal genauer an, und auch hier werde ich hauptsächlich in Metaphern sprechen.

5.10.1 Der Weg zum Ziel

Stell dir den Weg der Dualseelen wie einen Parcours vor, eine Art runder Weg, wie die Rennstrecke in einem Stadion. Damit können wir schon einmal zwei wichtige Dinge festhalten:

1. Du läufst die ganze Zeit im Kreis
2. Die Zielgerade liegt immer in der Nähe und du bist schon mehrere Male daran vorbeigekommen, nur liegt sie nicht innerhalb des Rundweges, sondern ist eine Abzweigung, die aus diesem Weg hinausführt!

Betrachten wir doch den Weg der Dualseelen einmal wie ein Adventure-Spiel auf dem Computer. Zu Beginn des Spiels bist du in dem genannten Rundparcours eingeschlossen, dein Ziel ist es, den Schlüssel für den Ausgang zu finden. Innerhalb des Parcours findest du unzählige Hinweise und Rätsel, die du alle lösen musst, um herauszufinden, wo der Schlüssel versteckt ist.

Es gibt aber nicht nur einen Schlüssel, den du hier finden kannst, sondern unzählig viele. Jeder gefundene Schlüssel schließt wieder ein neues Versteck mit einem neuen Rätsel – dessen Lösung dich zum nächsten Versteck führt – auf.

Da du aber, wie wir alle, von ungeduldiger Natur bist, glaubst und hoffst du mit jedem gefundenen Schlüssel, dies möge der letzte sein – der Schlüssel zum Ziel. Also läufst du natürlich sofort zur Zielgeraden und probierst deinen Schlüssel am Tor aus – nur um dann enttäuscht festzustellen, dass es immer noch nicht der richtige ist. Das ist das grundlegende Spiel.

Um das Ganze noch tiefgehender verstehen zu können, möchte ich im Folgenden noch näher auf die einzelnen Schlüssel eingehen, denn diese Schlüssel sind im Grunde nichts Anderes als die Lösung deiner Lernaufgaben.

5.10.2 Die Schlüssel

Die Schlüssel kannst du mit deinen Lernaufgaben gleichsetzen. Es gibt die karmisch bedingten Lernaufgaben, die rein persönlicher Natur sind. Hier geht es um dein Leben und deine Vorleben, es geht darum, alles Karma, das du bis jetzt noch mit dir trägst, aufzulösen, damit deine Seele frei sein kann. Frei von Bindungen zu anderen Seelen, frei von Versprechen und vor allem – frei von Schuld, was du nur durch die Erkenntnis, dass das Konzept Schuld eine Illusion ist, erlangen kannst.

Genau hier verbinden sich die persönlichen, karmischen Lernaufgaben mit den übergeordneten Lernaufgaben, die allen Dualseelen gemeinsam auferlegt wurden. Hier geht es um Dinge wie den Aufstieg der Kundalini-Energie in Verbindung mit der Ausbalancierung der Chakren, und daraus resultierend die Erleuchtung, die mit der *chymischen Hochzeit* gleichzusetzen ist.

Es ist wichtig, zu verstehen, wie auf dem Weg der Dualseelen eines zum anderen führt, so wie in unserem Parcours ein Schlüssel zum nächsten führt. Da jede Dualseele den Weg an einer anderen Stelle beginnt, je nachdem, wie weit diese Seele zu Beginn des Weges bereits in ihrer Entwicklung vorangeschritten ist, wird das folgende Beispiel sicher nicht auf alle Dualseelen zutreffen, was aber nicht wichtig ist, da es hier nur um ein grundlegendes Verständnis geht.

Zu Beginn des Weges geht es meist zunächst darum, einen Schlüssel namens *Eigenverantwortung* zu finden. Du bist nämlich an dieser Stelle noch alles andere als frei, legst die Verantwortung für dein Leben in fremde Hände, und/oder nimmst anderen ihre Verantwortung ab. Es gilt hier also, im Zuge der Dualität, beide Seiten verstehen zu lernen, erst dann ist dieses Rätsel vollständig gelöst und führt dich sicher zum nächsten Schlüssel.

Wenn du das dann geschafft hast, du für alles in deinem Leben selbst die Verantwortung trägst und die der Anderen bei den Anderen lässt, findest du den nächsten Schlüssel – *Selbstliebe*. Hier lernst du etwas, das du nur lernen kannst, wenn du die Eigenverantwortung schon bewältigt hast, nämlich, dass es nicht die Aufgabe eines Anderen ist, dich zu lieben. Für diese Aufgabe drehst du eine Menge Runden in dem Parcours, ist sie doch eine der schwersten. Hinzu kommt, um dieses Rätsel lösen zu können, musst du viele andere, kleine Rätsel zuerst lösen, die gehören dann wieder zu deinen persönlichen Lernaufgaben und sind sowas wie „Teilschlüssel".

Hast du dann auch dieses Rätsel geknackt, kommst du langsam zu einer wahren Erkenntnis, du fühlst nämlich plötzlich, dass Liebe frei ist und eben weder etwas will, noch etwas braucht. Dadurch entsteht aber auch Verwirrung, womit du beim nächsten Rätsel angelangt bist, das dich schon zum letzten Schlüssel führen kann. Dieser Schlüssel heißt *bedingungslose Liebe*. Die große Frage, die sich jetzt nämlich stellt, ist die folgende:

„Wenn ich ihn nicht mehr brauche, aber doch liebe, sollen, oder müssen wir dann überhaupt noch zusammen sein?"

Spürst du in dir noch ein *Verlangen* nach deinem Dual? Danach, dass er bei dir ist? Danach, endlich am Ziel anzukommen? Genau das ist es, was dich davon abhält, den letzten Schlüssel zu finden! Es zeigt dir vor allem eines – ein paar der Teilaufgaben bei den vorangegangenen Schlüsseln hast du übersehen und noch nicht gelöst. Also geht deine Suche wieder von vorne los, dabei warst du dem Ziel doch schon so nah!

Gräm dich nicht darüber, der letzte Schlüssel ist so etwas wie die vollständige Hingabe, ein absolutes „Aufgeben“, die Unterwerfung gegenüber Gott. Dorthin kannst du nur gelangen, wenn du wirklich alle Aufgaben gelöst hast.

5.11 Wie Dualseelen die Welt verändern

Nachdem wir nun den Weg der Dualseelen mit all seinen Facetten kennen gelernt haben, ist es an der Zeit, sich noch einmal ausführlich dem zu widmen, was man als die höhere Aufgabe der Dualseelen bezeichnen könnte. Wir Dualseelen können unser Ziel nämlich nicht erreichen, wenn wir es aus den Augen verlieren, oder besser gesagt, im Ego bleiben und unser persönliches Liebesglück als Ziel definieren – das ist es nämlich nicht.

Uns wurde eine große Verantwortung in den Schoß gelegt, wir stellen die Weichen für den Übergang in ein neues Zeitalter, deshalb liegt es in unserer Hand, wie diese neue Welt aussehen wird. Schaffen wir es, unseren Weg aufrichtig und mit geöffnetem Herzen zu gehen, wird es eine Welt voller Liebe, Frieden, Gerechtigkeit, Freiheit, Fülle und Glück für alle Seelen werden.

Bleiben wir aber zu lange im Ego und konzentrieren uns nur auf uns selbst, auf unser persönliches Glück, dann wird diese neue Welt nicht nur so bleiben wie sie ist, sondern alles wird noch viel schlimmer werden. Wahrhaft dunkle Zeiten können dann anbrechen – die Versklavung aller Seelen, die Zerstörung unserer Umwelt, mit der die Vergiftung unserer Nahrung einhergeht, Armut, Not und Kriege sind dann bereits auf unserem weiteren Weg vorgezeichnet.

5.11.1 Die Berufung

Jeder kennt wohl das alte Sprichwort: „Beruf kommt von Berufung". Absolute Wahrheit steckt in diesem Satz, doch wird uns die Möglichkeit, unsere eigene, innere Wahrheit in Form unserer Berufung zu leben, seit langem immer stärker verwehrt. Ca. 80 – 90% aller Menschen üben einen Beruf aus, der mindestens für sie persönlich völlig ohne Bedeutung und damit sinnlos ist. Tagein, taugaus erledigen sie die gleichen, stumpfen Aufgaben, leben nur noch, um zu arbeiten und jegliche innere Freude und das innere Licht, die Begeisterung, die man nur spürt für etwas, das man aus dem Herzen tut, verlischt mit der Zeit.

Jede Dualseele kommt auf ihrem Weg irgendwann an den Punkt, wo sie genau unter diesem Druck zusammenbricht. Diese Form der Arbeit, sowie das Prinzip *Arbeiten, um leben zu können* funktionieren nicht mehr. Burn-out, Depressionen und Suchterkrankungen treten auf, der Körper beginnt einfach, den Dienst zu verweigern. Man wird regelrecht in die Knie gezwungen, bis einem nur der Verlust der Arbeit bleibt. Damit verbunden sind zunächst ein starker finanzieller und gesellschaftlicher Abstieg und die meisten betroffenen Dualseelen fallen an dieser Stelle erst einmal in ein tiefes Loch – notwendigerweise!

Dieses Loch, in das du fällst, dient dem weitergehenden Erwachen. Wie willst du bemerken, dass du auf dem falschen Weg bist, wenn dieser Weg doch gut funktioniert? Vor dir liegt nun erst einmal eine Zeit des Rückzugs und der Heilung. Je mehr du dich dir selbst zuwendest, um deine inneren Verletzungen zu heilen, umso mehr wirst du dich dem annäheren, wofür du auf diese Welt gekommen bist – deiner ganz persönlichen Aufgabe, mit der du das Licht und die Liebe deines Herzens in diese Welt tragen sollst.

Jede Dualseele hat eine besondere Berufung, viele sind künstlerisch begabt und sollen über Musik, Kunst, Literatur oder Ähnliches die allumfassende Liebe in die Welt bringen und einer breiten Masse zugänglich machen. Genauso viele arbeiten jedoch auch in einem kleineren Rahmen und bringen diese Liebe einfach in ihrem persönlichen Umfeld zum Leuchten. So liegt ihre Berufung vielleicht darin, den Menschen eine gesunde und wertvolle Ernährung näherzubringen und ihnen im Verkauf und der Beratung das Licht ihrer Herzen zu schenken, damit es weitergetragen werden kann – von Mensch zu Mensch, zu Tier, zu Pflanze – zu allem, was ist.

Die individuellen Berufungen der Dualseelen sind so vielfältig wie das Leben selbst, doch sind sie immer geprägt von der allumfassenden Liebe und dienen dieser Welt auf die eine oder andere Art, im Großen wie im Kleinen. Indem wir den schwierigen Weg bewältigen, unsere wahre Berufung zu finden und auch zu leben, setzen wir ein Zeichen – jeder Einzelne von uns!

Immer mehr Menschen, die noch in der Angst und dem alten System gefangen sind, sehen auf diese Art, dass es doch andere Wege gibt, dass es möglich ist, glücklich und frei zu sein, dass man nicht seine Seele verkaufen muss, um überleben zu können – und nach und nach werden immer mehr Menschen diesem Beispiel folgen. Auf diese Art verändern wir die Welt. Das Gute daran ist, je mehr Menschen erwachen, umso mehr wird sich dieser Prozess beschleunigen, bis irgendwann – und möglicherweise ist dieser Tag gar nicht mehr so fern – die kritische Masse erreicht ist und ein globales Erwachen erfolgt.

5.11.2 Die neue Form der Partnerschaft

Die Beziehung mit der Dualseele, die wir uns natürlich alle wünschen und dennoch niemals als unser eigentliches Ziel definieren dürfen, bringt uns zur nächsten Aufgabe der Dualseelen, mit der wir die Welt verändern sollen.

Eine wahrhaftige, dauerhafte, stabile und harmonische Beziehung mit der Dualseele ist nämlich nur unter ganz besonderen Umständen möglich. Die alten Muster, nach denen wir Beziehungen bisher gelebt haben, funktionieren hier nämlich überhaupt nicht mehr. Im Gegenteil, wann immer wir mit der Dualseele versuchen, auf diese Art eine Beziehung zu führen, ist der Versuch von vorneherein zum Scheitern verurteilt.

Die alten Beziehungsmuster sind geprägt von Besitz, Eifersucht, mangelndem Selbstwert, Bedürftigkeit, Projektionen und falsch verstandener Liebe, sie werden vollständig aus dem Ego geführt. Diese Muster existieren seit Jahrtausenden und haben dazu geführt, dass Menschen in Beziehungen zusammenleben, die sich bereits nach kurzer Zeit viel mehr hassen als lieben. Bestenfalls arrangieren sich die Partner in solchen Beziehungen irgendwie miteinander. Sie leben nebeneinander her, jeder führt sein eigenes Leben, hat seine eigenen Bettgeschichten und wünscht sich tief drin eigentlich nichts mehr, als aus dieser Beziehung auszubrechen. Dies lässt aber die gesellschaftliche Norm nicht zu, nicht, solange man in diesen alten Mustern und der Angst gefangen ist.

Dualseelen, die ihren Weg des Erwachens wahrhaftig gegangen sind und es geschafft haben, ihr Ego zu überwinden, leben eine völlig neue Form der Partnerschaft. Sie sind diejenigen, die zuerst aus den alten Beziehungsmustern ausgebrochen sind und ihre Umgebung allein damit schon gehörig wachgerüttelt haben. Nun leben sie auf einmal eine Beziehung, die geprägt ist von wahrhaftiger Liebe, die so stark ist, dass sie förmlich aus ihnen herausleuchtet und jeder in ihrem Umfeld sie spüren kann. Sie sind frei und doch zusammen, sie haben keine Bedürftigkeit gegenüber ihrem Partner, sie brauchen ihn nicht, halten einander nicht fest – und doch gehen sie gemeinsam durchs Leben, bilden dabei eine nur schwer verständliche Einheit.

Gleichzeitig befinden sie sich auch menschlich und persönlich auf einem ganz neuen Level, sie urteilen nicht, lassen jeden so sein, wie er ist. Sie belehren nicht, sie führen nicht, sie wollen nicht – das müssen sie auch auch gar nicht. Jeder, der ein solches Paar in seinem Umfeld hat, wird gar nicht mehr anders können, als auf die inneren Schreie seiner Seele zu reagieren und sich auf die Suche zu machen. Diese Form der Liebe ist ansteckend – weil sie wahrhaftig ist.

5.11.3 Gleichgeschlechtliche Dualseelen

Zu guter letzt möchte ich noch ein Thema aufgreifen, das ziemlich zu Beginn dieses Buches, im Kapitel über die *gnostische Ehe*, angesprochen wurde – die gleichgeschlechtlichen Dualseelen und ihre besondere Aufgabe, den Wandel der Zeit zu unterstützen.

Lange Zeit habe ich nach der Bedeutung dieser Variante gesucht, da Platon sie gewissermaßen wie auf einem Silbertablett präsentiert hat und sie irgendwie außerhalb der Tatsache steht, dass es bei Dualseelen um die Erlangung der Balance zwischen dem männlichen und dem weiblichen Prinzip geht, doch ihre wahre Bedeutung blieb mir bis vor Kurzem verborgen.

Erst der Phönix-Monat Mai 2014, mit seiner besonderen astrologischen Konstellation der Balance – Mars und Venus in

Opposition –, sowie eine Klientin, die der gleichgeschlechtlichen Variante der Dualseelen angehört, haben mir die Augen geöffnet. Zunächst bekam ich im Laufe dieses Monats den Phönix von der geistigen Welt – und von meiner Dualseele – regelrecht „um die Ohren gehauen“, dann kam Conchita Wurst, die „Mann-Frau“, die mit ihrem Alter-Ego ganz offen zeigt, dass Liebe universell ist, dass wir immer Beides sind, Mann und Frau, und dass jegliche Form der Liebe und des Menschseins richtig sind.

In einer Zeit, in der gleichgeschtliche Beziehungen immer mehr thematisiert werden, in der immer mehr für die Gleichberechtigung dieser Paare gekämpft und auf der anderen Seite immer schärfer gegen diese „Form der Liebe“ vorgegangen wird – zum Teil sogar mit Androhung der Todesstrafe! –, müssen wir uns Eines ganz deutlich bewusst machen:

Energie ist immer um Ausgleich bemüht, die gesamte Existenz strebt immer nach der Balance!

Je mehr wir also gegen die Unterdrückung gleichgeschlechtlicher Liebe ankämpfen, desto stärker wird auch die Gegenbewegung werden. Das Gleiche gilt übrigens für den „Kampf Gut gegen Böse“. An dieser Stelle kommen die gleichgeschlechtlichen Dualseelen ins Spiel. Sie sollen ihre Liebe einfach leben, offen und sichtbar für jeden, aber ohne eine Drama daraus zu machen. Durch ihr Beispiel soll die Welt erkennen, dass diese Form der Liebe genauso natürlich ist wie jede andere Form der Liebe und Beziehung auch. Dass es nicht nötig ist, für die Liebe zu kämpfen, dafür zu kämpfen, sie leben zu dürfen. Die gleichgeschlechtlichen Dualseelen werden diese Liebe einfach nur leben, so wie alle anderen, und da es sich hier um die reine, allumfassende und egofreie Form der Liebe handelt, werden sie damit die alten Dogmen in den Herzen der Menschen transformieren. Sie sind die wahrhaftigen Befreier der Liebe.

5.11.4 Es sind die kleinen Dinge, die Großes bewirken

Eines ist mir besonders wichtig – dir die Angst vor deiner Aufgabe zu nehmen. Zu wissen, dass man selbst wichtig ist für den Wandel der Welt, erzeugt zunächst nämlich viele Ängste. „Kann ich diese Aufgabe bewältigen? Habe ich die dafür erforderliche Größe?“

Diese Ängste werden im Ego geboren und sind vollkommen unnötig. Erstens hast du alles, was du brauchst, um deinen Weg vollenden zu können, das Leben stellt dir niemals eine Aufgabe, die du nicht bewältigen kannst, und zweitens ist es mir hoffentlich gelungen dir zu zeigen, dass der wahre „Kampf um die Welt“ im Innern stattfindet. Er wird über Worte ausgetragen, über die Art, wie wir beginnen, wieder wahrhaftig zu leben, über die Taten jedes Einzelnen. Es ist keine Revolution, wie es sie in der Vergangenheit gegeben hat, nötig, dies ist eine neue, stille Form der Revolution. Es sind die kleinen Schritte, die kleinen Taten, die am Ende Großes bewegen. Du musst nur eines tun, um deiner Aufgabe gerecht zu werden:

Folge deinem Herzen, lebe und liebe wahrhaftig, geh deinen Weg in aller Konsequenz.

5.12 Ja – Ich will!

Dies sind die Worte, die wir alle gern am Ende unseres Weges sagen würden, aber wir erreichen dieses „Ende“ nur, wenn wir sie schon vorher sagen – zu dem Weg selbst!

Was nun folgt, ist ein Appell an dich und deine Einstellung, der, wenn du ihn beherzigst, Deinen Weg nicht nur erleichtern, sondern vor allem auch beschleunigen wird.

- Wie oft auf deinem Weg, und sicherlich auch beim Lesen dieses Buches, warst du kurz davor, einfach alles hinzuschmeißen oder hast es sogar versucht?
- Wie oft hast du deine Dualseele und den spirituellen Weg verflucht?
- Wie oft hast du versucht, einen Ausgang aus dieser Geschichte zu finden?
- Wie oft hast du dich selbst belogen?
- Wie oft hast du dir selbst eingeredet, Dualseelen existieren nicht und das ist alles nur ein Hirngespinst?
- Wie oft hast du dich gefragt „Ist er/sie denn wirklich meine Dualseele?“?

Wenn du schon eine Weile auf diesem Weg bist, kannst du sicher jede dieser Fragen mit „Ja – unzählige Male“ beantworten, deshalb ist es an der Zeit, den Tatsachen ins Auge zu blicken:

Ob es dir gefällt oder nicht, Dualseelen existieren, ob du es immer spürst oder nicht, die Verbindung von Dualseelen existiert, und ob du willst oder nicht – es gibt keinen Ausgang aus dem Weg der Dualseelen!

Dieser Weg ist dein Schicksal, diese Aufgabe wurde dir in die Wiege gelegt und du hast es so gewollt. Verwechsle dieses Wollen nicht mit der Stimme deines Egos, das an dieser Stelle sicherlich laut protestiert „Ich müsste ja verrückt sein, mir diese Schmerzen freiwillig antun zu wollen!“.

Du kannst diesem Weg nicht entfliehen, aber du kannst eines tun, deine Einstellung, die Perspektive aus der du die Dinge betrachtest, zu wählen.

Dies bedeutet nichts Anderes als einmal eine bindende Entscheidung zu treffen. Du kennst den Weg, der vor dir liegt, jetzt in allen Einzelheiten, seine angenehmen wie die unangenehmen Aspekte, den Schmerz und die Freude – sage nun aus ganzem Herzen *ja* zu diesem Weg! Oder willst du dir die neue Welt, die ich in diesem Buch vorgezeichnet habe, wirklich durch die Lappen gehen lassen?

Du hast Angst, Fehler zu machen? Fehler sind eine Illusion, nur durch Fehler können wir etwas lernen und so überhaupt auf unserem Weg vorankommen. Dein Vorsatz sollte also eher lauten, so viele Fehler wie möglich zu machen, natürlich unter der Voraussetzung, dass du sie nicht allzu oft wiederholst und wirklich daraus lernst.

Zum Abschluß möchte ich dir für den Weg der Dualseelen noch etwas Besonderes mitgeben, zwei Zitate aus einem sehr wichtigen Film, auf den ich im folgenden Kapitel kurz eingehen werde:

> Jeder von uns hat einen Engel, einen Beschützer, der über uns wacht. Wir wissen nicht, welche Gestalt sie annehmen, heute ist es ein alter Mann, morgen ein kleines Mädchen.
>
> Aber lasst euch nicht durch ihre Erscheinung täuschen, sie können gewaltig sein wie ein wütender Drache, doch sie sind nicht hier, um an unserer Stelle zu kämpfen, sie flüstern uns nur zu. Erinnern uns daran, dass es an uns

liegt, dass jeder von uns die Macht über die Welt besitzt, die wir erschaffen.

Wer ehrt die, die wir lieben, durch das Leben, das wir führen? Wer schickt Monster, uns zu töten und besingt gleichzeitig unsere Unsterblichkeit? Wer lehrt uns, was real ist und wie man über Lügen lacht? Wer ent-scheidet, warum wir leben und wofür wir sterben? Wer legt uns in Ketten und wer besitzt den Schlüssel, der uns befreien kann?

Du allein ...

Niemand soll über dich urteilen? Das wird niemand. Du denkst, du bist nicht stark genug? Oh doch. Du hast Angst – das musst du nicht. Alle Waffen, die du brauchst, hast du – jetzt kämpfe![31]

---

[31] Auszug aus *Sucker Punch*, Warner Bros. 2011

6 Der Aufstieg

6.1 Träumst du noch, oder bist du schon erwacht?

Wie der Titel dieses Kapitels vielleicht erahnen lässt, möchte ich mich nun mit dem Thema Traum befassen. Aber es geht noch um viel mehr als nur Träume, im Grunde geht es um das Konstrukt der „Realität“.

Zunächst möchte ich beginnen mit einer Aussage, die du bei mir schon des Öfteren lesen durftest: „Die Realität ist nur eine Illusion!“, im Zuge dessen werde ich auf das Thema Traum zu sprechen kommen, auf das ich detaillierter eingehen muss.

Nachdem wir auf diesem Wege geklärt haben, was Träume wirklich sind, und was die „Realität“ ist, komme ich auf das zu sprechen, was dich vermutlich am stärksten interessiert, die Bedeutung der Traumtreffen von Dualseelen.

All die Themen, die in diesem und den nächsten Kapiteln besprochen werden, ergeben gemeinsam eine umfassende Abhandlung über das Thema Aufstieg der Menschheit, etwas, das gerade für die Dualseelen, aber natürlich auch für alle anderen, von höchstem Interesse sein dürfte.

6.1.1 Das Leben ist nichts als ein Traum in einem Traum

Vielfach habe ich bereits dieses Buch dazu genutzt, dich mit der Tatsache vertraut zu machen, dass Raum und Zeit, sowie die irdische Dimension, also alles, was wir als „Realität“ bezeichnen, nur eine Illusion ist. Ich wurde in der letzten Zeit häufig gefragt, was das eigentlich bedeuten soll, deshalb möchte ich nun versuchen, Licht in diese Sache zu bringen.

Wer sich schon einmal intensiver mit dem Thema Traum beschäftigt hat, wird wissen, dass es im Traum mehrere Ebenen gibt. So können wir zum Beispiel davon träumen, wie wir aufwachen, dennoch geht der Traum weiter, bis wir erneut aufwachen, diesmal richtig. Wenn dies passiert, waren wir zwei Ebenen tief in der Traumwelt unterwegs. Es geht natürlich auch noch tiefer, aber das passiert eher selten.

Man muss sich das vorstellen wie mehrere Schichten oder Ebenen, die übereinander liegen, aber miteinander verbunden sind. Oftmals verweilen wir nur auf der obersten Ebene, wenn wir träumen, manchmal gehen wir aber auch tiefer. Filme wie *Inception*[32] und *Sucker Punch* [33] beschäftigen sich ausführlich mit diesem Phänomen, dies nur als kleiner Hinweis für später.

Zusätzlich zu den verschiedenen Ebenen im Traum gibt es noch das Phänomen des Klartraums[34], dieser Begriff kennzeichnet ein Erwachen innerhalb des Traumes. Der Träumer wird sich bewusst, dass er träumt und kann den Traum nach seinen Wünschen und Vorstellungen lenken. Falls du dich jetzt fragst, warum ich dir diese Dinge erkläre – dazu komme ich jetzt, denn es hat etwas mit meiner Behauptung, die Realität sei nur eine Illusion, zu tun.

Es gibt verschiedene Bewusstseinsstufen und diverse, unterschiedliche Modelle, die die Anzahl und Art dieser Bewusstseinsstufen näher beschreiben. Das bedeutet im Grunde

---

[32] Siehe: *Inception*(Warner Bros. 2010)

[33] Siehe: *Sucker Punch* (Warner Bros. 2011)

[34] Siehe: Paul Tholey, Kaleb Utecht: *Schöpferisch träumen. Wie Sie im Schlaf des Leben meistern: Der Klartraum als Lebenshilfe*, Frankfurt am Main 2008, S. 29.

nichts Anderes, als dass es verschiedene Ebenen der Wahrnehmung der Realität gibt, und genau hier entsteht die Verbindung zum Thema Traum mit seinen verschiedenen Ebenen.

Wenn ich dir sage: „Die Realität ist nur eine Illusion!“, meine ich damit nichts anderes, als dass die Realität, die wir im „Wachzustand“ erleben, nur eine dieser Traumebenen ist, sie steht nur eine Stufe über den Ebenen, die wir besuchen, wenn wir glauben, zu schlafen.

Wir träumen also nur, hier zu sein, in der dritten, der irdischen Dimension, die der Dualität unterliegt. Unser wahres *Ich* ist überhaupt nicht hier! Es verweilt an einem „Ort“ jenseits von Raum und Zeit und Begrifflichkeiten wie Dimensionen, es existiert in Ewigkeit und träumt. Die verschiedenen Bewusstseinsstufen beschreiben die jeweilige Ebene des Traums, in der sich unser Bewusstsein gerade aufhält.

Das, wofür wir uns halten, worüber wir unser *Ich* definieren, hat eigentlich nur wenig mit unserem wahren Selbst zu tun, so wie man oft träumt, ganz anders zu sein, als man es eigentlich ist. Das ist gemeint, wenn man von der Illusion des Egos spricht. Das Ego ist nichts Anderes als eine Identität, die wir auf der jeweiligen Traumebene, auf der wir uns gerade aufhalten, angenommen haben. Auf diese Thematik werde ich im folgenden Kapitel näher eingehen.

Wie oft hast du im Zusammenhang mit dem Aufstieg der Menschheit, oder der kommenden, neuen Zeit, schon den Begriff „Erwachen“ gehört? Genau das ist damit gemeint, ein langsames Erwachen, von Ebene zu Ebene, bis wir bei vollem Bewusstsein angekommen und wirklich wach sind. Dann erkennen wir, dass wir geträumt haben und erinnern uns wieder daran, wer wir wirklich sind.

Dieser Zustand ist aber erst die letzte Stufe. Bereits einige Stufen früher erreichen wir den Zustand der Erleuchtung, den man sich vorstellen kann wie einen Klartraum. Wir erkennen den Traum in vollem Bewusstsein und lenken ihn. Da gewinnt die Aussage „Geist über Materie" gleich eine ganz neue Dimension, wenn du schon einmal einen Klartraum hattest, oder dich zumindest damit beschäftigt hast, wirst du wissen, wovon ich spreche ...

Eine Stufe vor dieser Erleuchtung erreichen wir das, was allgemein auch das „Christus-Bewusstsein" [35]oder das „*Ich-bin-*Bewusstsein" genannt wird. Das ist der Schritt, vor dem ein Großteil der Menschheit inzwischen steht.

All dies ist nicht wirklich neu, es gab schon immer Menschen, zu jeder Zeit, die den Traum durchschaut haben, auch wenn sie nicht – oder nicht vollständig – daraus aussteigen konnten. Jesus war sicherlich am weitesten von diesen Menschen, denn er hat den Aufstieg bis zum Ende durchgezogen – könnte man sagen...

Aber auch andere Menschen erkannten die wahre Realität, wie zum Beispiel Edgar Allen Poe, dessen Gedicht „A dream within a dream" genau davon handelt. Dieses Gedicht habe ich übersetzt und möchte es jetzt zum besseren Verständnis und zur Belegung meiner Aussage, interpretieren.

---

[35] Flower A. Newhouse: *Christus-Bewusstsein und der Weg zur inneren Weisheit*, Grafing 2010.

Ein Traum in einem Traum
Nimm diesen Kuss auf deine Stirn
und wenn ich jetzt von euch gehe,
soviel lasst mich eingestehen –
Ihr liegt nicht falsch, die ihr glaubt,
dass meine Tage waren ein Traum;

Ob nun die Hoffnung verflogen ist,
am Tage oder in der Nacht,
im Schein oder im Sein,
ist sie deshalb nicht vergangen?

Alles, was wir sind oder zu sein scheinen,
ist nichts als ein Traum in einem Traum.

Ich stehe inmitten des Gebrülls
einer von der Brandung gepeinigten Küste,
und halte in meiner Hand
Körner des goldenen Sandes –
So wenige! Doch schon entweichen
durch meine Finger sie in die Tiefe,
ungeachtet meiner Tränen – ungeachtet meines Klagens!

Oh Gott! Kann ich sie nicht doch
halten, wenn ich fester greife?
Oh Gott! Kann ich nicht einen
retten vor der gnadenlosen Welle?

Ist alles, was wir sind oder zu sein scheinen,
nur ein Traum in einem Traum? [36]

---

[36] Siehe: Edgar Allen Poe: *The Raven and Other Favorite Poems*, Mineola, N.Y. 1991, S. 4.

Schon im Titel dieses Gedichts geht Poe ins Eingemachte und weist auf die verschiedenen Traumebenen hin, die wir als Träumer für die Realität halten – ein Traum in einem Traum. Die ersten beiden Zeilen geben uns sogleich einen neuen Hinweis, nämlich auf die Illusion von Tod und Wiedergeburt, die eigentlich nur der Übergang von einem Traum zum nächsten sind.

> Nimm diesen Kuss auf deine Stirn
> und wenn ich jetzt von euch gehe,

Was mag der Kuss auf die Stirn wohl bedeuten? Im weitesten Sinne ist dies eine Geste der Freundschaft und der Liebe, sie sagt aus „Ich beschütze und ehre dich", aber auch Tote küsst man zum Abschied auf die Stirn. Der nächste Satz beweist dies sogleich, „wenn ich jetzt von euch gehe", Poe beschreibt hier also seinen Tod, wenn auch fiktiv. Und mit seinem Tode möchte er uns etwas hinterlassen, eine Botschaft für die noch Lebenden:

> soviel lasst mich eingestehen –
> Ihr liegt nicht falsch, die ihr glaubt,
> dass meine Tage waren ein Traum;

Dies mag eine Anspielung darauf sein, dass die Menschen das Leben von Berühmtheiten schon immer mit einem schönen Traum verglichen haben und soll uns sagen, dass hinter diesem Vergleich viel mehr steckt, als wir eigentlich ahnen.

Solange wir uns jedoch des Traumes, den wir träumen, nicht wahrhaft bewusst geworden sind, man könnte auch sagen, solange wir uns noch nicht daran erinnern, wer wir *wirklich* sind, nützt uns dieses Wissen nur leider herzlich wenig. Dies wird in den folgenden Zeilen zum Ausdruck gebracht:

> Ob nun die Hoffnung verflogen ist,
> am Tage oder in der Nacht,

im Schein oder im Sein,
ist sie deshalb nicht vergangen?

Noch sind wir gefangen in der Illusion, und das Leiden und der Schmerz, den sie mit sich bringt, fühlen sich nur allzu real an. Was für einen Unterschied macht es also, ob alles nur eine Illusion ist, oder eben doch nicht?

Alles, was wir sind, oder zu sein scheinen,
ist nichts als ein Traum in einem Traum.

Hier sagt er es nun ganz klar, begleitet von einer gewissen Bitterkeit oder Traurigkeit, denn er muss von uns gehen, sein Schmerz darüber fühlt sich real an, auch wenn er weiß, was wirklich passiert. Die folgenden Zeilen könnte man als den Zustand zwischen Tod und Wiedergeburt, oder als die *Leere* zwischen zwei Träumen bezeichnen.

Ein halbes Erkennen des wahren *Ichs*, dessen, was hier passiert, aber gekennzeichnet von der Unfähigkeit, aufzuwachen, was wiederum neuen Schmerz und Verzweiflung verursacht.

Ich stehe inmitten des Gebrülls
einer von der Brandung gepeinigten Küste,

Ab hier beginnt Poe, sehr symbolisch zu werden und weist uns damit auf etwas Wichtiges hin. Wenn das Leben nur ein Traum ist, dann können wir alles darin auch genauso deuten wie in einem Traum. Wie im Traum hat jede Kleinigkeit, jedes Detail, eine symbolische Aussage und Bedeutung. Das Bild der von der Brandung gepeinigten Küste und des tosenden Gebrülls der Wellen trägt sogar eine doppelte Symbolik in sich, die sich über zwei Ebenen erstreckt.

Auf der ersten Ebene symbolisiert das Meer das Chaos, oder das Nichts, aus dem alles hervorgeht und in das alles einst wieder zurückkehren muss. Die Küste, die von den tosenden Wellen gepeinigt wird, symbolisiert die materielle Welt, die die Existenz des Nichts am liebsten leugnen möchte, muss sie doch eines Tages wieder darin vergehen.

Die doppelte Symbolik des Meeres, beziehungsweise die tiefere Ebene ergibt sich, wenn man an die Ursuppe denkt, aus der einst alles Leben auf der Erde hervorging. Dies ist der beste Beweis, dass unser Leben voller Symbole steckt, die gedeutet und verstanden werden wollen, damit wir irgendwann erkennen können, dass wir doch nur träumen. Nun kommt ein weiteres wichtiges Symbol, das verstanden werden möchte:

> und halte in meiner Hand
> Körner des goldenen Sandes –
> So wenige! Doch schon entweichen
> durch meine Finger sie in die Tiefe,
> ungeachtet meiner Tränen – ungeachtet meines Klagens!
>
> Oh Gott! Kann ich sie nicht doch
> halten, wenn ich fester greife?
> Oh Gott! Kann ich nicht einen
> retten vor der gnadenlosen Welle?

Die Körner des goldenen Sandes, von denen er nur so wenige greifen und selbst die nicht lange halten kann, symbolisieren die Zeit. Sie sind die Zeitspanne, die uns für ein Leben – oder für einen Traum – gegeben ist. Deshalb versucht er so verzweifelt, sie zu halten und vor der gnadenlosen Welle – dem Nichts – zu retten! Es ist die Lebenszeit, die ihm zwischen den Fingern zerrinnt, eh er sichs versieht. Und all sein Jammern und Klagen – all *unser* Jammern und Klagen – können nichts daran ändern.

Dieses Bild zeugt auch von der Illusion der Zeit, eine Illusion kann man nicht festhalten, sie kommt und vergeht wieder, wie es ihr gefällt.

Zum Abschluss kommt noch einmal die Aussage, dass wir nur träumen. Diesmal in Form einer Frage:

> Ist alles, was wir sind oder zu sein scheinen,
> nur ein Traum in einem Traum?

Vielleicht deutet er damit das Vergessen an, das uns bevorsteht, wenn wir von einem Leben ins nächste – oder von einem Traum in den anderen – wechseln. Er versucht, sich dieses Wissen im Bewusstsein zu halten, aber er steht schon vor dem Nichts – dem Übergang –, und seine Erinnerung schwindet. Im nächsten Leben – Traum – muss er diese Erkenntnis von Neuem finden, das ist der wahre Grund für die Verzweiflung, die dieses Gedicht ausdrückt. Es ist die Verzweiflung einer jeden Seele, die im Tode für einen kurzen Augenblick die Wahrheit erkennen mag, nur um sie dann sogleich wieder zu vergessen.

Ich möchte an dieser Stelle noch einmal kurz auf die Themen Traumdeutung und Symbolik eingehen. Weiter oben im Text erwähnte ich zwei Filme, die sich mit den Themen Traum, verschiedene Ebenen und Realität befassen – *Inception* und *Sucker Punch.*

Bedenkt man nun, dass das Leben nur ein Traum, und alles, was darin vorkommt, ein Symbol ist, das eine bestimmte Bedeutung hat, ein Hinweis für uns ist, den es zu verstehen gilt, wen wundert da noch das Auftauchen solcher Filme, auf die man auch immer genau zur rechten Zeit aufmerksam wird?

So viele unserer Filme, Geschichten und Märchen stecken voller Hinweise auf das, was *wirklich* ist, und dies sind nur die deutlichsten und offensichtlichsten Symbole in unserem Traum! Wie viele Symbole und Hinweise entgehen uns wohl im alltäglichen Leben, genauso wie in einem Traum, von dem man später, nach dem Erwachen, auch nur noch die Hälfte erinnern kann, eben das, was am deutlichsten war?

Dieses Wissen kann man für sich nutzen. Beginne einmal damit, und sei es nur zum Spaß, alles, was dir so im alltäglichen Leben begegnet, zu deuten, als wäre es nur ein Traum. Du wirst sehen, wieviele wertvolle Hinweise dir das geben, wieviel Verstehen es dir bringen kann. Man sagt nicht ohne Grund:

„Alles im Leben hat seine Bedeutung, seinen Sinn, jede Begegnung hat ihre Botschaft, alles ist nur ein Spiegel deiner selbst!“

6.1.2 Die Traumtreffen von Dualseelen

Nun kommen wir endlich zu dem Teil, auf den du sicher schon gewartet hast. Mit dem Wissen und Verstehen, das der bisherige Text uns gebracht hat, ergibt sich ein völlig neuer Blick auf dieses Thema. Nun wird, denke ich, mehr als klar, dass diese Treffen genauso „real“ sind, wie das, was wir im vermeintlichen Wachzustand erleben. Man könnte es auch mit Poes Worten ausdrücken:

> Ob nun die Hoffnung verflogen ist,
> am Tage oder in der Nacht,
> im Schein oder im Sein,
> ist sie deshalb nicht vergangen?

Denn wenn sich dein Gehirn bis hierhin nicht schon hoffnungslos verknotet hat, wirst du dir vermutlich die Frage stellen: „Was ist denn nun überhaupt noch real?“

Im Grunde kann uns das aber zunächst egal sein. Wir befinden uns auf dieser Ebene der vermeintlichen Realität, und nur von dieser Ebene können wir vorerst ausgehen. Und genau auf dieser Ebene ist es real. Alles, was im Traum geschieht, also nicht nur die Traumtreffen von Dualseelen, geschieht wirklich, nur auf einer tieferen Ebene des Traums, den wir alle gemeinsam träumen. Deshalb sind im Falle eines Traumtreffens auch immer alle Beteiligten wirklich anwesend, völlig gleichgültig, ob sie sich später daran erinnern, oder nicht. Wir träumen ja schließlich auch nur, dass wir wach sind.

Selbst wenn einer der Beiden vermeintlich wach ist, während der andere sich auf ein Traumtreffen begibt, sind dennoch Beide da, denn auch die Wachebene ist ja ebenfalls nur eine Traumebene und Zeit nur eine Illusion, folglich kann das alles gleichzeitig geschehen. Und die Seele, das wahre *Ich*, schwebt über all dem und wundert sich nicht im Geringsten über das, was sie da so zusammenträumt ...

Wirklich interessant an den Traumtreffen ist die Symbolik. Denn jedesmal, wenn man eine Traumebene tiefer geht, wird die Symbolik kryptischer. Deshalb erscheinen diese Traumtreffen oft sehr bizarr und völlig sinnlos oder sogar schwach-sinnig. Oft verweisen sie aber in einer sehr verschlüsselten Sprache auf die Zukunft. Verstehen können wir diese Träume erst dann, wenn das, worauf sie hingewiesen haben, wirklich passiert ist. Wer die Traumtreffen mit der Dualseele verstehen will, muss anfangen, die Symbolik zu entschlüsseln, jede Ebene hat ihre eigene Sprache, die verstanden werden will.

Es gibt ein weiteres, interessantes Phänomen in den Traumtreffen, den Rollentausch, der oft gar nicht bemerkt wird, da er, wenn überhaupt, innerhalb des Traumes nur flüchtig angedeutet wird. Manchmal sind die Rollen im Traum aber von

Beginn an vertauscht, deshalb ist es nur sehr schwer zu erkennen.

Was aber ist dieser Rollentausch und warum passiert er? Erinnern wir uns daran, dass Dualseelen eine Einheit sind, zwei Hälften derselben Seele, in ihrer jeweils männlichen und weiblichen Erscheinungsform, wird es eigentlich klar. Die Seele nutzt hin und wieder diese tiefere Ebene, um einmal in die Haut des anderen schlüpfen zu können. Manchmal ist dies für die Entwicklung einfach nötig, zum Beispiel, um etwas Bestimmtes zu verstehen, oder auch um uns auf etwas aufmerksam zu machen.

Überhaupt nutzt die Seele die Traumtreffen, um auf einer tieferen Ebene Konflikte austragen zu können, die auf der vermeintlichen Wachebene noch nicht gelöst werden können. Im Grunde ist dies ja das, was in allen Träumen passiert.

Zum Abschluss möchte ich dir noch ein Beispiel aus meinen eigenen Traumtreffen geben, das Beides beinhaltet hat, den Blick in die Zukunft und den Rollentausch. Vielleicht hilft dir dies, Ähnliches in deinen eigenen Träumen zu erkennen.

Einst träumte ich also, vor meiner Dualseele zu stehen. Wir standen vor der Tür meines ehemaligen Hauses, ich schaute in Richtung Garage, er in die entgegengesetzte Richtung, zur Straße hin. Von einer Sekunde auf die andere wechselte aber die Perspektive und ich stand da, wo er vorher gestanden hatte und umgekehrt, wir schauten also jeder jetzt in die entgegengesetzte Richtung wie vorher. Dies war der Moment des Rollentauschs, was mir aber erst viel später bewusst wurde, da er sich nur durch ein zukünftiges Ereignis offenbaren konnte, auf das nun ein Hinweis kam. Meine Dualseele ließ nun nämlich meine Hand los und sagte mir: „Ich werde mich verlieben, aber ich werde wiederkommen."

Du kannst mir glauben, ich war danach ein einziges Fragezeichen. Der Traum ging noch weiter, ich möchte aber nicht detaillierter darauf eingehen, außer dass meine Dualseele mich im Folgenden vor etwas warnte, ebenfalls sehr verschlüsselt.

Ich dachte jedenfalls die ganze Zeit, warum sollte er sich verlieben, er ist doch schon verliebt? Und was meint er mit „wiederkommen"? Er ist doch gar nicht bei mir! Was kurze Zeit später passierte, war Folgendes:

Ich verliebte mich, oder glaubte zumindest, mich verliebt zu haben, saß dabei aber einer Manipulation auf.

Das war der Sinn dieses Traumtreffens, ich wurde gewarnt vor dem, was da auf mich zukam. Nur habe ich selbst diese Warnung an meine Dualseele ausgesprochen, damit er, wenn es so weit ist, damit umgehen kann. Das war der Rollentausch. Als meine Dualseele zu mir sagte, er würde sich verlieben, habe in Wirklichkeit *ich* das zu ihm gesagt, bin dabei aber in seine Haut geschlüpft und er in meine, sodass wir beide fühlen konnten, was dies für den jeweils anderen bedeutet.

Und nun habe ich sicher genug Verwirrung gestiftet und überlasse dich vorerst deinen eigenen Träumen.

6.2 Das Paradoxon Ego

Bevor du dieses Kapitel liest, möchte ich dich um etwas bitten: Nimm dir Zeit dafür. Es steckt sehr viel in dem folgenden Text, und er mag teilweise erschreckend wirken. Das was gleich kommt, ist nichts, was man nebenbei in fünf bis zehn Minuten aufnehmen und verarbeiten kann.

Über das Ego wird so viel diskutiert in der letzten Zeit, und die Hauptfrage, genauso wie gleichzeitig der „Lieblingsvorwurf" aller Dualseelen, ist wohl das „Ego-gesteuert sein". In letzter Zeit habe ich immer wieder das Gefühl, dass das Ego zum einen oft falsch interpretiert wird, zum anderen aber auch große Angst davor herrscht, es ganz aufzugeben. Denn: „Bin ich dann noch *ich*?" Nun, die Antwort lautet zwar *nein*, aber es ist nicht so, dass du dich dadurch in Luft auflöst oder nicht mehr in der Lage bist, zu denken, und wie ein hirnloser Zombie sabbernd in der Ecke hockst.

Viele haben auch Angst, ihre Individualität zu verlieren, wenn das Ego stirbt. Aber auch das stimmt nur bedingt. Auch hier stößt der Verstand – das Ego – an ein Paradoxon, aber wie könnte das Ego sich auch selbst begreifen?

„Jetzt habe ich solange gebraucht, um mich selbst zu finden und dazu zu stehen, wer, was und wie ich bin, und dann soll ich das auf einmal alles wieder aufgeben?"

Diese Frage wurde mir erst kürzlich gestellt. Ich beginne deshalb einmal mit der „einfachen" Erklärung, die du bei mir schon des Öfteren gelesen hast. Das Ego ist nur eine Illusion, alles, wovon du glaubst, dass es dich ausmacht, ist somit auch nur Illusion. Was antwortest du auf diese Frage: „Wer bist Du?"

Du bist nämlich *nicht* dein Name, du bist *nicht* dein Beruf, du bist *nicht* deine Hobbies und Interessen, du bist *nicht* dein Aussehen und du bist auch *nicht* dein Kleidungsstil. *Nichts* von all dem, was dich und dein Leben auszumachen scheint, bist wirklich du.

Jetzt die gute Nachricht, je mehr dein Ego stirbt, und du im Zuge dessen zu dem wirst, was du wirklich bist, umso seltener wirst du in der heutigen Zeit sein, man könnte also sagen, du gewinnst eine ganz neue Form der Individualität! Nur dass dir das nicht mehr wichtig sein wird, wenn es so weit ist …

Was also *bist* du aber nun wirklich? Die Antwort lautet: „*Ich bin*", oder auch „reines Bewusstsein". Schwer zu greifen für dein Ego, nicht wahr?

Ich versuche jetzt einmal zu erklären, was das Ego wirklich ist. Dafür muss ich kurz ausholen und in die Parapsychologie eintauchen, um etwas verständlich zu machen.

Vielleicht hast du schon einmal das Wort *Elemental* [37]gehört. Ein Elemental oder *Elementalis* ist ein Gedanke oder ein Gefühl, das ein Eigenleben entwickelt hat. Es entsteht, indem ein Gedanke immer wieder gedacht und mit entsprechender Gefühlsenergie gefüttert wird. Je mehr Energie man in so einen Gedanken hineingibt, umso stärker wird er, bis irgendwann die kritische Masse erreicht ist und das Ganze zu einem eigenständigen Wesen wird. Viele Geistererscheinungen sind beispielsweise auf dieses Phänomen zurückzuführen.

Was, wenn ich dir nun sage, das *Ego* ist ein Elemental?

---

[37] Siehe: Horst E. Miers: *Lexikon des Geheimwissens*, München 1993, S. 189.

Als du geboren wurdest, hattest du noch kein Ego, das entwickeln Kinder nämlich erst ab einem Alter von circa drei Jahren. Es entsteht aus der Notwendigkeit heraus, dich selbst und die Welt um dich herum zu begreifen. Dafür musst du dich von der Welt um dich herum trennen, indem du *dich selbst* auf irgendeine Art definierst.

Zu diesem Zweck wurdest du von deinen Eltern auch reichlich gefüttert, allein schon, indem sie dir einen Namen gaben, etwas, was dich von der restlichen Welt abhebt. So hast du in ganz frühem Alter begonnen, dich selbst zu begreifen und dich selbst als von der restlichen Welt getrennt zu erfahren.

Und dieser Gedanke über dich selbst, der es anfangs nur war, bekam im Laufe deiner Entwicklung eine Menge Futter – von dir und der restlichen Welt –, bis genug Energie da war, ein eigenständiges Wesen entstehen zu lassen. Ein Wesen, das mit dem Kind, aus dem heraus es entstand, nichts mehr zu tun hat, es ist nur noch damit verknüpft, wie ein verzerrtes Spiegelbild, das du nicht mehr loswirst.

So unlogisch das Ganze auch erscheinen mag – als reines Bewusstsein auf die Welt zu kommen, um dann ein falsches Bewusstsein zu entwickeln, ohne das man zunächst nicht einmal überlebensfähig ist, und das man sogar braucht, um es anschließend wieder loszuwerden und zu dem zu werden, was man schon einmal war –, *das ist der Weg und der Sinn des Lebens*! Es ist der einzige Grund, warum die eine, göttliche Seele, das Spiel des Lebens überhaupt „erfunden“ und gestartet hat – *erkenne dich selbst*!

Denk einmal an die Chakren. Starten tust du bei deiner Geburt mit dem ersten Chakra, da geht es einzig um den Überlebensinstinkt und die Verwurzelung in dieser Welt. Etwas später kommt das zweite Chakra, hier wird das Ego ausgebildet. Noch später ist das dritte Chakra dran, Gefühle kommen hinzu und ermöglichen dir langsam, dich an dein höheres, wahres Bewusstsein heranzutasten. Je höher die Energie durch die Chakren aufsteigt, desto näher kommst du dem reinen Bewusstsein, welches du wirklich bist. Und ab der *Mitte*, dem Herz-Chakra, beginnt das Ego, zu sterben, weil es immer weniger von dir mit Energie gefüttert wird.

Ganz so einfach ist das aber nicht, ansonsten hätten wir alle nicht zigtausende von Inkarnationen gebraucht, um überhaupt dahin zu kommen, wo wir jetzt sind. Da das *Ego* nun einmal ein eigenständiges Wesen ist, hat es selbstverständlich keine Lust zu sterben. Es ist zwar kein reales Wesen, existiert also nicht wirklich, aber das ist ihm nun einmal nicht bewusst.

Je mehr du dich nun dem höheren Bewusstsein näherst, indem du immer stärker fühlst, was als Einziges wirklich in dir ist, nämlich *Liebe*, desto mehr spürt das Ego, dass es in seiner Existenz bedroht ist. In diesem Zustand nämlich, indem du innerlich still bist und dein wahres *Ich* fühlst, bekommt es keine Energie mehr, es beginnt, zu verhungern.

Und genau da beginnt es, ums Überleben zu kämpfen. Sei gewarnt, das Ego ist ein listiger Kämpfer! Es beobachtet sehr genau und findet mit Leichtigkeit Schlupfwinkel, in die es sich unbemerkt einschleichen und wieder die Kontrolle übernehmen kann. Der spirituelle Weg ist ein gefundenes Fressen für das Ego!

Ein Beispiel:

„Sei Liebe, sei ein guter Mensch, hilf anderen“. Ein einfacher Grundsatz und ein herrlicher Tummelplatz für dein Ego. Du gibst alles, um diesem Leitsatz zu folgen, aber du tust es, um

Bestätigung für dein Ego zu erhalten, nach dem Motto: „Seht mal her, bin ich nicht ein toller Mensch? So liebevoll und hilfsbereit!"

Das geschieht nicht bewusst und ich will hier weder werten, noch anklagen, noch auf irgendwen mit dem Finger zeigen. Überprüfe dich selbst, aber sieh genau hin. Das Ego lebt von der Selbstdarstellung und der Bestätigung seiner selbst. Also steckt in allem, was du tust und denkst, die Gefahr, dass das Ego sich hinter einer Maske versteckt hat und die eigentliche Motivation für dein Denken und Handeln darstellt.

Auf die Schliche kommst du dem Ego nur durch gnadenlos ehrliche Selbstbeobachtung. Und genau das ist ein Teil des reinen, höheren Bewusstseins – der Beobachter. Es ist unerlässlich, dass du dir antrainierst, *immer* die Rolle des Beobachters einzunehmen. Beobachte dich selbst, deine Gedanken, Gefühle, Handlungen, beobachte deine Umwelt – *immer und jederzeit*! Sei aufmerksam, nimm wirklich wahr, was geschieht, scheue nicht davor zurück, ehrlich zu dir selbst zu sein.

Sobald du merkst, dass an einem bestimmten Punkt keine Gelassenheit in dir herrscht, lauert das Ego hinter der nächsten Ecke. Stell dir selbst einmal die folgenden Fragen:

- Akzeptiere ich andere mit allem, was sie ausmacht, weil ich wirklich im Frieden mit ihnen und mir selbst bin, oder tue ich es, um mir selbst und der Welt zu beweisen, wie weit ich schon bin?
- Lasse ich wirklich los, um inneren Frieden zu finden, oder um das zu bekommen, was ich *will*?
- Helfe ich anderen in Not aus reinem, wahren Mitgefühl, oder um mir selbst und der Welt zu beweisen, was für ein vorbildlicher Mensch ich bin?

Auch diese Liste ließe sich endlos fortsetzen, und du musst bereit sein, sehr genau hinzuschauen, in dich hineinzulauschen, und sobald du feststellst, hier ist das Ego im Spiel, musst du lernen, die Energie aus diesem Prozess herauszu-ziehen. Betreibe dies so lange, bis du alle Ecken und Winkel in dir selbst durchleuchtet hast und keine dunkle Stelle mehr übrig bleibt, in der das Ego sich verstecken kann, das ist der Weg zurück zu deinem wahren Selbst.

Und keine Angst, du musst diese Welt nicht verlassen, wenn du diesen Zustand, die Erleuchtung, erreicht hast. Es obliegt deiner Entscheidung, ob du dann hinübergehen willst in den immerwährenden Frieden, oder ob du hier bleiben möchtest, um all die anderen Seelen auf ihrem Weg dorthin zu unterstützen.

Ein hilfreicher Denkanstoß für die Erkenntnis und Auflösung des Egos ist auch das folgende Zitat:

„Wenn du also jemand hilfst, dann tu es so unauffällig, dass nicht einmal dein bester Freund etwas davon erfährt.“[38]

Eines gibt es noch zu sagen. Um das Ego aufzulösen, muss dein Verstand zerbrechen, du musst *verrückt* werden! Nein, das ist kein Scherz. Dein Verstand ist es, der dich selbst daran hindert, zu verstehen, was wirklich ist. Dein Verstand ist dein Ego, und dieses kann sich nicht selbst begreifen. Es muss am Schluss zerbrechen, um sich selbst aufzulösen und Platz zu machen für dein wahres Selbst.

Davor brauchst du keine Angst zu haben, du wirst, wie bereits gesagt, nicht dauerhaft verrückt sein. Es ist ein Übergang, der sicher schmerzhaft ist, weil er durch die schlimmsten menschlichen Untiefen führt, und dich dabei mit deinen größten Ängsten

---

[38] Bibel, Matthäus 6.2.3

konfrontiert, aber irgendwann musst du diesen Sprung wagen, weil es eben keinen Weg daran vorbei gibt.

Doch wenn du springst, und alle deine Ängste über dich herfallen, wirst du im selben Augenblick *erkennen,* und es wird deine schrecklichste und schönste Erfahrung zugleich werden. Danach gibt es nur noch dein wahres Selbst und unendlich viele Möglichkeiten. Als Abschluss möchte ich dir einen einfachen Leitsatz mitgeben:

Füttere und schärfe deinen Verstand – so lange, bis du die Grenze vom Genie zum Wahnsinn überschreitest, und er endlich zerbricht. Das ist der Weg.

6.2.1 Ego-Fallen auf deinem Weg

Über den Begriff „Ego-Falle“ bist du in diesem Buch bereits das eine oder andere Mal gestolpert – jetzt ist es endlich so weit, sich damit einmal intensiv auseinanderzusetzen. Das Ego hat zahlreiche Tricks in seinem Kampf ums Überleben, und die wichtigsten möchte ich im Folgenden beschrieben, ganz gemäß der Devise: *„Kenne deinen Gegner!“*

6.2.2 Urteile und Erwartungen

Mir fällt immer wieder auf, wie leicht man in diese Falle tappt, ohne es überhaupt zu bemerken, und wie sehr man sich dadurch selbst am Vorankommen hindert. Lautet das Ziel unseres Weges doch, die Einheit wiederzufinden, welche sich in absoluter Freiheit, Glückseligkeit und reiner Liebe ausdrückt, so laufen wir dennoch, tagtäglich, von einer Bewertung zur nächsten, sowie von einer Erwartung zur nächsten, da sie daraus entsteht, und wundern uns gleichzeitig darüber, warum es uns nicht gelingt, inneren Frieden zu finden ...

Es ist uns meistens nicht einmal bewusst, was wir da tun, oder zumindest machen wir uns keine Gedanken darüber, was ein schwerwiegender Fehler ist. Die Dinge sind eben, wie sie sind. Die Kollegen sind faul, neidisch und strahlen Negativität aus, der Chef ist launisch, die Nachbarn sind zu neugierig, die eigenen Kinder zu störrisch und uneinsichtig, der Ex findet seine Freude einzig darin, uns am Boden zu sehen und die Regierung ist sowieso das verkörperte Böse ... Und so startest du in deinen Tag, voller unbewusster Erwartungen, die aus diesen Urteilen geboren werden.

- Du erwartest – wieder, ohne dir darüber wirklich Gedanken zu machen –, dass dein Tag auf der Arbeit anstrengend wird, dass du den Angriffen deiner Kollegen und deines Chefs ausgesetzt sein wirst, dass du kämpfen musst, um dich von der negativen Schwingung auf der Arbeit nicht herunterziehen zu lassen.
- Du erwartest, dass nach Feierabend deine Nachbarn nur darauf warten, dass du nach Hause kommst, um dich sogleich auszufragen, wer denn dein Besuch von gestern Abend war und dir nebenbei ganz unauffällig zu stecken, dass dein Rasen mal wieder gemäht werden müsste.
- Du erwartest, dass du zu Hause deine Kinder im Chaos ihrer Zimmer vorfindest, ohne die geringste Einsicht, dass das Leben nicht nur aus Computer spielen und Chatten besteht, weshalb dir eine lange Diskussion über Hausaufgaben, Lernen, Verantwortung und Zimmer aufräumen bevorsteht.
- Du erwartest, dass dein Ex sich sicher noch melden wird, um dir seine nächste Bosheit mitzuteilen und sich in deinem Leid zu sonnen.

- Du erwartest, dass du dich den ganzen Tag unterschwellig darüber ärgern wirst, dass die Regierung dein Leben ohnehin nicht lebenswert machen will, weil sie dich in ein System der Versklavung gepresst hat, gegen deinen Willen, mit vergifteter Nahrung, verpeste-ter Luft und Unterdrückung in allen Bereichen. Deshalb regst du dich gleich über die gesamte Menschheit auf, diese dämlichen Schafe, die einfach nichts dagegen unternehmen wollen ...

Und dann gibt es ja noch „die Anderen“, diejenigen, die ein so herrlich einfaches Leben führen, denen es ja ach so gut geht, sie scheinen bei der Geburt von der Sonne geküsst! Sie haben einfach alles, eine glückliche Beziehung, eine tolle Familie, ein Haus, ein Auto, ein Boot und alles geht ihnen leicht von der Hand. Warum nur haben sie es so leicht und du so schwer?

Wunderst du dich wirklich, dass du nicht vorankommst, dich alles andere als frei fühlst?

Natürlich habe ich das Ganze etwas überspitzt dargestellt, doch tatsächlich sind das alles Beispiele, die ich immer wieder im Coaching zu hören bekomme, Beispiele, warum das Leben schlecht ist und das Schicksal gemein. Beispiele, warum der Weg der Dualseelen unmöglich zu schaffen ist, und somit nichts als eine Strafe, die totale Verdammnis!

Betrachten wir das Ganze doch einmal aus einer anderen Perspektive heraus. Hast du dir jemals bewusst gemacht, dass alle, die du da durch deine Bewertungen so fleißig in Schubladen steckst, Menschen – Seelen – sind, genauso wie du?

- Weißt du wirklich etwas über sie? Über die Erfahrungen, die sie im Laufe ihres Lebens gemacht haben, über die Gründe dafür, warum sie so sind, wie sie sind? Weißt du, was für Probleme sie haben? Glaubst du wirklich, sie würden diese ganz offen jedem zeigen? Ist es nicht eher so, dass *du selbst* nach außen auch einen auf „Alles ist wundervoll!“ machst? Warum sollten „die Anderen“ also ehrlich zeigen, wie unglücklich und unzufrieden sie mit ihrem Leben sind?

- Weißt du ganz sicher, ob die Neugier und ständige Einmischung deiner Nachbarn nicht vielleicht aus der Einsamkeit geboren wurde, aus dem Wunsch heraus, am Leben von anderen teilzuhaben, weil ihr eigenes Leben fad und leer ist?
- Weißt du ganz sicher, ob dein Chef nicht nur deshalb so launisch und gemein ist, weil er zu Hause eine Ehe-Hölle durchlebt und einfach nicht weiß, wohin mit seinem Frust?
- Weißt du ganz sicher, ob deine Kinder wirklich faul und uneinsichtig sind, oder ob sie vielleicht keine Zukunftsperspektive für sich sehen und deshalb einfach aufgegeben haben?
- Weißt du ganz sicher, ob dein Ex wirklich einfach nur böse ist, oder er vielleicht die Trennung nicht verkraftet hat und das Gefühl seiner eigenen Unzulänglichkeit nur deshalb auf dich projiziert, weil er zu viel Angst hat, in den Spiegel zu schauen?

Die Antwort lautet: Nein – du kannst es nicht wissen!

Wie willst du inneren Frieden finden, wenn die Welt und ihre Menschen dir ständig als falsch erscheinen? Mach dir die folgenden Zitate zu Leitsätzen für jeden Tag:

„Wenn du denkst, die ganze Welt sei schlecht, dann vergiss nicht, dass Leute wie du darin leben.“

„Jeder muss seinen Frieden in sich selber finden, und soll der Friede echt sein, darf er nicht von äußeren Umständen beeinflusst werden.“[39]

Wie willst du deinen Weg finden, wieder das werden, was du wirklich bist, einfach nur reine Liebe, wie willst du inneren Frieden erlangen, wenn du dich ständig den Bewertungen und den daraus entstehenden Erwartungen deines Egos völlig unbewusst hingibst?

Der Schlüssel zu innerem Frieden, zu Freiheit, Glückseligkeit und Liebe ist das Bewusstsein über die Einheit. Alles, was ist, ist Eins, im wahrsten Sinne des Wortes. Deine Nachbarn, Kollegen, dein Chef, deine Kinder, dein Ex, die Regierung, sie sind alle ein Teil von dir! Sie alle haben Angst, sind auf der Suche nach Liebe – genau wie du!

Wenn du dich das nächste Mal über jemanden oder etwas ärgerst, mach dir sofort bewusst, Ärger entsteht aus Bewertung und Erwartung und ist eine der vielen Waffen des Egos im Kampf ums Überleben. Ist es das, was du wirklich willst? Oder im Umkehrschluss, willst du wirklich, dass andere dich bewerten, nur aus dem heraus, was sie glauben, über dich zu wissen oder von dir zu sehen?

Anfangs ist das zugegebenermaßen eine schwierige Aufgabe, gibt es doch immer wieder Menschen, die uns genau dazu herausfordern – nicht mehr zu bewerten, sondern den anderen so sein zu lassen, wie er eben ist, in dem Bewusstsein, dass der andere auch nur eine Seele auf der Suche ist, genau wie man selbst.

„Es gibt keinen Weg zum Frieden, denn Frieden ist der Weg.“ [40]

---

[39] Mahatma Gandhi

Diesen Frieden wirst du in dir nur dann finden, wenn du aufhörst, anzunehmen, die Dinge müssten so oder so sein, und stattdessen begreifst, dass einfach alles ist und dass alles ein Ausdruck der göttlichen Liebe ist. Befreie dich aus der Abwärtsspirale von Beurteilung – Erwartung – Enttäuschung, das ist wahres Sein.

6.2.3 Selbstliebe

Selbstliebe ist wohl *das* Thema für Dualseelen, eine der wichtigsten Lernaufgaben auf ihrem Weg und im Grunde ist sie das letzte große Geheimnis, um das sich alles dreht. Findest du den Schlüssel zur Selbstliebe, findest du auch die Einheit mit deiner Dualseele.

Aber wie kann in der Selbstliebe dann eine Ego-Falle stecken? Diese Falle findest du bereits in dem Wort: *Selbst*liebe.

Erinnerst du dich an die Bedeutung des Wortes Ego? Das Wort *Ego* stammt aus dem Lateinischen und bedeutet *Ich* – gemeint ist damit unsere Identität, die, wie ich ja bereits erklärt habe, nur eine Illusion ist! Das Wort Selbstliebe impliziert aber genau das – das *Ich* zu lieben – es drückt also wortwörtlich die Liebe zu dieser falschen Identität – dem *Ego* – aus! Genau deshalb stolperst du unbewusst immer wieder über dieses Wort und drehst dich im Kreis.

Denn auf der einen Seite, sollst du das „falsche Ich", das *Ego* auflösen – was an sich schon furchteinflößend ist –, das Ego wird dir immer wieder als etwas Falsches, als Illusion dar-gestellt, auf der anderen Seite sollst du diese Illusion nun lieben? Dein

---

40 Mahatma Gandhi: „There is no way to peace; peace is the way."

Verstand stößt hier, unbemerkt, schon wieder an ein Paradoxon und vielleicht merkst du jetzt, es ist *unmöglich,* die Selbstliebe zu erreichen!

Denn wenn du dein falsches Ich, dein Selbst, also dein *Ego* liebst, wie willst du dann jemals an das Ziel der Dualseelen kommen, für das die Auflösung des Egos ja unumgänglich ist?

Was aber hat es nun mit der sogenannten Selbstliebe auf sich? Eigentlich macht dieses Thema ja absolut Sinn, wenn du dich selbst nicht liebst, wie soll es dann deine Dualseele tun, die ja nur dein Spiegelbild ist? Auf den ersten Blick erscheint das wie ein unlösbares Rätsel, an dem im Grunde aber nur eines „Schuld" ist – die *Sprache*!

Wir brauchen Sprache – Worte –, um unsere Gedanken und Gefühle in eine Form zu bringen und für andere verständlich zu machen. Das Problem dabei ist, jeder hat sein eigenes Verständnis der Worte und die meiste Zeit reden wir aneinander vorbei. Ein simpler Satz, mit einer simplen Aussage, wird im Normalfall von zehn Personen auf zehn verschiedene Arten interpretiert.

Hinzu kommt das Problem, dass viele Worte im Laufe der Zeit ihre ursprüngliche Bedeutung verloren haben, weil sie eine ganz bestimmte Prägung bekamen, die ein allgemeines Verständnis ihrer selbst hervorgerufen haben, das aber völlig falsch ist.

Kommen wir aber nun zurück zur Selbstliebe, wer auch immer dieses Wort ursprünglich erfunden hat, er meinte damit etwas völlig Anderes, als wir es heute verstehen. Wenn du verstehen willst, worum es bei der Selbstliebe wirklich geht, streiche einfach das *Selbst* aus dem Wort – übrig bleibt dann nur die *Liebe* – und genau um dieses Wort dreht sich die eigentliche Bedeutung!

6.2.3.1 Das Zwiebelmodell

Stell dir einmal vor, der Mensch wäre eine Zwiebel: Es gibt die äußere Schale, diese entspricht dem Bild von sich selbst, das ein Mensch nach außen, auf seine Umwelt projiziert, dann kommen viele einzelne, dünne Schichten, diese sind vergleichbar mit dem, was das äußere Bild dieses Menschen geprägt hat: die Erfahrungen eines Lebens, die bestimmte Denk-, Gefühls- und Verhaltensmuster erschaffen haben und somit das ausmachen, was dieser Mensch glaubt, zu sein. Die Schale und die äußeren Schichten der Zwiebel entsprechen also dem *Ego*.

In der Mitte schließlich stoßen wir auf den Kern der Zwiebel, und dieser Kern ist das *wahre Selbst*, die Seele, das höhere Selbst, wie man es auch immer nennen möchte. Auch hier stoßen wir wieder auf das Problem mit der Sprache, denn das Wort *Selbst* ist hier ja eigentlich völlig fehl am Platze, genauso wie das Wort *Ich*. Deshalb bezeichne ich diesen Kern ab sofort als Seele, was der eigentlichen Bedeutung meiner Meinung nach am nächsten kommt.

Die Seele – der Kern – hat nichts mehr zu tun mit dem, wovon sie vorher verdeckt war – sie ist die Essenz im Menschen und all die Schichten, die sie um sich herum angesammelt hatte sind wie die Rolle, die ein Schauspieler in einem Film annimmt –, denn ein guter Schauspieler muss sich mit seiner Rolle vollständig identifizieren, um glaubwürdig zu spielen, genau das ist es, was wir Menschen mit unserem Ego tun.

Jetzt kommen wir auch endlich zur eigentlichen Bedeutung der Selbstliebe. Es geht darum, das Ego, die Illusion, aufzulösen. Dies erreichst Du, indem du eine Schicht nach der anderen freilegst. Dabei stößt du auf all deine alten Erfahrungen, die mit dieser Schicht zu tun haben, alter Schmerz lebt dabei wieder auf, will nochmals angeschaut und transformiert werden, was oft auch Tränen kostet – wie beim Schälen einer Zwiebel.

Je tiefer du dabei vordringst in diese Schichten, die deine Seele umhüllen, desto mehr Energie wird deinem Ego entzogen, denn du löst ja dabei die einzelnen Schichten deines *Selbst* vollständig auf. Wenn dann der Kern, deine Seele, freigelegt ist, ist vom Ego nichts mehr da und hier stößt du auf die Erkenntnis dessen, was du wahrhaftig bist – *Liebe.*

Du bist wieder zu dem geworden, was wir alle im Ursprung sind, reine, göttliche Liebe, das heißt, du bist nicht nur erfüllt von Liebe, *du bist die Liebe*!

Das ist es, was mit Selbstliebe gemeint ist, du musst also nicht nur lernen, dich selbst so anzunehmen, wie du bist, und dich selbst zu lieben, wie es das Wort impliziert, du musst vor allem eines tun, dein *Selbst* erforschen, Schicht um Schicht, um dich selbst zu erkennen.

Das ist die wahre Aufgabe der Dualseelen – wieder zu dem zu werden, was wir wirklich sind – *Liebe* –, nur so können wir die Welt heilen. Dafür müssen wir uns mit unserem einzigen, wirklichen „Feind" auseinandersetzen, mit dem, was der Liebe seit Anbeginn der Zeit im Wege stand und nicht gleichberechtigt mit ihr existieren kann – die falsche Vorstellung von uns *Selbst* – dem *Ego.* Das ist das letzte große Geheimnis der Dualseelen.

6.2.4 Dualität

Innerhalb der Dualität steckt eine der größten Ego-Fallen, da das Ego der Dualität strikt unterworfen ist und diese geschickt für sich nützt. Jede Dualseele ist auf ihrem Weg in diese Falle getappt und erst jetzt beginnt die Zeit, in der den ersten diese Tatsache klar wird. Das kann ich deshalb so bestimmt behaupten, weil ich selbst in diese Falle getappt und erst vor Kurzem darauf aufmerksam geworden bin, gleichzeitig darf ich durch den intensiven Kontakt zu vielen anderen Dualseelen miterleben, wie auch dieser neue Prozess sich wieder innerhalb der Gemeinschaft ausbreitet.

Auf dem Weg der Dualseelen nehmen wir eine strikte Einteilung vor – in männliche und weibliche Energie und gehen davon aus, dass die eine Hälfte einer Dualseele in der männlichen Energie steckt und eher auf Distanz geht, während die andere Hälfte sich in der weiblichen Energie befindet und eher versucht, diese Gefühle zu leben. Andere Autoren haben dafür sogar eigens Begriffe erfunden, die hier zu nennen meines Erachtens nach unnötig ist, da jede Dualseele diese Begriffe kennt und damit nur allzu gerne um sich wirft.

In dem Kapitel „Der Weg in die Mitte“ haben wir bereits gelernt, dass es diese strikte Aufteilung nicht wirklich gibt, gar nicht geben kann. Jeder trägt sowohl die männliche, als auch die weibliche Energie in sich. Wenn wir nun beginnen, zu kategorisieren, nutzt unser Ego dies sehr geschickt, es verschleiert uns dadurch den Blick auf das, was wirklich in uns geschieht und versteckt dies hinter Aussagen wie dieser: „Ich bin doch bereit, ich warte doch auf dich, *du* läufst die ganze Zeit davon!“

Dadurch schauen wir nicht genauer hin, wir sind sogar überzeugt davon, dass dies der Wahrheit entspricht. Für diejenigen, die sich der weiblichen Energie zuordnen, bedeutet dies Folgendes: Sie nehmen die männliche Energie in sich selbst, und die Aktionen eben dieser, nicht mehr wahr.

Tatsächlich ist es nämlich so, dass auch *die* Hälfte der Dualseele, die in der vermeintlich weiblichen Energie steckt, fleißig vor der Vereinigung mit der Dualseele davonläuft, sie tarnt dies nur sehr geschickt vor sich selbst mit Angriffen auf ihre andere Hälfte und indem sie den Vorwurf des Davonlaufens auf sie projiziert.

Meine Dualseele selbst hat mich innerhalb des seelischen Kontaks darauf aufmerksam gemacht. Gerade zu Beginn unseres Weges gab es in unserem Kontakt Phasen, in denen er vermehrt auf mich zukam, seine Gefühle zum Ausdruck brachte, sich öffnete und mich wirklich an sich heranließ.

Ich reagierte darauf aber nicht aus der weiblichen Energie heraus, indem ich mich ebenfalls öffnete, sondern mit Wut und Unverständnis und vor allem Einem – Haben wollen!

Wenn er mir seine aktuellen Probleme mitteilte, stellte ich diese als „Kinderkram" hin und machte ihm klar, dass meine Probleme viel schlimmer seien und mehr noch, ich sagte ihm immer wieder, dass seine Probleme nur daraus entstünden, weil er nicht zu mir steht. Wenn er bei mir wäre, wäre er automatisch glücklich. Ganz schön vermessen und kein Wunder, dass ich ihn damit geradezu zwang, auf Abstand zu gehen.

Nach diesem Hinweis von meiner Dualseele wurde mir noch etwas klar. Immer, wenn es schwierig wurde zwischen uns, rettete ich mich, indem ich mich in Gedanken wie „Das mit uns kann sowieso nicht funktionieren, wir passen nicht zusammen, wir stammen aus völlig verschiedenen Welten" etc. flüchtete. Natürlich bekam meine Dualseele das auf seelischer Ebene mit und reagierte entsprechend darauf, spürte er doch ganz genau, dass ich überhaupt nicht bereit und auch nicht wirklich willens war, diese Liebe zu leben.

Als ich mich dieser Erkenntnis stellte, wurde mir klar, wieviele Ängste ich hinter der Aussage „Er ist derjenige, der vor diesen Gefühlen davon läuft“ versteckt hatte, und dass diese Ängste eines unserer Kernprobleme waren. Es war an der Zeit, sich ihnen zu stellen.

Ja zu sagen zur Dualseele bedeutet, alle Spielchen aufzugeben und wahrhaftig in den Spiegel zu schauen. Es bedeutet, sich mit seinen größten Ängsten konfrontiert zu sehen und nicht davonzulaufen. Es bedeutet, anzuerkennen, dass Dualität eine Illusion ist und dass wir selbst genauso viele Fehler machen wie unsere andere Hälfte.

Um also der Ego-Falle Dualität zu entkommen, müssen wir lernen, immer beide Seiten der Medaille zu betrachten, und – auf uns selbst bezogen – gnadenlos ehrliche Selbstreflexion zu üben.

6.3 Über den synchronistischen Fluss[41]

In diesem Kapitel möchte ich ein Phänomen näher beleuchten, das Teil des spirituellen Aufstiegs ist – den *synchronistischen Fluss.*

Genau genommen handelt es sich bei diesem Zustand sogar um den Ausgangspunkt, von dem aus ein wahrhaftiger spiritueller, oder Bewusstseinaufstieg, überhaupt erst möglich ist.

Vielleicht hast du diesen Zustand schon das eine oder andere Mal erlebt und erkennst die Beschreibung wieder, wirst daher aber auch wissen, wie schwierig es ist, diesen Zustand dauerhaft zu etablieren. Im Normalfall verliert man diesen Bewusstseinszustand nämlich sehr schnell wieder. Solltest du diesen Zustand noch nicht erlebt haben, erhältst du hier einen Wegweiser, wie du denselben bewusst herbeiführen kannst.

6.3.1 Was ist der synchronistische Fluss?

Dieser Begriff bezeichnet einen spezifischen Bewusstseinszustand, in dem das Bewusstsein plötzlich angehoben und dadurch zu einem Beobachter wird, der in der Lage ist, *alles* zu sehen.

Wenn dieser Bewusstseinszustand eintritt, fühlt es sich an, als würdest du mit dem Augenblick verschmelzen und alles um dich herum ist von plötzlicher Klarheit durchdrungen. Du nimmst auf einmal viel mehr wahr als normalerweise, im Grunde genommen nimmst du plötzlich *alles* um dich herum *auf einmal* wahr. Auch deine Gedanken sind von einer nie gekannten Klarheit, wodurch

---

[41] James Redfield: *Die zwölfte Prophezeiung der Celestine*, Berlin 2011, S. 14.

du plötzlich in der Lage bist, die Verbindungen im Fluss der Ereignisse deines Lebens zu begreifen, die dir in deinem normalen Bewusstseinszustand nicht einmal bewusst waren. In diesem Augenblick fühlt es sich an, als hättest du die ganze Zeit versucht, durch einen dunklen Schleier einen Blick auf die Welt zu erhaschen, und nun ist es dir gelungen, den Schleier wegzureißen, wodurch ein klares Bild entsteht.

Du begreifst nun die höheren Zusammenhänge – in deinem Leben und auch darüber hinaus –, du nimmst überall um dich herum Botschaften und Zeichen wahr, die dir deinen persönlichen Weg weisen. Gleichzeitig bist du durchdrungen von einem Gefühl der Liebe und mehr noch – einem unglaublichen Hochgefühl.

Dieses Hochgefühl lässt sich am ehesten so beschreiben, als wärst du der Star im Film deines persönlichen Lebens. Keine Zweifel, keine Angst sind mehr spürbar, du bist du, du bist wunderbar und unfehlbar und du bist auf *deinem* Weg. An dieser Stelle kann man leicht in Versuchung geraten, dieses Gefühl für ein Egophänomen zu halten, doch es ist etwas Anderes – ein annäherndes Begreifen deiner eigenen Göttlichkeit.

Dieser Bewusstseinszustand geht mit einer enormen Anhebung deiner energetischen Frequenz einher, wodurch du der restlichen Welt tatsächlich „entrückt“ wirst. Dadurch wird deutlich, weshalb es so schwierig ist, diesen Zustand dauerhaft, oder auch nur über einen längeren Zeitraum zu erhalten.

6.3.2 Den synchronistischen Fluss bewusst herbeiführen und halten

Um zu erklären, wie man diesen Zustand bewusst herbei-führen kann, muss ich zunächst noch einmal auf den Begriff der Synchronizität eingehen. Synchronizität beschreibt ein Phänomen, bei dem ein inneres Ereignis chronologisch vor, oder gleichzeitig zu einem äußeren, dem inneren entsprechenden Ereignis auftritt.

Ein simples Beispiel hierfür kennen wir alle: Du denkst unwillkürlich an eine bestimmte Person, die einen Augenblick später anruft oder dir über den Weg läuft – der sogenannte *Zufall.*

Vielleicht kennst du auch das folgende Phänomen: Du denkst gerade über Zufälle nach, oder unterhältst dich mit jemandem darüber, während du emotional entsprechend beteiligt bist und plötzlich geschehen neue Zufälle.

Genau das ist der Schlüssel zum bewussten Herbeiführen des synchronistischen Flusses, die Erwartungshaltung. Gemäß dem Gesetz der Resonanz wird immer genau das, was wir erwarten, sei es nun bewusst oder unbewusst, augenblicklich manifestiert.

Der erste Schritt, um diesen Bewusstseinszustand zu er-reichen, ist also, jederzeit Synchronizitäten zu erwarten. Denn jede Synchronizität, und sei sie auch noch so klein und unbedeutend, hat das Potential, dein Bewusstsein in diesen Zustand anzuheben, unter der Voraussetzung, dass du erstens bewusst bleibst und zweitens emotional entsprechend darauf reagierst.

Es kann sehr hilfreich sein, sich in die Freude über eine aufgetretene Synchronizität ein wenig „hineinzusteigern“, denn auf die Art erhöht sich deine energetische Frequenz und du sendest den „Wunsch nach mehr davon“ aus, der sich dann wiederum positiv manifestieren kann.

Was wirklich hinderlich bei dem Vorhaben der dauerhaften Etablierung und auch schon dem Erreichen dieses Zustandes ist, ist das Phänomen Alltag. Dein Tag beginnt in dem Augenblick, in dem du morgens die Augen öffnest, doch genau in diesem Augenblick schlägt auch schon der Alltag zu. Die gewohnten Abläufe und Aufgaben übernehmen die Führung und du denkst einfach nicht mehr an dein Vorhaben. Deshalb empfehle ich für die erste Zeit ein einfaches Werkzeug – Notizzettel!

Hänge dir kleine Reminder auf, dorthin, wo du sie oft siehst, zum Beispiel an den Badezimmerspiegel, so hast du gleich morgens die Erinnerung: „Erwarte Synchronizität!“. Mache dir diesen Satz zur Affirmation, behalte ihn im Bewusstsein.

Ein weiteres Problem beim Erreichen dieses Zustandes ist die Energie. In dieser Welt können wir noch so hoch schwingen, die meiste Zeit sind wir von relativ niedrigen Energiefrequenzen umgeben und diesen ausgesetzt. Dieses Problem ist somit nicht nur der Haupthinderungsgrund dafür, diesen Zustand zu halten, sondern auch schon, ihn überhaupt erreichen zu können.

Hierfür habe ich ein persönliches kleines Hilfsmittel – Kopfhörer und Musik. Indem du dir Kopfhörer aufsetzt und Musik hörst, schottest du dich von der Außenwelt ab und damit auch von ihrer energetischen Frequenz. Vielmehr schwingst du dich jetzt auf die Frequenz der Musik ein, die du gerade hörst, weshalb die richtige Wahl der Musik essentiell ist.

Sicher hast du schon oft beobachtet, wie Musik deine Stimmung beeinflussen kann, so macht traurige Musik traurig, aggressive Musik wütend und so weiter. Dies liegt daran, dass dein Gehirn elektromagnetisch funktioniert. Jeder Gedanke ist ein elektromagnetischer Impuls, die Frequenz dieser Impulse bestimmt das Gefühl dazu und kann von außen beeinflusst werden, zum Beispiel durch Musik.

Die richtige Musik, um den gewünschten Bewusstseinszustand zu erreichen, sollte dich also in eine positive, erhobene und erwartungsvolle Stimmung versetzen. Hilfreich sind dabei Elemente, die das Gefühl des Staunens, oder der Bewunderung hervorrufen. Wenn du Musik für gewöhnlich bewusst hörst, wirst du schnell etwas Passendes gefunden haben.

Als Training empfehle ich einen täglichen Spaziergang mit Kopfhörern und der entsprechenden, bereits beschriebenen Erwartungshaltung, du wirst schnell die ersten Erfolge erzielen und merken, dass dieser Zustand süchtig machen kann, aber auch etwas Anderes – sobald du die Kopfhörer wieder absetzt, ist es für gewöhnlich auch genauso schnell wieder vorbei. Dies liegt daran, dass du dich energetisch sofort wieder den vorherrschenden Umständen anpasst. Dennoch ist es sehr hilfreich, diesen Bewusstseinszustand auf diese Art regelmäßig zu trainieren, denn dabei wirst du schnell sicherer darin und mit der Zeit lernen, ihn auch ohne Hilfsmittel zu erreichen.

Kommen wir nun dazu, wie du lernst, diesen Zustand immer länger und irgendwann dauerhaft zu erreichen. Der Schlüssel ist natürlich *Bewusstheit*. Beobachte dich, verliere dich nicht in Gedanken, Gesprächen, Situationen oder den täglichen Ablenkungen, sondern gewöhne dir an, dich immer wieder zu überprüfen, ob du gerade im synchronistischen Fluss bist oder nicht. Wenn du feststellst, dies ist nicht der Fall, führe den Zustand wieder bewusst herbei.

Einen weiteren Tipp, der hilft, nicht so leicht aus diesem Zustand „herauszufallen“, habe ich noch für dich. Am leichtesten und schnellsten verlierst du den synchronistischen Fluss nämlich dann, wenn dich jemand anspricht, während du dich gerade in diesem Zustand befindest, der andere jedoch nicht. Diese Person holt dich gewissermaßen auf ihre Energieebene herunter.

In solchen Fällen ist es unerlässlich, die Wahrheit zu kommunizieren, was zugegebenermaßen nicht immer einfach ist. Du sollst dabei niemanden vor den Kopf stoßen oder wegschicken, aber wahrhaftig mitteilen, was gerade in dir vorgeht. Auf diese Art gibst du der anderen Person die Chance, ihren Bewusstseinszustand ebenfalls anzuheben und als positiver Nebeneffekt bleibst du auf dich selbst zentriert und damit in deiner eigenen Energie.

6.3.3 Wohin uns der synchronistische Fluss führt

Vielleicht hast du beim Lesen dieses Artikels gedacht: „Klingt ja alles ganz nett, aber auch ziemlich aufwendig, wozu soll das gut sein?“, weshalb ich abschließend noch ein paar Worte über den Sinn dieser Übung sagen möchte.

In meinem Video *Weckruf* [42]habe ich etwas über Verschwörungstheorien erzählt und zum Abschluss gesagt, dass es an der Zeit ist, aufzuwachen und aktiv daran zu arbeiten, die Welt zu verändern. Dabei ist es zweitrangig, welche dieser Verschwörungstheorien nun der Wahrheit entsprechen und welche nicht, denn es gibt durchaus Fakten, die uns im Grunde schon zwingen, die Welt zu verändern. Unsere Lebensmittel sind durch die Bank weg vergiftet, wir werden unterdrückt, von den Medien manipuliert und unsere Umwelt geht den Bach hinunter.

---

[42] Siehe https://www.youtube.com/watch?v=izlC_LSoCZg

Im Zustand des *synchronistischen Flusses* ist es unmöglich, manipuliert zu werden, es ist unmöglich, zu lügen oder belogen zu werden, und es ist unmöglich, zum Schaden anderer zu handeln, weil all diese Dinge dazu führen, dass man aus dem Zustand wieder herausfällt.

Je mehr Menschen also daran arbeiten, diesen Bewusstseinszustand zu erreichen und beizubehalten, umso mehr hebt sich deren Energie an und umso mehr Menschen in deren Umgebung werden dadurch ebenfalls in ihrer Energie angehoben – es ist ein Dominoeffekt.

Nimm dieses Kapitel als Aufruf zum globalen Erwachen und zum Handeln – auf eine gewaltfreie Art. Wage den Versuch, den Zustand des *synchronistischen Flusses* zu erreichen – du wirst es nicht bereuen sondern im Gegenteil, du wirst mehr wollen!

Die Dualseelen sind die *Pioniere der neuen Zeit*, du bist einer davon. Wir haben eine Aufgabe mit in diese Welt genommen, die über unser persönliches Leben weit hinausgeht. Wir sind aufgerufen, uns in einem höheren Bewusstsein zu vereinen, weil dies der einzige Weg ist, diese Welt wirklich zu verändern und vor dem Schlimmsten zu bewahren.

Unsere Zeit zum Handeln ist *jetzt*!

6.4 Bewusst sein

Vielleicht denkst du, im Titel wäre ein Schreibfehler, dem ist aber nicht so. Ich habe diesen Titel *bewusst* gewählt, gemeint ist nämlich nicht das Substantiv *Bewusstsein*, sondern das Verb – *bewusst zu sein.*

In diesem Kapitel möchte ich mich einmal ausführlicher mit diesem Thema beschäftigen, da mir aufgefallen ist, dass ich dies immer wieder für den spirituellen Weg voraussetze, aber noch nie wirklich darauf eingegangen bin. Um es einmal direkt zu sagen, herumzulaufen und vermeintlich wach zu sein impliziert keinesfalls, dass man auch *bewusst* ist. Gemeint ist also nicht die allgemeine, vor allem medizinische Definition von „bei Bewusstsein sein“ als Gegenteil von „bewusstlos sein“.

Die sogenannte „Zeit des Erwachens“, in der wir uns gegenwärtig befinden, spielt genau auf dieses Thema an, und wer bereits erwacht ist, wird wissen, worauf ich hinaus will. Die folgende Liste zeigt die Merkmale eines voll erwachten Bewusstseins, jedoch gibt es hier feine Abstufungen, denn niemand erwacht schlagartig in vollem Ausmaß, vielmehr ist das bewusste Sein wie ein Muskel, der trainiert werden will und muss.

6.4.1 Kennzeichen eines *bewussten Seins*

- Du bist dir deiner Gedanken und Gefühle jederzeit voll bewusst und analysierst diese fortwährend.
- In Konfrontationen reagierst du weder aus dem Ego, noch aus alten Mustern, die sich durch Lebenserfahrung gebildet haben. Sollten solche Muster aktiv werden, fällt dir dies auf und du kannst darüber nachdenken und gegensteuern.

- Du nimmst nichts mehr als „einfach gegeben" an, ohne es zu hinterfragen. Sämtliche Ereignisse in deinem Leben werden von dir auf ihre Bedeutung für dich hin untersucht.
- Du bist nicht mehr von außen manipulierbar, weder durch andere Menschen, noch durch die Medien oder Politik, weil du gelernt hast, hinter die Dinge zu schauen und höhere Zusammenhänge zu verstehen, sowie subtile Manipulationsversuche sofort zu erkennen.
- Du durchschaust das „große Kasperletheater" der Weltpolitik und lässt dich davon nicht mehr aus der Ruhe bringen.
- Du bist unabhängig von den Meinungen anderer, weil du dich selbst und die Tatsache, dass nur *du* deinen Weg finden und bestimmen kannst, voll anerkannt hast.
- Du bist immer neugierig und auf der Suche danach, mehr zu wissen und mehr zu verstehen, du hast längst erkannt, dass der Weg das Ziel ist.
- Deine kreativen Energien sind im Fluß und drücken sich auf vielfältige Weise aus, suchen immer wieder nach neuen Wegen, schöpferisch tätig zu werden.
- Du bist frei von Bewertungen jeglicher Art, bewertest weder dich noch andere, weil du verstanden hast, dass weder *Gut* noch *Böse* wirklich existieren und beide Konzepte nur zwei extreme Pole derselben Sache sind.

6.4.2 Bewusst werden

Anhand der obigen Liste kannst du für dich selbst herausfinden, wie weit dein Bewusstsein bereits erwacht und aktiviert ist. Wie aber kann man nun erwachen, oder gezielt daran arbeiten, bewusster zu werden? Mein allererster und wichtigster Rat hierzu ist: „Schalte den Fernseher aus, und schalte ihn nie wieder ein!"

Das Fernsehen ist meiner Meinung nach die Hauptursache für eine Gesellschaft, die sich leider größtenteils immer noch im Tiefschlaf befindet. Die sogenannte Pressefreiheit ist nicht viel mehr als ein Witz, die Medien werden seit langer Zeit schon bewusst als Mittel der Manipulation der Massen missbraucht.

Was das Fernsehen – und sämtliche anderen Medien, wie Zeitungen und Zeitschriften – uns vermitteln, lässt sich in zwei Kategorien einteilen:

1. Das bereits benannte „Kasperletheater der Weltpolitik"
2. Die sogenannte „normale Art zu leben", wie sie vor allem im Nachmittags- und Abendunterhaltungsprogramm propagiert wird.

6.4.3 Das Kasperletheater der Weltpolitik

Wer glaubt, es wäre von Belang, welche Partei in welchem Land von der Bevölkerung „gewählt" wird, und das hätte irgendeinen Einfluss auf das Geschehen der Welt, der glaubt auch noch daran, dass das alles echt ist. In Wahrheit sind sämtliche Politiker nichts als Marionetten, die wahre Macht über die gesamte Welt liegt in den Händen einiger weniger Menschen, die in der Öffentlichkeit sicher niemals auftauchen.

Die gesamte politische Situation in der Welt ist nichts als ein groß angelegtes Schauspiel – an das die beteiligten Politiker zum großen Teil leider selbst glauben – und dient nur einem Zweck: *Angst* in die Herzen der Menschen zu säen – mit großem Erfolg.

Wer Angst hat, sucht nach Halt und Führung, wer Angst hat, ist nicht in der Lage, sein Bewusstsein wahrhaftig zu aktivieren, weil durch die Angst unbewusste Programme aktiviert werden. Angst macht kontrollierbar, sie bringt uns dazu, unsere Freiheit aufzugeben, weil wir uns lieber einer vermeintlichen Sicherheit wie der staatlichen Kontrolle über unser Leben hingeben.

Die wohl größte Angst der wahren Machthabenden ist es, dass die Menschen aufwachen, wirklich *bewusst* werden, denn dann wären sie nicht mehr kontrollierbar und würden ihr Sklavendasein nicht mehr weiterführen. Deshalb ist das Fernsehen so ein wichtiges Werkzeug der Manipulatoren. Fernsehen lullt ein, und zwar unmerklich!

Gleiches gilt für die meisten anderen Medien, im Grunde sogar das Internet. Man sollte seine Aufmerksamkeit dem Weltgeschehen entziehen, so lange, bis man in der Lage ist, zwischen den Zeilen zu lesen und zu unterscheiden, was real ist und was nicht. Die wirkliche Frage ist doch, was bringt es dir, wenn du dich durch die Nachrichten in Angst versetzen lässt? Nichts außer der Tatsache, dass du künstlich auf einer der niedrigsten Schwingungsebenen festgehalten und daran gehindert wirst, endlich aufzuwachen.

Die Wahrheit ist, es gibt überhaupt keine Bedrohung und *niemand* hat wirklich Macht über dich, es sei denn, du lässt es zu. Du bist nicht hilflos ausgeliefert und als einzelner Mensch weder klein noch unbedeutend. Du allein bestimmst, wie *deine*

Welt aussieht. Würde jeder Mensch auf der Welt erwachen und das erkennen, wie würde die Welt *dann* wohl aussehen?

6.4.4 Die sogenannte „normale Art zu leben“

Durch die Sendungen im Unterhaltungsprogramm werden wir nicht nur eingelullt und schön am Schlummern gehalten, gleichzeitig werden uns verschiedene Dinge über unsere Lebensart suggeriert. So zum Beispiel dass es normal und richtig ist, aus dem Ego zu agieren, andere zu bewerten und sich selbst den Bewertungen anderer zu unterwerfen, Angst zu haben, aggressiv zu sein, für die Arbeit zu leben, etc..

Wer noch nicht bewusst ist und solche Sendungen sieht, hinterfragt das Geschehen auf dem Bildschirm nicht und lässt auf diese Art sein Weltbild und sein Selbstbild vom Fernsehen prägen.

Zurück zur aktiven Arbeit am bewussten Sein. Wer lange Zeit gewohnheitsmäßiger „Fernsehgucker“ war, wird sich nach Beseitigung des Fernsehens schnell etwas verloren und rastlos fühlen. Was nun anfangen mit der ganzen Zeit, die man vorher mit Fernsehen verbracht hat? Spätestens hier wird klar, wie sehr das Fernsehen dem „Unbewusst sein“ dient. Wir essen und schauen nebenbei fern, womit unsere Aufmerksamkeit der eigentlichen Tätigkeit, der Aufnahme von Nahrung, entzogen wird.

Wir wollen uns entspannen und setzen dies mit „nicht Nachdenken müssen“ gleich, ein fataler Fehler, durch den unsere Aufmerksamkeit immer wieder von uns selbst, oder dem, was wir gerade tun, abgelenkt wird. *Bewusstsein ist aber Aufmerksamkeit.*

Es gilt also, die nun entstandene „Leere“ wieder zu füllen, mit Aufmerksamkeit für uns selbst und alles, was uns begegnet. Fange an, deine Bedürfnisse wieder wahrzunehmen und sie bewusst zu erfüllen, fang an nachzudenken über alles, was dir begegnet, nach Wahrheit und Wissen zu suchen, fange an, deine Welt zu erkunden und sie so kennen zu lernen, wie sie wirklich ist.

Die sogenannte Wirklichkeit immer wieder zu hinterfragen ist der sicherste Weg, um das Bewusstsein zu trainieren und damit auch bewusst eine neue, schönere Welt zu erschaffen.

Verändere deinen Alltag, beginne aus deinen Gewohnheiten auszubrechen, Schritt für Schritt. Gewohnheiten haben die Eigenschaft, sich irgendwann in unbewusste Programmabläufe zu verwandeln. Wenn wir uns im Alltagstrott befinden, laufen größtenteils solche unbewusst gesteuerten Gewohnheitsprogramme ab. Wir funktionieren dann wie eine Maschine, agieren in automatischen Abläufen. Dabei ist unsere Aufmerksamkeit nur auf das gerichtet, was Teil dieser erlernten Abläufe ist – alles andere entgeht uns dabei aber.

Ich empfehle einen Selbsttest. Verbringe einmal einen Tag völlig anders, als du es je zuvor getan hast, gehe keinem gewohnten Ablauf nach. Wenn dein gewohnter Ablauf für einen freien Tag beispielsweise ist, auszuschlafen, dann aufzustehen, zu duschen und zu frühstücken und dann irgendeiner Aktivität nachzugehen, so ist in diesem Ablauf jede Bewegung und jede Reaktion bereits in deinem Unterbewusstsein gespeichert.

Mache es statt dessen anders. Frühstücke zuerst und dusche dann, lies mal keine Zeitung und lass den Fernseher aus, suche dir eine Aktivität, die du noch nie, oder nur selten ausgeübt hast.

Wenn du diesen Test durchführst, wirst du schnell merken, wie sich deine Wahrnehmung vom gewohnten Tagesablauf unterscheidet. Dir werden Dinge auffallen, die dir sonst nie aufgefallen sind und es werden dir völlig neue, ungewohnte Gedanken in den Kopf kommen.

Genau das ist der Weg, dein Bewusstsein zu erwecken – verlasse die gewohnten Pfade und begib dich auf eine Reise durch neues, unerkundetes Land, entdecke neue Wege, er-schaffe neue Wege!

Du wirst schnell merken, wie sehr dein Lebensgefühl dadurch positiv beeinflusst wird und deine Wahrnehmung der Welt und deiner selbst sich nach und nach verändert. Wenn du dann nach einiger Zeit zurückblickst, wirst du dich tatsächlich so fühlen, als seist du nach einem langen, wirren Traum endlich aufgewacht ...

6.5 Einssein

Der Zustand des Einsseins ist Teil des Aufstiegs und etabliert sich langsam über einen längeren Zeitraum. Dazu kommt es erst, wenn die vielen Lernaufgaben bewältigt wurden und das Ego kurz davor steht, dem höheren Bewusstsein Platz zu machen. Es ist ein Zustand, der sich im Grunde niemals wirklich in Worte fassen lässt, ganz einfach, weil er sich dem Verstand entzieht, trotzdem will ich es versuchen, um dir aufzuzeigen, wohin dein Weg dich eines Tages führen kann. Hier geht es allerdings um mehr als das *Einssein* mit deiner Dualseele, denn auch wenn es genauso beginnt, ist das Ganze am Ende viel mehr als die Summe seiner Teile. Dieser Zustand beschreibt das *Einssein* mit allem, es ist die wiedererlangte Göttlichkeit. Ich selbst stecke immer noch in diesem Prozess, wann er vollständig vollzogen ist und was dann sein wird – das kann ich nur erahnen ...

Woran du merkst, dass diese Transformation in dir beginnt, was dann geschieht und wie lange es dauert, bis sie vollständig vollzogen ist, möchte ich dir anhand einiger eigener Beispiele verdeutlichen:

Die erste Ankündigung dieser beginnenden Transformation fand ca. Anfang 2013 in einem Traumtreffen mit meiner Dualseele statt. Dieses Treffen war von einer neuen, bisher nie vorgekommenen Art, denn plötzlich standen wir öffentlich zueinander. Meine Dualseele trat in diesem Traum auf in der Gestalt meines erwachsen gewordenen inneren Kindes – ich hatte in den Monaten zuvor intensiv mit meinem inneren Kind gearbeitet und seine Verletzungen geheilt –, und nachdem wir unsere aktuellen, noch vor uns liegenden Lernaufgaben be-sprochen hatten, standen wir plötzlich in einer großen Halle.

Vor uns standen zwei große Behälter, aus denen intensive Flammen loderten. Wir wussten, dass wir da hineinsteigen müssen, beide hatten wir Angst davor, stiegen aber dennoch in das Feuer – in dem wir vollständig verbrannten. Es war schrecklich und wunderschön zugleich, eine unglaublich intensive Erfahrung. Am Ende standen wir erneuert voreinander und es gab keine Trennung mehr zwischen uns. Dies war natürlich nur ein Ausblick auf das Kommende, so etwas wie der Startschuss.

Nachdem der erste Höhenflug der Gefühle, den dieses Traumtreffen bei mir ausgelöst hatte, abgeflaut war, begann ich plötzlich, mich fürchterlich über meine andere Hälfte zu ärgern. Einfach alles an ihm regte mich auf, seine Art und Weise zu leben, zu denken und zu fühlen, sein Auftreten in der Öffentlichkeit und seine extrem negative, gewissermaßen selbstmitleidige Art. Das ging einige Wochen so, bis es auf einem meiner nächtlichen Spaziergänge plötzlich *klick* machte und ich endlich den Spiegel sah. Alldie Dinge, die mich an ihm aufregten, waren in Wahrheit Teile von mir, Teile, die ich abscheulich fand und deshalb immer gut vor mir selbst versteckt hielt. In diesem Augenblick wurde mir der Schleier, den ich selbst vor diese Dinge gelegt hatte, weggerissen und ich fand mich selbst in ihm und ihn in mir.

Zunächst reagierte ich völlig beschämt auf diese Erkenntnis, bis mir bewusst wurde, dass es weit mehr als nur eine Erkenntnis war. Ich hatte das Ganze nämlich nicht ausschließlich in Gedanken vollzogen, wie so viele Male zuvor, sondern damit einher ging eine Art von Verstehen, die keine Worte kennt. Mein Herz und mein Verstand hatten sich plötzlich miteinander vereint. Im Zuge dieser Erkenntnis gelang es mir dann auch, all diese vermeintlich negativen Aspekte meiner/unserer selbst in

Liebe anzuerkennen und wieder zu integrieren, das waren die Lernaufgaben der nächsten Monate.

Ende 2013 bis Anfang 2014 begann dann plötzlich eine Phase, in der ich meine Dualseele überhaupt nicht mehr spürte. Es gab keine seelische Kommunikation mehr, nichts kam mehr rüber von seiner Seite, er war einfach weg. Mit der Zeit machte mir das nicht nur Angst, ich fiel auch in extreme Zweifel zurück und fragte mich so manches Mal ernsthaft, ob ich mich vielleicht völlig verrannt habe. Gegen Ende dieser Phase hatte ich eines Tages eine Panikattacke von der Art, die sich langsam und unbemerkt anschleicht, um sich dann ins Unermessliche zu steigern. Dabei ging es grob gesagt um die Zustände in dieser Welt. Irgendwann merkte ich jedoch, was da ablief und konnte mich selbst wieder aus der Angst holen, danach ging es mir so gut wie schon lange nicht mehr.

Zwei Tage später wurde ich durch „Zufall" zu einem Video-Interview mit meiner Dualseele geführt, in diesem Interview ging es um besagte Zustände in unserer Welt. Es wurde exakt zu der Zeit gedreht, als meine Panikattacke stattfand und meine Dualseele sah genauso aus, wie ich zu dem Zeitpunkt ausgesehen haben muss – voller Angst, unterdrückter Wut und dem verzweifelten Versuch, nicht einfach loszuschreien und zu heulen ...

Danach wurde mir wieder einmal etwas klar. Ich hatte die Tatsache, dass ich ihn nicht mehr explizit fühlen konnte, völlig falsch interpretiert. Was in Wahrheit geschehen war, ist ganz einfach. Wir waren zu einer Einheit geworden, es gab keine Trennung mehr. Mich selbst fühle ich ja auch nicht ständig als etwas Besonderes, „Zusätzliches", sondern ich bin einfach da – und *er ist ich.*

Kurz darauf gab es ein erneutes Traumtreffen, das wieder von der Tatsache geprägt war, dass wir auch öffentlich zueinander standen. Während dieses Treffens traten wir als Paar auf und erzeugten eine Menge Verwirrung, denn alle Menschen, denen wir begegneten, sahen, dass wir *Eins* waren, obwohl wir doch zwei waren. Jeder sprach uns darauf an und verlangte eine Erklärung, die wir aber nicht liefern konnten. Wir fühlten es, aber es in für den Verstand zugängliche Worte zu fassen, war unmöglich. Mehr als dass dieses Gefühl das Schönste ist, was wir je gefühlt haben, lässt sich zu seiner Beschreibung nicht sagen.

Kurz nach diesem Traumtreffen trat dieses Gefühl der Einheit auch im Wachleben auf. Ich war zwei Tage lang dieser Welt regelrecht entrückt, weil ich die Intensität dieses Gefühls in vollen Zügen auskosten und es auf keinen Fall im Alltag verlieren wollte. Innerhalb dieser zwei Tage erlebte ich diese Verschmelzung dann plötzlich auch mit einer meiner Katzen. Ich lag mit ihr im Arm auf dem Bett und wir kuschelten, als ich plötzlich ihren Körper wie meinen eigenen spüren konnte. Wir waren ein Wesen, eine Seele. Auch dieses Gefühl ist unbeschreiblich.

Aus dem Impuls heraus, diesen Zustand zu beschreiben, während er noch anhielt, entstand der folgende Text:

> Es fühlt sich an wie eine endlose Umarmung, eine, die schon immer da war, nur im Laufe der Zeit hatte man vergessen, dass diese Umarmung war, dass man selbst diese Umarmung war. Ich fühle ihn überall, in mir, hinter mir, vor mir, neben mir, um mich herum, allumfassend. Er sitzt neben mir und hält mich einfach in den Armen. Während ich gleichzeitig er bin und mich als mich selbst in den Armen halte. Und gleichzeitig bin ich ich, wie ich

ihn in den Armen halte. Ich bin all das gleichzeitig, eins und doch zwei, zur selben Zeit.

Wir umschlingen einander wie eine liegende Acht, die Unendlichkeit der Umarmung der Gegensätze. Ich merke, sobald ich diese Umarmung bewusst spüre, laufe ich sofort davon, ich verliere die Kontrolle über meinen Geist und er gallopiert einfach davon, stürzt sich auf alles, was ihn nur weiter fortbringen kann. Dann merke ich, wie mir das Pferd durchgegangen ist und bringe es zu einem vollen Stopp und zur Umkehr. Ich versuche, zurück zum Ausgangspunkt zu gelangen, der Umarmung, doch jedesmal, wenn ich ihr wieder näher komme, scheut das Pferd und gallopiert wieder davon.

Jede Berührung dauert nur einen Augenblick, dann renne ich wieder und denke zurück. *„Egal, wie lange Du läufst, ich bin bin hier und ich bleibe hier und ich halte das aus!“* – von beiden Seiten, plötzliche Entschlossenheit.

Kurz kann ich mich der Umarmung hingeben, will mich ihr stellen, spüre hinein in das, was sie in mir weckt. Die Angst selbst zeigt mir ihre tausend Gesichter und gleichzeitig ist da die Umarmung. Purer Terror und reiner Frieden und schon renne ich wieder und springe auf das galoppierende Gedankenpferd auf.

Aber jedesmal, wenn ich am weitesten geflohen bin, mich in sicherer Entfernung wäge, ist sie plötzlich wieder da, die Umarmung, und alles beginnt von vorn. Bittersüß und wunderschön. Und die Gewissheit, es ist Heilung, was hier geschieht, und es gibt keinen Druck, alles darf geschehen wie und wann es will.

„Egal, wie lange Du läufst, ich bin bin hier und ich bleibe hier und ich halte das aus!"

Das Herz fühlt sich an, als wäre es nicht nur weit geöffnet, sondern geradezu durchlässig und würde überquellen vor Licht, vor Freude über das Leben, vor Liebe.

Die Chakren, die noch geheilt werden dürfen, öffnen sich jetzt ebenfalls weit und ihre Energie verbindet sich mit der des Herz-Chakras. Wie eine Melodie, die vorher chaotisch und unkoordiniert war und jetzt plötzlich beginnt, einen Sinn zu ergeben. Ein Rhythmus entsteht und das Lied bekommt eine Struktur, Harmonie wird geboren, die Symphonie der Seele erklingt wieder.

Seit dieser Erfahrung, die in ihrer Intensität nicht dauerhaft anhielt, beobachte ich, wie ich mich immer stärker in der Gegenwart verankere, ich spüre, nachdem ich noch einmal für mehrere Monate mit meinen schlimmsten Ängsten und stärksten Blockaden konfrontiert war, eine nie geahnte Freiheit und ein unglaubliches Glücksgefühl, *immer, in diesem Augenblick.*

All das, was ich im Laufe der letzten Jahre erkannt habe, woran ich gearbeitet und wonach ich gestrebt habe, kann ich nun endlich beginnen, wahrhaftig umzusetzen, und ein Teil von mir steht scheinbar daneben und kann es kaum fassen. Vielleicht ist das mein Ego, das immer daran gezweifelt hat, dass all dies wirklich umsetzbar ist – ich weiß es nicht, genauso wenig, wie ich weiß, was als Nächstes kommt. Ich weiß nur eines – dieser Weg ist noch nicht zu Ende, er fängt gerade erst an …

7 Schlusswort – Mein Wunsch an die Welt

Nachdem ich nun dieses Buch geschrieben habe, weiß ich, dass dies ein wichtiger Teil meiner Berufung war – und gleichzeitig die Erfüllung eines Kindheitstraums. Über Dualseelen gibt es immer noch viel zu erzählen, die Reise geht weiter und bringt ständig neue Erfahrungen – sowie Erkenntnisse, die daraus geboren werden – mit sich. Deshalb wird es eines Tages einen zweiten Teil geben, der möglicherweise auch ganz anderer Art sein wird, als dieses Buch ...

Eines wurde mir in der letzten Phase der Arbeit an diesem Werk jedoch klar: Was diese – unsere – Welt retten kann und wird, sind tatsächlich die Dualseelen. Mir kam vor ein paar Tagen der folgende Gedanke:

Was wäre, wenn die „Protagonisten der Weltpolitik" plötzlich auf ihre Dualseele träfen? Sie könnten einfach nicht so weitermachen wie bisher, sie wären über kurz oder lang gezwungen, sich den wirklichen Problemen dieser Welt zu stellen.

Was wäre, wenn selbst die Menschen, die wahrhaftig die Fäden ziehen in dieser Welt, plötzlich auf ihre Dualseele träfen? Was, wenn *alle* Menschen, vor allem die, die noch in den alten Gefügen der Angst verstrickt sind, plötzlich auf ihre Dualseele träfen?

Das würde vermutlich die Welt völlig aus ihren Fugen heben, da bliebe kein Stein mehr auf dem anderen, eine Zeit des vollständigen Umbruchs würde unwiderruflich beginnen – ein Umbruch, intensiver und umfassender als wir es uns überhaupt vorstellen können.

Das ist mein Wunsch an die Welt: Mögen alle Seelen endlich nach Hause finden ...

8 Praktischer Teil: Meditationen und Chakra-Arbeit

8.1 Meditationen

8.1.1 Die Tür-Meditation

Diese Meditation entstand aus der Notwendigkeit heraus, einen besseren Umgang mit der zeitweise sehr schmerzhaften Sehnsucht nach der Dualseele zu finden. Letztendlich ist es ja so, dass deine Dualseele nur auf der irdischen Ebene als „anderer Mensch“ erscheint, auf Seelenebene existiert keine Trennung, woraus sich der folgende Schluss ziehen lässt:

In Wahrheit hast du keine Sehnsucht nach deiner Dualseele, einem *anderen* Menschen, in Wahrheit hast du Sehnsucht nach dir selbst!

Da wir Menschen aber vor dem, wonach wir uns am meisten sehnen, immer auch die größte Angst haben, projizieren wir unbewusst diese Sehnsucht danach, uns selbst zu finden, unsere Sehnsucht danach, uns dadurch endlich selbst in Liebe annehmen zu können, auf die Dualseele.

Es ist einfacher, das, was wir suchen, im Außen zu suchen. Instinktiv wissen wir nämlich, dass die Suche nach uns selbst uns auch mit unseren dunklen Seiten konfrontieren wird, mit Dingen, die wir in teils mühevoller Arbeit tief in uns verschlossen haben, um sie nur ja niemals wieder ansehen zu müssen. Genauso wissen wir auch, dass die Suche im vermeintlichen „Außen“ niemals von Erfolg gekrönt sein wird, aber im Prinzip wollen wir auch gar keinen Erfolg.

In Bezug auf diese Sehnsucht werden wir größtenteils von unserem Unterbewusstsein gesteuert, und das Unterbewusstsein hat ein primäres Ziel, nämlich das Überleben. Es hat im Laufe des Lebens Strategien entwickelt, uns vor allem zu beschützen, was uns irgendwie schaden könnte. Dabei nimmt es lieber ein paar unerfüllte Gefühle in Kauf, als die direkte Konfrontation mit Dingen, die es bereits als schmerzhaft kategorisiert hat.

Es nützt aber leider wenig, das Unterbewusstsein im Zuge dieser Erkenntnis als „Feind“ abzustempeln und einen Kampf zu beginnen, den man nicht gewinnen kann. Vielmehr muss man Wege finden, mit dem Unterbewusstsein in Kontakt zu treten und vorhandene Programmierungen oder Strategien zu verändern. Genau dafür ist die Tür-Meditation ein Werkzeug, das auf zweierlei Arten hilft.

Auf der einen Seite hilft diese Technik dabei, die wahre Einheit zu erleben und somit zuerst unbewusst zu verarbeiten und verstehen, um sie später, in weiteren Schritten, auch im Bewusstsein integrieren zu können.

Auf der anderen Seite ist diese Technik ein Werkzeug, das hilft, den Kontakt und die „Kommunikation“ mit dem Unbewussten überhaupt erst möglich zu machen. Das Unterbewusstsein denkt in Bildern, mit Hilfe der in der Tür-Meditation verwendeten Bilder können wir das Unbewusste erreichen, erforschen und sogar neu „programmieren“.

8.1.1.1 Anwendung der Tür-Meditation

Es gibt zwei verschiedene Möglichkeiten, mit dieser Technik zu arbeiten. Man kann diese Methode nutzen, um die Verbindung zeitweilig zu blockieren, oder aber auch für die direkte Kommunikation mit der Dualseele, zum Beispiel um Dinge zu klären, die auf irdischer Ebene gerade nicht möglich sind.

Im Coaching erlebe ich oft Menschen, die völlig verzweifelt, voller Verlustangst und mit dem Blockieren der Verbindung noch absolut überfordert sind – in diesem Fall rate ich mittlerweile eher zur zweiten Variante der Tür-Meditation.

Um mit der Meditation das erste Mal zu beginnen, rate ich, sich vorzubereiten und sich in einen entspannten, meditativen Zustand zu begeben. Zwei verschiedene Methoden, mit denen auch „Meditations-Anfänger" dies leicht erreichen können, findest du im Kapitel über Atemtechniken für die Meditation. Wenn du später bereits Übung in der Anwendung der Tür-Meditation hast, ist ein meditativer Zustand nicht mehr zwingend erforderlich.

Schließe nun deine Augen und visualisiere deinen „inneren Raum" – den „Herzraum". Wie dieser Raum aussieht, hängt stark von deinem individuellen Innenleben ab, es kann eine Höhle sein oder ein Zimmer, und auch die Art der Einrichtung ist individuell. Bei einigen ist es ein vollkommen leerer Raum, bei anderen mag der Raum an ein Wohnzimmer erinnern. In jedem Fall sind die Art, und das Aussehen deines Herzraumes, Metaphern für deinen „inneren" Zustand, dafür, wie es wirklich in dir aussieht.

Sieh dich zunächst in deinem Raum um, im Normalfall sollte dir bereits aufgefallen sein, dass es dort mindestens eine Tür gibt. Sollten mehrere Türen vorhanden sein, so führen sie zu verschiedenen, dir vermutlich nahestehenden Personen, du wirst aber instinktiv wissen, welche Tür zu deiner Dualseele führt. Manchmal kann es auch vorkommen, dass du keine Tür findest, in diesem Fall stelle sie dir einfach vor und sie wird erscheinen.

Normalerweise ist diese Tür weit geöffnet und dahinter ist ein Tunnel aus Licht erkennbar - auch die Farbe dieses Lichts variiert von Person zu Person. Eventuell kannst du sogar das Ende dieses Tunnels erkennen und siehst, dass sich dort eine weitere – offene oder geschlossene – Tür befindet.

Dieser Tunnel ist so etwas wie das metaphorische Äquivalent der Seelenverbindung zur Dualseele. Dies ist das Bild, mit dem dein Unterbewusstsein diese Verbindung zunächst begreift.

Viel später, wenn das eigentliche Ziel dieser Übung erreicht ist, wird sich dieses Bild verändern, der Tunnel und die Türen werden verschwinden und es wird nur noch ein einziger innerer Raum existieren, in dem sowohl du selbst, als auch deine Dualseele sich befinden.

Das wird genau dann geschehen, wenn dein Unterbewusstsein durch die Anwendung dieser Technik „begriffen" hat, dass es gar keine Verbindung geben kann, weil der „Andere" kein „Anderer" ist, sondern nur ein Teil deines Selbst, was sich durch das neue Bild von nur einem Raum spiegelt.

8.1.1.2 Variante 1 – Das Blockieren der Verbindung

Zunächst möchte ich kurz darauf eingehen, aus welchem Grund die Verbindung überhaupt blockiert werden sollte. Wie bereits weiter oben erwähnt, neigen wir Menschen dazu, unsere innere Suche nach außen, auf die Dualseele, zu projizieren.

Solange diese Verbindung „offen“ ist und wir alles, was in unserer vermeintlich anderen Hälfte vorgeht, spüren können, ist dies nur weiteres „Projektionsfutter“ für uns, das wir unbewusst immer dankbar annehmen.

Die Gefühle und Gedanken der anderen Hälfte zu spüren, ist eine willkommene Ablenkung davon, auf oder vielmehr *in* uns selbst zu schauen. Spüren wir zum Beispiel Sehnsucht von unserer anderen Hälfte, können wir uns ganz bequem darüber aufregen, warum der „Andere“ nichts tut, dieser Sehnsucht nachzugeben, statt nachzuforschen, was es mit unserer eigenen Sehnsucht auf sich hat, was ja wiederum mit einigen Unannehmlichkeiten verbunden wäre ...

Hinzu kommt ein weiterer Effekt der Verbindung, der sich sehr störend auf die Entwicklung auswirken kann, solange man mit sich selbst noch nicht im Reinen und sich der Einheit noch nicht bewusst ist.

Herrschen negative Gefühle, wie Schmerz oder Sehnsucht, vor, so wird dies auf *beiden* Seiten empfunden und wechselseitig verstärkt, man begibt sich so in eine endlose Abwärtsspirale negativer Gefühle und Gedanken, aus der ein Entkommen zunehmend schwieriger wird.

Deine Dualseele ist dein Spiegelbild, je mehr Selbstablehnung, Zweifel und Ängste also in dir sind, umso mehr wird dir das von der „anderen Seite“ gespiegelt, wodurch sich diese Gefühle in dir selbst wieder verstärken.

Deshalb kann es sehr hilfreich sein, den Spiegel mal für eine Weile zu „verdecken“, damit du daran arbeiten kannst, solche Gefühle aufzulösen, ohne dass du ständig wieder heruntergezogen wirst, weil du immer noch Anteile gespiegelt bekommst, die du noch nicht auflösen konntest.

Wenn du nun also die Verbindung blockieren möchtest, dann begebe dich in deinen inneren Raum und stelle dich vor die Tür, die in den Tunnel zu deiner Dualseele führt. Bleibe in *deinem* Raum und bei *deiner* Tür!

In der Vergangenheit haben viele die Meditation so verstanden, dass die Tür am anderen Ende des Tunnels, also die der Dualseele, geschlossen werden soll. Dies ist ein Missverständnis, was ich hier noch einmal betonen möchte.

Nun musst du *deine* Tür schließen. Sollte deine Dualseele sich in deinem Raum befinden, schick sie vorher zurück in ihren eigenen Raum. Es kann hier zu heftigen Auseinandersetzungen kommen, genauso ist es möglich, dass die Dualseele durch den Tunnel kommt, sobald du die Tür schließen willst.

Wenn du auf Widerstand beim Schließen der Tür stößt, überlege Dir, ob für dich die zweite Variante der Tür-Meditation zunächst nicht sinnvoller ist. Wenn deine Dualseele nämlich mit Angst reagiert, sobald du die Türe schließen willst, oder diese Entscheidung nicht akzeptiert wird, ist dies nur ein Spiegel deiner *eigenen* Angst, deine Dualseele durch das Schließen der Tür zu verlieren.

Das bedeutet, du bist vom wahren Verständnis der Einheit noch weit entfernt und der irdischen Illusion der Trennung noch stark angehaftet, weshalb eine sanftere Methode durchaus empfehlenswert sein kann.

Wenn du lieber mit dir selbst kämpfen möchtest, kannst du natürlich auch auf andere Maßnahmen zurückgreifen. Du kannst die Tür abschließen, verriegeln oder sogar zumauern, deiner eigenen Fantasie sind hier keinerlei Grenzen gesetzt.

Achte hier bitte genau auf deine Gefühle. Manchmal ist nur ein wenig Angst vorhanden und ein „deutlicheres“ Verschlie-ßen der Tür ist ausreichend. Solltest du aber feststellen, dass sie sich immer wieder öffnet, bist du noch nicht so weit. Gehe in diesem Fall bitte liebevoll und verständnisvoll mit dir selbst um, zwinge dich nicht weiter zum Verschließen der Tür, sondern versuche es mit Variante 2.

Funktioniert das Verschließen der Tür ohne große Probleme, wirst du sofort einen spürbaren Effekt erleben. Sämtliche negativen Gefühle, deretwegen du diese Technik überhaupt erst ausprobiert hast, werden enorm abgeflaut sein, teilweise können sie sogar fast vollständig verschwinden, je nachdem, wie weit du bereits in deiner persönlichen Entwicklung bist. Immerhin ist der „Verstärkungseffekt durch den Spiegel“ nun abgestellt, du fühlst jetzt gewissermaßen den Ausgangspunkt, an dem du emotional stehst.

Jetzt hast du die Gelegenheit, effektiv an dem zu arbeiten, was an negativen Gefühlen noch vorhanden ist, ohne abgelenkt zu werden. Ein weiterer positiver Effekt ist die Tatsache, dass du auf diese Art deinen Alltag auch wieder besser bewältigen kannst, weil deine Gedanken und Gefühle nicht mehr ständig um die Dualseele kreisen.

Überprüfe in der ersten Zeit bitte täglich, ob die Türe geschlossen bleibt, sonst geschieht es oft unbemerkt, dass sie sich wieder öffnet und du auf der Stelle trittst, ohne zu ahnen, warum.

8.1.1.3 Variante 2 – Das Erforschen der Verbindung

Diese Variante ist, wie bereits erwähnt, dann die richtige für dich, wenn du beim Schließen der Tür auf massiven Widerstand stößt, oder allein der Gedanke daran dir Angst macht. Hier geht es nicht darum, die Verbindung zu blockieren, sondern im Gegenteil, sie zu erforschen.

Wenn du dich also in deinem inneren Raum, vor der besagten Tür, befindest, schließt du sie nicht, sondern gehst hindurch. Geh durch den Tunnel und betrete den inneren Raum deiner Dualseele, die dort auf dich wartet.

Der Zustand deiner anderen Hälfte wird abhängig sein von ihrer jeweiligen Stimmung, das kann fröhlich, traurig oder auch wütend und aggressiv sein. Wichtig ist, dir bewusst zu machen, dass auch dies nur ein Spiegel deiner *eigenen* Gefühle und Gedanken ist.

Im Normalfall erwartet dich hier ein Zustand bedingungsloser Liebe, aber Ausnahmen bestätigen die Regel. Menschen, die unter starkem Selbsthass leiden, können dies hier durchaus auch sehr deutlich gespiegelt bekommen.

Du kannst jetzt auf dieser Ebene mit deiner Dualseele arbeiten, hier ist Raum für all deine Fragen, die der „andere“ auf irdischer Ebene nicht beantwortet, genauso wie für deine Gefühle, die auf irdischer Ebene nicht gelebt werden können. Manchmal genügt schon eine Umarmung, um sich besser, angenommener und verstandener zu fühlen und sich mit der anderen Hälfte auszusöhnen.

Ich möchte aber an dieser Stelle auch eine Warnung anbringen. Alles, was auf dieser Ebene geschieht, zeigt seine Auswirkungen auch auf irdischer Ebene. Wenn du dort mit deiner Dualseele sprichst, wird er diese Unterhaltung mitbekommen. Normalerweise wird er es für eine Art „gedankliches Selbstgespräch" halten, was es im Grunde ja sogar ist. Aber diese Erfahrung geht noch weiter, denn wenn du deine Dualseele hier berührst, spürt sie dies auch auf irdischer Ebene, überlege dir also bitte genau, wie weit du hier gehen solltest.

Nutze diese Variante der Tür-Meditation so lange, bis sich bei dir ein Gefühl für die seelische Einheit eingestellt hat, wodurch deine Angst, den „Anderen" verlieren zu können, sich auflösen wird.

Dann kannst du mit Variante 1 weiterarbeiten, falls dies noch notwendig sein sollte, denn oft kommt es auch bei Anwendung dieser Variante allein schon zur Auflösung des Bildes der getrennten Räume, wodurch der Zweck dieser Meditation bereits erfüllt ist.

Bei der Tür-Meditation geht es vor allem darum, die durch die Dualität entstandene Illusion der Trennung aufzulösen und die Einheit, die in Wahrheit herrscht, wieder erlebbar zu machen.

Allein über den Verstand kann man diesen Zustand nicht erreichen, da der Verstand dem Konzept der Dualität strikt unterworfen ist, wir müssen sozusagen einen „Umweg" über das Unterbewusstsein machen, um diese Einheit auch im Herzen „begreifen" zu können.

Wenn dieser Zustand endgültig erreicht ist, ist dies noch nicht das Ende des Weges, aber Vieles in deinem Empfinden und dem

Erleben deiner Realität wird sich verändert haben und du wirst auf deinem Weg zu dir selbst ein entscheidendes Stück weitergekommen sein.

Nun gilt es, erneut ein Gleichgewicht zu finden, zwischen beiden Hälften. Man könnte auch sagen, im Gleichgewicht zu bleiben, egal was in der anderen Hälfte gerade vor sich geht. Ein Gleichgewicht ist empfindlich, wie ein freihängendes Pendel, ein kleiner Luftzug reicht, und es beginnt wieder, zu schwingen und man beginnt wieder von vorne. Es gilt also, dauerhaft ein stabiles Gleichgewicht in sich selbst und zwischen beiden Hälften zu erreichen!

Stell dir einmal vor, ein Paar hat diesen Idealzustand erreicht, und zwar dauerhaft und stabil. Was würde die beiden noch aus der Ruhe bringen können? Wie würden sie reagieren, in Streitigkeiten mit anderen zum Beispiel, aus dem Ego? Wohl kaum ...

Könnten diese Beiden noch andere verurteilen? Könnten sie sich überhaupt noch auf eine Art und Weise verhalten, die anderen schadet? Wohl kaum ...

Stell sie dir als Paar vor, als *Einheit*, und stell dir im nächsten Atemzug vor, wie sie auf andere, nicht erwachte Menschen wirken, was sie in ihrer Umgebung auslösen würden – wie sie die Liebe in die Welt tragen würden.

Und zwar nicht nur die partnerschaftliche Liebe, auf die wir uns alle so gerne fokussieren – was auch wieder nur unserem Ego entspringt, sondern die Liebe für *alles, was ist*! Das Erfüllt sein von Liebe, Denken und Handeln nur aus diesem einen Beweggrund. Das ist das einzige, was diese Welt noch retten kann ...

Kommen wir nun noch zu den Tücken dieser Übung und den Fallen, in die wir alle gern hineintappen.

8.1.1.4 Ego-Falle Nr. 1 – "Meine Dualseele öffnet die Tür immer wieder!"

Ist es nicht komisch, dass wir *alle* so uneinsichtige Dualseelen haben, die die Tür einfach immer wieder öffnen, die einfach nicht akzeptieren können, dass es wichtig ist, die Tür zu schließen?

Immer wieder bekomme ich das zu hören, von fast allen. Irgendetwas stimmt da doch nicht ...

Es ist dein Ego, das dafür verantwortlich ist, wenn die Tür einfach nicht geschlossen bleiben will, deine innere Angst, den anderen dadurch zu verlieren, und mehr noch. Es war doch bisher eigentlich ganz schön so, den anderen immer zu fühlen, so war man nie auf sich allein gestellt, konnte die Verantwortung immer ein Stück weit abgeben.

Ich denke, du verstehst ganz gut, worauf ich hinaus will. Solange du nicht selbst davon überzeugt bist, dass die Tür geschlossen bleiben muss, kann deine Dualseele es auch nicht sein und es ist, als würdest du ein Schild an die Tür hängen, auf dem steht: „Bitte geöffnet halten!“

Es liegt in deiner eigenen Verantwortung, was mit der Tür geschieht. Wieder eine Lernaufgabe, die wir aber alle schon kennen, die *Eigenverantwortung* ...

8.1.1.5 Ego-Falle Nr. 2 – "Was macht er/sie wohl gerade?"

Auch das kenne ich von den meisten von euch, und es ist auch ganz natürlich, aber frage dich einmal, wieviel Sinn es macht, die Tür zu schließen, damit man zu sich selbst finden kann, gleichzeitig aber nur zu gucken, was der Andere gerade macht …

Stell dir bitte einmal folgendes Bild vor:

Du findest deine Dualseele und läufst ein Stück des Weges mit ihr gemeinsam. Plötzlich spaltet sich der Weg in zwei Wege auf, die parallel zueinander verlaufen. Beide sind aber so eng, dass nur einer darauf gehen kann. Ihr müsst Euch also trennen …

Du kannst nur darauf vertrauen, dass die Wege am Ende wieder zusammenführen, und das tun sie, du kannst es nur nicht sehen. Jetzt kommt noch etwas hinzu, beide Wege sind steinig und schwierig, voller Trittlöcher und Stolperfallen.

Wie kommt ihr nun am schnellsten an euer Ziel, an den Punkt, wo die Wege sich wieder vereinen?

Du hast zwei Möglichkeiten: Entweder, du konzentrierst dich auf deinen eigenen Weg, der schwierig genug ist, und kommst so schnellstmöglich ans Ziel, oder du guckst ständig, wie deine Dualseele vorankommt.

In diesem Fall musst du entweder stehenbleiben, oder du fällst auf die Nase, weil du nicht auf den Weg geachtet hast. Und deine Dualseele wird genauso aus ihrer Konzentration gerissen – weil sie ja spürt, dass du guckst –, dann guckt sie auch und fällt selbst auf die Nase.

Es liegt also an dir, wie schnell und mit wievielen Beulen und Kratzern ihr am Ziel ankommt!

8.1.1.6 Ego-Falle Nr. 3 – “Es fühlt sich plötzlich so oberflächlich an!”

Auch diese Aussage sollte dir bekannt vorkommen, auf meiner Webseite ist sie oft zu finden. Viele empfinden plötzlich eine Leere, wenn die Tür geschlossen und man auf sich selbst gestellt ist. Das bringt viele in die Zweifel, war er/sie wirklich meine Dualseele, habe ich mir das vielleicht nur eingebildet? Oder du reagierst wiederum mit Angst und gerätst in Ego-Falle Nr.1.

Beides ist nicht Sinn der Sache, frage dich lieber einmal, woher diese Leere kommt, und auch hier gibt es zwei Möglichkeiten:

1. Du hast Angst, dich mit dir selbst auseinanderzusetzen, Angst vor dem, was du da vielleicht finden könntest ... Also täuscht dein Ego dir diese Leere vor, damit du nicht zu genau hinschaust, wo nichts ist, muss man ja auch nicht hingucken ...
2. Es ist tatsächlich eine Leere in dir, eine Oberflächlichkeit, etwas, das gefüllt werden will! Du stehst noch am Anfang deines Weges und sollst dich auf diesem selbst finden, Vieles in deinem Leben wurde bisher falsch geprägt, Vieles verlief tatsächlich oberflächlich – wir leben in einer Welt der Oberflächlichkeit! –, das wird dir jetzt nur zum ersten Mal bewusst!

Hab keine Angst, hinzuschauen, es gibt nichts, wovor du dich fürchten müsstet. Der Blick in den Spiegel kann zwar manchmal schmerzhaft sein, aber wie sonst willst du erfahren, wer du wirklich bist?

Und wie willst du deine Dualseele finden, wenn du dich selbst nicht kennst, ist sie doch ein Teil von dir? Die Tür-Meditation existiert genau aus diesem Grund, damit du dich selbst finden und am Ende eine Überraschung erleben kannst ...

8.1.2 Die Fahrstuhl-Meditation

In dieser speziellen Meditation geht es vor allem um Fragen, auf die du keine Antwort findest. Du kannst diese Technik nutzen, um deine blinden Flecken zu erforschen, was besonders nützlich ist, wenn der Spiegel Dualseele einmal wieder völlig unklar vor dir erscheint.

Aber auch für jede andere Art Frage, die dich umtreibt und auf die du keine Antwort findest, kannst du diese Meditation nutzen, denn sie bringt dich in Kontakt mit deinem Unterbewusstsein, welches in ständigem Kontakt zum *morphogenetischem Feld*[43], auch bekannt als *Akasha-Chronik*[44], steht.

Dort ist jede Information, über alles was war, ist und sein wird, gespeichert. Alles, was du tun musst, um Antworten zu finden, ist, dich bewusst mit diesem Feld zu verbinden, die Fahrstuhl-Meditation ist also eine Technik, um im morphogenetischen Feld, oder der Akasha-Chronik, lesen zu können.

8.1.2.1 Vorbereitung

Beginne, indem du dich, wie bei jeder Meditation, zunächst entspannst. Schaffe dir einen Ort, an dem du ungestört bist, schließe jede mögliche Störung wie Telefonklingeln, Türklingeln oder Mitbewohner aus. Dunkle den Raum ab und wenn es dir hilft, lege Musik auf. Die Wahl der Musik liegt allein bei dir, es muss keine Meditationsmusik sein, alles, was sich in Bezug auf

---

43 Siehe: RuperSheldrake: *Das schöpferische Universum. Die Theorie des morphogenetischen Feldes*, Berlin 2010.

44 Siehe: Horst E. Miers: *Lexikon des Geheimwissens*, München 1993, S. 35.

deine Frage für dich richtig anfühlt, ist genau das, was du brauchst.

Lege dir außerdem etwas zu schreiben bereit, damit du im Anschluss das Erlebte detailliert aufschreiben kannst. Das ist wichtig, weil es sonst so schnell verblassen wird wie ein Traum.

Nun lege oder setze dich bequem und entspannt hin, schließe deine Augen und beginne, dich auf deine Atmung zu konzentrieren. Fühle in deinen Körper hinein, atme bewusst, spüre der Reise der Luft durch deinen Körper gezielt nach, so lange, bis sich Ruhe in dir ausbreitet. Nun kannst du mit der eigentlichen Meditation beginnen.

8.1.2.2 Die Meditation

Visualisiere, wie du in einem Hochhaus stehst, im 23. Stockwerk, vor der Tür eines Fahrstuhls. Die Tür öffnet sich, du gehst hinein und drückst auf den Knopf für das Erdgeschoss. Über der Fahrstuhltür, die sich jetzt schließt, befindet sich eine Anzeige, in welchem Stockwerk du dich befindest. Sie zeigt die 23 und wandert nun langsam hinunter auf die 22, dann 21, usw..

Verbinde in deiner Vorstellung jedes Stockwerk mit einem tiefen und gleichmäßigen Atemzug. Schau auf die Anzeige, lies die Zahl laut in Gedanken: 23 – einatmen – ausatmen – 22 – einatmen – ausatmen, etc..

Fahre auf die Art bis ins Erdgeschoss hinunter, wo sich die Fahrstuhltür wieder öffnet. Du befindest dich jetzt in einer großen Eingangshalle, direkt vor dir siehst du eine Treppe, die nach unten führt. Sie hat genau 23 Stufen, die du jetzt hinuntergehst.

Auch hier zählst du wieder rückwärts, während du die Stufen hinuntergehst. Eine Stufe gleich einmal zählen, einatmen, ausatmen. Unten angelangt, findest du dich in einem kleinen Raum mit einer Tür wieder, an der sich ein großer Türklopfer befindet. Ab hier beginnt die Meditation *immer*, eine Eigendynamik zu entwickeln, du musst deine Vorstellung nicht mehr steuern, alles läuft wie ein Film ab, in dem du die Hauptrolle spielst.

Du klopfst an die Tür und jemand wird dir öffnen. Es kann sich hierbei um völlig verschiedene Personen handeln, vielleicht ist es dein Krafttier, dein Geistführer, irgendein Mensch, Tier oder ein anderes, dir unbekanntes Wesen. Dieses Wesen wird dich fragen, wohin du möchtest, woraufhin du deine Frage stellen kannst.

Du wirst jetzt von dem Wesen aufgefordert, ihm zu folgen. Es führt dich durch einen langen Gang mit vielen Türen zu beiden Seiten, ein Ende des Ganges ist nicht in Sicht. Folge einfach, aber schau dir die Türen genau an. Irgendeine davon wird „dich rufen", du wirst ganz deutlich spüren: „Das ist meine Tür!" Wenn es so weit ist, lass deinen Begleiter einfach weiterlaufen und geh durch die Tür, denn hier erwartet dich die Antwort auf deine Frage.

Diese Antwort kann – genauso wie das Wesen, das dir die Tür öffnet und dich den Gang entlang führt – wieder verschiedenster Art sein. Möglicherweise triffst du hinter der Tür auf jemanden, mit dem du dich unterhalten kannst, vielleicht siehst du auch nur Bilder, wie einen Film, der vor dir abläuft.

Alles ist hier möglich!

Wichtig ist, dein Unterbewusstsein „denkt" in Bildern, in Metaphern, es ist also gut möglich, dass du keine klare, direkte Aussage bekommst, sondern eine metaphorische Botschaft, die es zu entschlüsseln gilt. Hier ist es wie auf der Traumebene, manchmal sind die Aussagen sehr klar und genauso gemeint, wie du sie erfährst, manchmal sind es aber auch nur Bilder – Symbole –, die entschlüsselt werden möchten.

Wenn du die Antwort auf deine Frage erhalten hast, wirst du von alleine „aufwachen“ wie aus einem Traum. Bevor du deine Augen wieder öffnest, gehe alles, was du erlebt hast, in Gedanken noch einmal durch. Öffne nun deine Augen und beginne damit, dein Erlebnis so detailliert wie möglich aufzuschreiben, damit dir keine wichtigen Details verlorengehen.

Oftmals ist es nämlich so, dass du direkt nach der Meditation noch nicht alles verstehst, was dir als Botschaft übermittelt wurde. Indem du es aufschreibst, kannst du immer wieder darauf zurückgreifen und damit arbeiten, bis die Botschaft dir völlig klar erscheint und deine Frage wirklich beantwortet ist.

8.1.3 Atemtechniken für die Meditation

Da ich immer wieder von meinen Klienten höre, dass sie Schwierigkeiten haben, zu meditieren, oder überhaupt in einen entspannten Zustand zu gelangen, möchte ich hier zwei verschiedene Techniken vorstellen, die sehr leicht zu erlernen und für jeden umsetzbar sind.

Die erste Methode habe ich selbst entwickelt, und nenne sie das „Meer der Stille“, sie ist besonders gut geeignet, wenn man meditieren oder einfach nur tief entspannen möchte.

Die zweite Methode basiert auf Techniken der Hypnose und ist besonders gut geeignet, wenn man einen tranceartigen Zustand erreichen möchte, in dem der Geist noch klar genug ist, um zum Beispiel eine Geistreise zu unternehmen oder mit der Tür- oder Fahrstuhl-Meditation zu arbeiten.

Beide sind leicht umzusetzen und helfen dabei, sehr schnell einen Zustand der Gedankenleere und Entspannung zu erzeugen.

Zu Beginn solltest du dir einen Ort suchen, an dem du absolut ungestört bist, sorge dafür, dass das Telefon und die Türklingel abgeschaltet sind, ziehe möglichst alle Stecker aus Geräten in dem betreffenden Raum – auch Elektrosmog kann sich sehr störend auf die Entspannung auswirken! –, und dunkle den Raum ab, aber nicht vollständig, ein dämmriges Halbdunkel ist genau richtig.

Wenn du Musik nicht als störend empfindest, solltest du halblaut eine Musik deiner Wahl anstellen. Dies muss nicht zwangsläufig Meditationsmusik sein, sondern alles, bei dem *du persönlich* gut entspannen kannst, ist erlaubt. Ich kenne sogar Leute, die zu Heavy-Metall-Musik meditieren, geht nicht gibts nicht – lass dich niemals durch irgendwelche Vorschrif-ten beschränken, sondern höre auf das, was deine innere Stimme dir sagt.

Begebe dich nun in eine bequeme Position auf Bett oder Couch, im Liegen entspannt man leichtesten, jedoch solltest du den Oberkörper etwas höher lagern, damit du nicht Gefahr läufst, einzuschlafen.

Nun kann die eigentliche „Arbeit" beginnen. Wenn es dir nicht auf Anhieb gelingt, keine Sorge, versuche nicht, irgend etwas zu erzwingen. Solche Techniken sind Übungssache und tiefe Entspannung erreicht der Eine leicht, dem Anderen fällt es sehr schwer, da gibt es keine Normen, wie schnell man es „draufhaben" sollte.

Noch ein kleiner Tipp, diese Techniken sind auch sehr hilfreich bei Einschlafschwierigkeiten...

8.1.3.1 Methode 1 – „Meer der Stille"

Atme anfangs ruhig und tief ein und aus, so lange, bis eine Grundentspannung besteht. Dann visualisiere, wie du auf dem Rücken im Meer treibst, um dich herum nur Wasser. Alles ist friedlich und das Wasser ist angenehm warm und trägt dich. Nun beginnst du.

Lass dich einfach unter Wasser sinken und nehme dabei einen tiefen ruhigen Atemzug – hab keine Angst, du kannst auch unter Wasser frei atmen –, dann mache eine kurze Atempause und sage dir in Gedanken:

„1 – Ich sinke langsam nach unten, bis auf den Grund meines Unterbewusstseins."

Dann der nächste, tiefe und ruhige Atemzug und wieder eine Atempause:

„2 – Ich sinke langsam nach unten, bis auf den Grund meines Unterbewusstseins.“

So zählst du immer weiter, immer einen Atemzug, dann Atempause und dabei eins weiter zählen, und dir selbst die Autosuggestion geben. Dabei visualisierst du gleichzeitig, wie du immer tiefer unter die Wasseroberfläche sinkst und es um dich herum immer dunkler wird.

Je tiefer du sinkst, umso weniger kannst du sehen, nur die Strahlen der Sonne unter Wasser nimmst du noch war. Wenn du bei 50 angekommen bist, wird es vollkommen dunkel um dich herum und du änderst die Autosuggestion:

„50 – Ich sinke langsam nach unten und nähere mich dem Grund meines Unterbewusstseins.“

Mache ganz langsam und ruhig weiter, ohne Hast. Fühle dich geborgen, dir kann nichts zustoßen, das Wasser ist warm und umschmeichelt deinen Körper, fühle es. Konzentriere dich nur aufs Atmen, Zählen und die Autosuggestion, wenn andere Gedanken aufkommen, beachte sie einfach nicht. Je tiefer du sinkst, umso mehr Ruhe kehrt in deine Gedanken ein.

Deine Atemzüge sollten zunehmend flacher werden, damit ist gemeint, dass du nicht mehr so tief atmen sollst, sondern so, dass sich deine Bauchdecke nicht mehr hebt und senkt. So, als würdest du versuchen, jemandem vorzuspielen, du wärest tot und würdest nicht mehr atmen.

Durch die veränderte Atmung nimmt das Gehirn weniger Sauerstoff auf, was wiederum von ganz alleine zu einem veränderten Bewusstseinszustand führt. Das Ganze soll aber nicht so weit gehen, dass man Atemnot bekommt, atme so flach wie möglich, ohne dabei ein beklemmendes Gefühl zu bekommen.

Wenn du bei Hundert angekommen bist, gebe dir die folgende Autosuggestion und atme wieder normal:

„100 – Ich befinde mich jetzt in einem tiefen meditativen Zustand, ich ruhe auf dem Grund meines Unterbewusstseins. Ich erreiche diesen Zustand jedesmal schneller und leichter!“

Jetzt solltest du dich in einem tranceartigen Zustand wiederfinden, in dem das Denken auch merklich schwerer fällt. Du kannst zwar noch denken, aber es ist seltsam schwer, einen klaren Gedanken zu fassen.

Lasse dich die ersten Male einfach treiben, genieße diesen Zustand der Schwerelosigkeit, Entspannung und der Freiheit vom ständigen Denken. Später, wenn du das bereits einige Male gemacht hast, kannst du anfangen, mit deinem Unterbewusstsein zu arbeiten, zum Beispiel indem du dich mit diversen Autosuggestionen neu programmierst, ähnlich wie in der Hypnose. Auch der Kontakt zum höheren Selbst ist in diesem Zustand leicht möglich.

Lass dich nach einer Weile einfach wieder nach oben tragen, beginne wieder, tiefer zu atmen und tauche langsam auf. Öffne nach dem Auftauchen nicht sofort die Augen, lass dir ein wenig Zeit, wieder in die „Realität“ zurückzukehren.

8.1.3.2 Methode 2 – „Vorbereitung für Geistreisen"

Atme anfangs ruhig und tief ein und aus, so lange, bis eine Grundentspannung besteht. Wenn du bereit bist, fange bitte an, mit geschlossenen Augen auf die Mitte deiner Stirn zu schielen – drittes Auge – und lege die Zunge an den Gaumen. Das hört sich merkwürdig an, ist aber sehr hilfreich.

Das Schielen aufs dritte Auge kommt aus der Hypnose und hilft dabei, in einen veränderten Bewusstseinszustand zu fallen. Die Sache mit der Zunge hat den einfachen Sinn, dass man etwas hat, worauf man sich konzentrieren muss, denn je tiefer man in die Entspannung geht, desto schwieriger wird es, die Position der Zunge – und auch die der Augen – beizubehalten.

So fällt man in einen bewusstseinsveränderten Zustand, gerät aber nicht in die Gefahr, einzuschlafen, der Geist bleibt etwas wacher als bei der ersten Methode. Deshalb nutze ich persönlich die erste Methode auch eher für die Meditation, und diese Methode eher, wenn ich nicht einfach in der Stille meditieren, sondern eine Geistreise unternehmen möchte. Wenn du diese Methode für die Meditation nutzen willst, kannst du den Teil mit den Augen und der Zunge auch einfach weglassen.

Dann beginnst du folgendermaßen zu atmen:

Atme immer dreimal hintereinander tief ein und aus, dann mache eine Pause. Mit jedem Atemzug zählst du rückwärts, beim ersten Atemzug zählst du 100, beim zweiten 99, beim dritten 98 – am schönsten geht es folgendermaßen: einatmen = hun, ausatmen = dert, einatmen = neunund, ausatmen = neunzig, usw. –, in der Atempause – nach jedem dritten Atemzug – gibst du dir die folgende Autosuggestion:

„Ich falle in eine tiefe Trance!"

Dies mache jetzt einfach, bis du bei Null angekommen bist. Je tiefer du sinkst, desto öfter kann es vorkommen, dass du nicht mehr weißt, wo du nach der Atempause weiterzählen musst. Lass dich davon nicht irritieren oder herausbringen, fange in diesem Fall nicht an, zu denken, sondern zähle einfach bei der Zahl weiter, die dir spontan einfällt.

Je öfter du diese Methode anwendest, umso schneller wirst du damit in den veränderten Bewusstseinszustand gelangen, irgendwann wird es reichen, bei 50 anzufangen.

Wenn du bei Null angekommen bist, gebe dir wieder die folgende Autosuggestion:

„Ich befinde mich jetzt in tiefer Trance, ich ruhe auf dem Grund meines Unterbewusstseins. Ich erreiche diesen Zustand jedesmal schneller und leichter!“

Von hier an gilt das Gleiche wie auch bei der ersten Methode. Lass dich die ersten Male einfach treiben und genieße diesen Zustand, lerne ihn kennen. Du kannst später, wenn du damit vertraut bist, anfangen, in diesem Zustand zu „arbeiten“, zum Beispiel eine Geistreise unternehmen, oder auf die gleiche Art wie bei der ersten Methode erwähnt.

Auch was die Art der Atmung angeht, gilt das Gleiche wie bei der ersten Methode, die Atemzüge sollten mit der Zeit immer flacher werden.

Nimm dir bitte auch hier genügend Zeit, um wieder in den „normalen“ Zustand zurückzukehren, beginne mit der Atmung, atme wieder tief und regelmäßig und werde dir langsam wieder deiner selbst bewusst, erst, wenn du deinen Körper wieder vollständig spüren und klar denken kannst, solltest du langsam die Augen öffnen. Bleibe noch eine Weile liegen, lass dir Zeit.

8.2 Spirituelles Wissen für den Weg der Dualseelen

8.2.1 Die Chakren und ihre Bedeutung

8.2.1.1 Der Weg der Ganzheit – Einswerdung

Da der Weg zur Einswerdung mit dem Weg der Kundalini-Energie durch die Chakren gleichzusetzen ist, möchte ich an dieser Stelle einmal ein paar grundsätzliche Dinge über diesen Weg erklären. Dafür ist es wichtig, zunächst auf den Begriff *Chakra* einzugehen, der aus dem Sanskrit stammt und über-setzt „Rad" bedeutet.

Die Chakren sind die Energiezentren unseres Körpers, vorstellbar wie runde Energiewirbel, die auf der feinstofflichen Ebene über unseren gesamten Körper verteilt sind und diesen mit Energie versorgen. Es gibt sieben Haupt-Chakren, die in den nachfolgenden Kapiteln ausführlich besprochen werden, sowie unzählige Neben-Chakren. Jedes Chakra hat seinen eigenen zugeordneten körperlichen und psychischen Bereich, den es steuert und mit Energie versorgt[45].

Alle Chakren sind miteinander verbunden, wird ein Chakra aktiviert, beginnt es, Energie weiterzuleiten – an die betroffene Körperregion genauso wie an das nächste Chakra. Das bedeutet, das nächste Chakra aktiviert sich dadurch ebenfalls, aber zunächst nur minimal.

---

[45] Wer Genaueres über die Chakren lesen möchte, findet hier Informationen:
Siehe: Cyndi Dale: *Der Energiekörper des Menschen. Handbuch der feinstofflichen Anatomie,* München 2012, S. 275-311.

Die neuen Energien ermöglichen uns etwas, das es in dieser Form bisher nicht gab, wir sind jetzt in der Lage, nachdem wir alle Chakren miteinander ausbalanciert haben, diese zu einem einzigen zu verschmelzen, mit dem Herz-Chakra als Zentrum. Über diesen Zustand habe ich in dem Kapitel „Der Weg in die Mitte“ schon geschrieben, dies ist die *chymische Hochzeit*, die Ehe zwischen Herz und Verstand.

Auf dem Weg dahin „kämpfen“ wir aber eine dauerhafte „Schlacht ums Gleichgewicht“, in sämtlichen Bereichen unseres Lebens. Wird zum Beispiel das Solarplexus-Chakra aktiviert, ist es natürlich zunächst nicht im Gleichgewicht, nehmen wir einmal an, es funktioniert zunächst in einer Überfunktion.

Es gibt natürlich schon Energie weiter an das nächste, das Herz-Chakra, nur eben viel zu viel Energie, sodass auch dieses Chakra in einer Überfunktion schwingt. Dies zieht sich wie eine Kettenreaktion nach oben weiter.

Bisher war es bei den meisten Menschen so, dass nur die zwei untersten Chakren – Überlebensinstinkt und Sexualität – wirklich aktiv waren, und das auch nicht ausbalanciert. Im selben Maße, wie die neuen Energien in der Zeit des sogenannten Aufstiegs die Erde erreichen, führt das bei vielen Menschen zu einer Art Erwachen. Dies geschieht, indem die Kundalini-Energie erwacht und ihren Aufstieg durch die Chakren beginnt.

Grundsätzlich kann man also sagen, sobald die Kundalini erwacht, werden automatisch alle Chakren aktiviert, weil eben ein Chakra die Energie an das nächste weitergibt, aber alle Chakren sitzen zunächst voll mit „verschmutzten Energien“, die man auch als Blockaden oder „geistig-emotionale Implantate“ bezeichnen kann. Darauf gehe ich gleich noch näher ein. Wichtig ist jetzt erst einmal Folgendes, solange ein Chakra nicht vollständig befreit ist von diesen „Implantaten“, kann es nicht im Gleichgewicht schwingen und bringt damit das ganze System durcheinander.

Du musst dir das System der Chakren als etwas sehr Empfindliches vorstellen, alles hängt miteinander zusammen, eine kleine Störung in nur einem Chakra beeinflusst auch sämtliche anderen Chakren.

8.2.1.2 Geistig-emotionale Implantate

Geistig emotionale Implantate sind die Energien, die unsere Chakren verunreinigen und somit blockieren. Es handelt sich dabei um Erfahrungen und die daraus resultierenden Denk-, Gefühls- und Verhaltensmuster, die du dir im Laufe des Lebens – und im Laufe deiner Vorleben – zugelegt hast.

Diese Implantate sind die Manifestation von Verletzungen, Enttäuschungen, Gewalt, Missbrauch und allen anderen Erfahrungen, die du jemals, seit Anbeginn der Zeit, gemacht hast.

Du musst alle diese Implantate finden, erkennen und mit der Wurzel beseitigen, sie also heilen, um die vollständige Balance erreichen zu können. Wenn du nun an eines dieser Implantate herangehst und es dir gelingt, dieses zu entfernen, verändert das natürlich die Schwingung im entsprechenden Chakra, was sich wiederum auf das gesamte Chakren-System auswirkt. Dies erklärt das viele hin- und herpendeln zwischen den Extremen, zwischen Über- und Unterfunktion in den einzelnen Chakren.

8.2.1.3 Chakrenreinigung

Abschließend noch ein Wort der Warnung. Es bringt überhaupt nichts, und meiner Meinung nach ist davon sogar dringend abzuraten, eine Chakrenreinigung durchzuführen, in der Hoffnung, damit hätte man diese Aufgabe gelöst.

Wenn du bedenkst, dass hinter jeder Blockade eine bestimmte Erfahrung steckt, die zunächst transformiert werden will, ist dies auch ganz logisch. Was passiert, ist Folgendes:

Du reißt alle Chakren mit Gewalt auf, und all die negativen Energien, die deine Chakren blockiert haben, entladen sich danach explosionsartig, was sich für dich und deine Umwelt extrem negativ auswirken wird. Die Ursachen sind damit aber nicht behoben, und anschließend gehen deine Chakren ganz schnell wieder in den Urzustand zurück.

Deshalb: Wenn du eine Chakrenreinigung machst, nimm dir maximal ein Chakra vor, schau welches Thema und welches Chakra jetzt bearbeitet werden darf und nimm bewusst wahr, was nach der Reinigung geschieht, was für Energien da zum Vorschein kommen. Denn nur in der bewussten Arbeit mit diesen Energien hast du die Chance, diese wirklich gezielt zu behandeln und zu heilen.

Notwendig ist so eine Chakrenreinigung meines Erachtens nicht und sie sollte – wenn überhaupt – nur durchgeführt werden, wenn du schon einen gewissen Bewusstseinsgrad erreicht hast, denn sonst wird sie dir mehr schaden als nützen. Es reicht vollkommen, dich deinen Lernaufgaben zu widmen, denn genau dies sind die Blockaden in deinen Chakren.

Noch ein wichtiger Hinweis zu den einzelnen Chakren-Meditationen, die nun folgen: Zwar kann jede dieser Übungen für sich alleine durchgeführt werden, jedoch solltest du darauf achten, dich nicht zu sehr auf *ein* Chakra zu konzentrieren und die anderen dabei zu vernachlässigen. Alle Chakren hängen zusammen und beeinflussen sich gegenseitig, daher ist es am sinnvollsten, immer alle Chakren-Meditationen oder Übungen zusammen, als ein Ganzes, zu machen.

Erst, wenn du einen Zustand erreicht hast, in dem deine Chakren bereits weitestgehend ausbalanciert sind, würde ich dazu raten, im Falle einer plötzlich auftretenden Störung eines bestimmten Chakras, nur eine Übung gezielt für dieses Chakra zu machen, und auch in diesem Falle höchstens ein bis zwei Mal.

8.2.1.4 Das Wurzel-Chakra – *Muladhara*

„Niemand darf seine Wurzeln vergessen. Sie sind Ursprung unseres Lebens.“ [46]

Muladhara ist Sanskrit und bedeutet übersetzt soviel wie Wurzel, Stütze oder Halt geben, was exakt die Funktion des ersten Chakras beschreibt. Die Position dieses Chakras finden wir zwischen den Genitalien und dem Anus, im Bereich des Damms, ungefähr in Höhe des Steißbeins. Es nimmt Energie von unten auf und gibt sie nach oben weiter in das nächste Chakra – das Sakral-Chakra.

Es ist Teil des feinstofflichen Körpers und mit einer eigenen Schicht der Aura verbunden, dem Ätherleib, dem wie dem Wurzel-Chakra die Farbe Rot zugeordnet ist. Jedem Chakra ist eine eigene Auraschicht in der entsprechenden Farbe zugeordnet, was bedeutet, dass die Aura gleichmäßig in den Farben der sieben Haupt-Chakren erstrahlt, wenn alle Chakren miteinander in Gleichgewicht und Harmonie schwin-gen. Dies entspricht den Farben des Regenbogens.

Im körperlichen Bereich versorgt das Wurzel-Chakra den Beckenraum und einen Teil der Verdauungsorgane – den Darm – mit Energie, außerdem die Wirbelsäule und das gesamte Knochengerüst, denn es ist für unsere Stabilität zuständig, weshalb auch die unteren Extremitäten – Beine und Füße – diesem Chakra zugeordnet sind.

Auch die Bildung von Zähnen, Nägeln und Blut wird von diesem Chakra gesteuert. Es steuert zudem die Funktion der Nebennieren, die für die Produktion von Stresshormonen – zum Beispiel Adrenalin – und die Regelung der Körpertemperatur

[46] Frederico Fellini

zuständig sind. Der dem Wurzel-Chakra zugeordnete Sinn ist der Geruchssinn.

Im psychischen Bereich steuert das Wurzel-Chakra den Überlebenstrieb und die Instinkte, ist dieses Chakra in Harmonie, vermittelt es Urvertrauen in das Leben sowie Stabilität und Durchsetzungsvermögen.

Es sorgt dafür, dass wir die Bodenhaftung behalten und nicht abheben. Menschen, die sich auf dem spirituellen Weg befinden und dazu neigen, zu sehr in den höheren Sphären zu verweilen, die das Gefühl haben, nicht auf diese Erde zu gehören, oder die kein Interesse mehr am irdischen Leben haben, leiden deshalb meist an einer Unterfunktion des Wurzelchakras.

Das Wurzelchakra ist zudem der Sitz der Kundalini-Energie, die hier schlummert, bis der Mensch erwacht und sich auf den spirituellen Weg macht. Wenn dies geschieht, erwacht auch die Kundalini-Energie und beginnt ihre Reise durch die Chakren, um sie zu öffnen, zu harmonisieren und miteinander zu verbinden.

Harmonisches, ausbalanciertes Wurzel-Chakra

Wenn dein Wurzel-Chakra geöffnet und in Balance ist, stehst du mit beiden Beinen fest im Leben. Du liebst das Leben und hast ein tiefsitzendes Vertrauen darin gefunden. Du fühlst dich energiegeladen, stark und in der Lage, alle auftretenden Schwierigkeiten zu meistern, du kannst dich durchsetzen und für dich selbst einstehen, mehr noch, du fühlst dich absolut wohl in deiner Haut. Ausdauer und Durchhaltevermögen zäh-len zu deinen Stärken.

Du hast eine gute und stabile gesundheitliche Konstitution, hast gesunde Zähne und Nägel, sowie eine ungestörte, gesunde Verdauung.

Unterfunktion des Wurzel-Chakras

Wenn dein Wurzel-Chakra blockiert ist und eine Unterfunktion aufweist, leidest du an Existenzängsten, Mangeldenken und Energielosigkeit. Das Leben kommt dir anstrengend vor und dir fehlt die Kraft, dich deinen täglichen Herausforderungen zu stellen. Dein Alltag ist geprägt von Misstrauen, Angst, Enttäuschung, Phobien und Depressionen.

Auf körperlicher Ebene hast du mit Erscheinungen wie Verstopfung und Darmerkrankungen zu kämpfen. Auch Rückenbeschwerden und vor allem Probleme mit dem Ischiasnerv plagen dich. Schmerzen und Störungen in den Beinen und Füßen, wie zum Beispiel Krämpfe und Störungen im Be-reich des Blutes – zu niedriger Blutdruck, Blutarmut, Krampfadern und Venenleiden – können bei dir auftreten.

Allergien sind ebenfalls ein Symptom eines blockierten Wurzel-Chakras, da Allergien in Zusammenhang mit der Funktion der Nebennieren stehen.

Überfunktion des Wurzel-Chakras

Wenn du an einer Überfunktion deines Wurzelchakras leidest, ist dieses zwar geöffnet, nimmt aber zuviel Energie auf, was sich dadurch ausdrückt, dass du unter anderem ein übertriebenes Sicherheitsdenken an den Tag legst.

Dein Denken, Handeln und Fühlen konzentriert sich allein auf das Irdische, dir geht es um die Anhäufung von Besitz, um irdische Genüsse wie Essen, Sex, Alkohol und vielleicht auch Drogen. Suchtthemen entstehen durch eine Überfunktion im Wurzelchakra.

Du willst alles festhalten, es fällt dir schwer lockerzulassen und überhaupt zu geben oder auch annehmen zu können. Nicht Loslassen können ist hier ein besonderes Thema, das sich auf körperlicher Ebene durch Übergewicht, Verstopfung und Bluthochdruck ausdrücken kann.

Du bist stark auf dich selbst und die Befriedigung deiner eigenen Bedürfnisse fokussiert, ein harmonisches Miteinander mit anderen ist nur bedingt möglich, da du ihre Bedürfnisse gar nicht, oder nur geringfügig wahrnehmen kannst und auch nicht willens und in der Lage bist, diese zu erfüllen.

Wirst du durch andere Menschen in eine Zwangslage gebracht, in der du von deinen starren Mustern und Verhaltensweisen abweichen musst, reagierst du mit Wut und Ärger, die in der Angst gründen, etwas verlieren zu können, zum Beispiel deinen Halt im Leben oder deine Sicherheit.

Hilfsmittel zur Aktivierung und Blockadenlösung im Wurzel-Chakra

Edelsteine:

Alle tiefroten Steine wie Rubin, Hämatit, Granat, rote Koralle, rotbrauner Achat

Farbe:

Rote Kleidung, Sonnenauf- oder Untergänge

Sport:

Alle körperlichen Aktivitäten wirken aktivierend, ausgleichend und unterstützend auf das Wurzel-Chakra. Dabei ist besonders Yoga – alle Übungen im Sitzen und Stehen – zu empfehlen, aber auch Spaziergänge in der Natur und Gartenarbeit – Kontakt mit der Erde – helfen.

Musik:

Das Wurzel-Chakra reagiert besonders auf rythmusbetonte, stampfende Musik, schamanische Trommeln sind besonders gut geeignet für die Arbeit mit diesem Chakra.

Heilpflanzen:

Mit Pflanzen kannst du in Form von Tees oder Räucherungen arbeiten. Die Schwingungen des Wurzel-Chakras werden besonders gut unterstützt durch Baldrian und Holunder, Lindenblüten, Vetiverwurzel, Rosmarin, Nelke, Ingwerwurzel, Zypressen- und Zedernholz.

Übung für das Wurzel-Chakra

Die folgende Übung kannst du morgens machen, wenn du dich bereits beim Aufstehen kraft- und energielos oder überfordert fühlst. Mache sie abends wenn du einen stressigen Tag hinter dir hast und es dir nicht mehr gelingt, den Kopf auszuschalten.

Natürlich kannst du sie jederzeit machen, wenn du von Angstgefühlen, Wut und Aggression überrannt wirst. Diese Übung dauert fünf bis zehn Minuten und kann praktisch überall durchgeführt werden.

Stell dich aufrecht hin, mach den Rücken gerade und spreize leicht die Beine, schließe deine Augen. Spüre, wie deine Füße fest mit der Erde verbunden sind – barfuß funktioniert diese Übung noch besser, ist aber kein Muss – und stelle dir nun vor, wie du draußen in der Natur stehst, auf einer grünen Wiese, und einen Sonnenuntergang beobachtest.

Alles um dich herum ist in die tiefrote Farbe des Sonnenuntergangs getaucht, atme diese Farbe tief in dich hinein, bis in dein Wurzel-Chakra, stelle dir vor, wie sie sich dort ansammelt, bis sie deinen ganzen Unterleib erfüllt. Ziehe beim Ausatmen die verunreinigte Energie aus diesem Bereich und atme sie aus.

Jetzt spürst du, wie aus deinem Wurzel-Chakra und deinen Füßen echte Wurzeln zu wachsen beginnen, die sich tief in die Erde graben und dir Halt und Stabilität verleihen. Spüre in diese Wurzeln hinein, in die Tiefe und Stille der Erde, nimm diese Stille in dich auf. Mache noch ein paar tiefe Atemzüge und komm langsam zurück, dann öffne deine Augen.

Nach dieser Übung solltest du dich ruhig, sicher und wieder geerdet fühlen.

8.2.1.5 Das Sakral- oder Sexual-Chakra – *Svadisthana*

„Liebe ist die Antwort, aber während man auf sie wartet, stellt der Sex ein paar ganz gute Fragen.“ [47]

Das Sakral-Chakra findest du einige Fingerbreit unterhalb deines Nabels, ungefähr auf Höhe des Kreuzbeins.

Im körperlichen Bereich versorgt es die Geschlechts- und Unterleibsorgane – Gebärmutter, Eierstöcke, Hoden, Nieren und Blase – mit Energie. Es ist zuständig für die Becken- und Kreuzbeinregion und reguliert den Blutkreislauf, sowie die Entgiftung des Körpers genauso wie die Drüsenfunktionen von Eierstöcken und Hoden. Es ist also das Zentrum der sexuellen Energie.

Die diesem Chakra zugehörige Auraschicht wird als Emotionalkörper bezeichnet und hat wie das Chakra selbst die Farbe Orange.

Im psychischen Bereich wird diesem Chakra das Element Wasser zugeordnet. Wasser ist auf diesem Planeten der Ursprung allen Lebens, gleichzeitig wird Wasser in der Astrologie und in der Traumdeutung mit Gefühlen assoziiert.

Auf psychischer Ebene steuert das Sakral-Chakra demnach die Sinnlichkeit, die Kreativität und das Selbstbewusstsein – dazu später noch mehr.

So entsteht die schöpferische Komponente des Sakralchakras, es geht dabei um die Entstehung von Leben genauso wie die Zeugung im ganzheitlichen Sinne. Kreative Prozesse sind

[47] Woody Allen

ebenfalls Prozesse der Zeugung oder Schöpfung, über die wir uns gleichzeitig selbst zum Ausdruck bringen.

Wasser hat zudem eine reinigende Wirkung, es spült Verunreinigungen fort, weshalb dieses Chakra auch für die Entgiftung des Körpers über Nieren und Harnwege zuständig ist.

8.2.1.5.1 Warum Sakral-Chakra und Herz-Chakra besonders wichtig für Dualseelen sind

Svadisthana – der Sanskrit-Name des Sakral-Chakras – bedeutet übersetzt soviel wie „Sitz des Selbst", was vom europäischen Verständnis her sicher zunächst Fragen aufwirft. Wie kann das Chakra, das hauptsächlich für die Sexualität zuständig ist, der Sitz des Selbst sein?

Dazu muss man sich ins Gedächtnis rufen, dass die Chakren-Lehre aus Indien stammt und dort eine etwas andere Weltanschauung herrscht.

In der fernöstlichen Philosophie sitzt das Selbst dort, wo es entsteht. Man kann die Bezeichnung „Sitz des Selbst" allerdings auch wortwörtlich auf das Ego beziehen, denn der Begriff Ego stammt aus dem Lateinischen und bedeutet „Selbst". Wir haben ja bereits im Kaptiel über die Selbstliebe festgestellt, dass es sich dabei um das *falsche Selbst*, die *Illusion*, handelt, und nicht um das wahre, das sogenannte „höhere Selbst" – unser Verständnis von dem was wir sind, bevor wir erwachen und die höheren Chakren aktiviert sind.

Deshalb ist dieses Chakra, in Zusammenarbeit mit dem Herz-Chakra, so etwas wie der wichtigste Schlüssel auf dem Weg der Dualseelen, denn über dieses Chakra erfährst du die Einheit, über die Verschmelzung beim sexuellen Akt. Über das Sakral-

und das Herz-Chakra kannst du im Augenblick der sexuellen Vereinigung die Verschmelzung fühlen und bist so in der Lage, das Ego Schritt für Schritt aufzulösen.

Das ist der Grund, warum der Sex zu Beginn zwischen Dualseelen eine ungeheure Wichtigkeit hat, mit zunehmender Zeit aber nicht nur an Wichtigkeit verliert, sondern ab einem gewissen Grad sogar hinderlich ist. Wie im Kapitel über die *platonische Liebe* bereits erklärt, sollte Sex nur der Startimpuls sein, der die Dualseelen auf den Weg bringt. Genau deswegen sind Dualseelen in den meisten Fällen zu Beginn sehr schnell als Paar zusammen, trennen sich aber auch genauso schnell wieder und Sex mit anderen Partnern verliert den Reiz, weshalb die meisten Dualseelen einen sexfreien Weg gehen.

Je mehr du nämlich auch dein Herz-Chakra aktivierst und Sakral- und Herz-Chakra im Einklang miteinander funktionieren, desto mehr spürst du die Einheit mit der Dualseele – *jederzeit* – auch ohne Sex. Der Sex ist der Weg dahin, der Schlüssel für die Tür des Herzens.

Sobald du die Einheit dauerhaft spürst, ist Sex nicht mehr wichtig, sondern nur so etwas wie der Zuckerkringel auf dem Kuchen, ein netter Zusatz eben. Aber im Vordergrund steht dann einfach nur das Zusammensein mit deiner anderen Hälfte.

Harmonische Funktion des Sakral-Chakras

Wenn dein Sakral-Chakra geöffnet und ausbalanciert ist, spürst du den Fluss des Lebens in jeder Zelle deines Körpers und kannst dich ihm vertrauensvoll öffnen. Der Umgang mit dem anderen Geschlecht fällt dir leicht und geht dir natürlich von der Hand.

Du hast eine ausgeprägte kreative Ader, die sich auf die unterschiedlichsten Arten zum Ausdruck bringt, zum Beispiel Malen, Schreiben, künstlerische oder handwerkliche Betätigung, Musik machen, etc..

Sexualität ist für dich ein natürlicher Teil des Lebens, du bist weder darauf fixiert, noch hast du das Gefühl, dass dir in diesem Bereich etwas fehlt.

Auf körperlicher Ebene hast du – als Frau – einen gesunden und regelmäßigen Zyklus und deine sexuellen Empfindungen bewegen sich auf einem gesunden Niveau, du empfindest also weder zuviel Lust, noch gar keine. Deine Nieren und Harnwege funktionieren einwandfrei und ohne Störungen.

Unterfunktion des Sakral-Chakras

Wenn dein Sakral-Chakra blockiert ist, so ist dies oftmals schon seit der Kindheit der Fall. Entweder bist du bereits mit einer gestörten Beziehung zur Sexualität aufgewachsen und hast dich diesem Bereich des Lebens verschlossen, was dazu führt, dass du heute mit sexuellem Desinteresse, Lustlosigkeit am Leben und an der Sexualität, sowie mangelndem Selbstwertgefühl zu kämpfen hast. Oder du gehörst zu den Menschen, die in der Kindheit bereits sexuelle Gewalt – in Form von Missbrauch – erfahren haben, was dazu geführt hat, dass du aus Angst dieses Chakra schon früh verschlossen hast.

Was es auch ist, anfangen musst du beim Wurzel-Chakra, um zunächst wieder Vertrauen in das Leben zu finden, erst dann bist du auch frei, dein Sakral-Chakra wieder zu öffnen.

Auf körperlicher Ebene neigst du bei einer starken Unterfunktion zur Bildung von Harn- und Nierensteinen, die einen Harnstau zur Folge haben können.

Dein Zyklus setzt möglicherweise oft aus, deine Blutungen treten zu selten auf und vielleicht hast du Schwierigkeiten, schwanger zu werden. Auch starke Krämpfe während der Menstruation sprechen für eine Unterfunktion des Sakral-Chakras.

Überfunktion des Sakral-Chakras

Du hast eine gestörte Beziehung zum anderen Geschlecht, Sinnlichkeit zu leben ist für dich schier unmöglich, deine Sexualität nimmt sehr grobe Züge an. Du tendierst zu gesteigertem Verlangen, dies kann sich sogar in einer Sexsucht ausdrücken. Dein kreatives Potential kannst du einzig über die Sexualität ausleben, ohne allerdings die gebende und nehmende Qualität leben zu können. Es geht dir vorrangig um deine eigene Befriedigung.

Auf körperlicher Ebene neigst du zu starkem Harndrang bis hin zu häufigen Blasenentzündungen, genauso wie zu Dauerblutungen und einem völlig gestörten Menstruations-zyklus.

Hilfsmittel zur Aktivierung und Blockadenlösung im Sakral-Chakra

Edelsteine:

Alle orangen bis braunen Steine wie Karneol, Mondstein, Goldtopas und Hyazinth regen das Sakral-Chakra an.

Farbe:

Alles, was orange ist, regt das Sakral-Chakra an.

Musik:

Das Sakral-Chakra wird besonders durch fließende Musik angeregt, hierfür eignet sich ruhige und harmonische Tanzmusik genauso gut wie Meditationsmusik.

Heilpflanzen:

Die Schwingungen des Sakral-Chakras werden besonders gut unterstützt durch Brennnessel, Schafgarbe und Petersilie. Dabei ist es interessant zu wissen, dass Petersilie eine leicht aphrodisierende Wirkung hat, weshalb im Mittelalter die Rotlichtviertel häufig Namen wie „Petersiliengasse“[48] hatten. In einigen Altstädten existieren diese Straßennamen noch heute.

---

[48] Dido Nitz: *Kräuterzauber*, München 2012,. S. 65.

Übung für das Sakral-Chakra

Zur Unterstützung dieser Übung solltest du leise eine für das Sakral-Chakra passende Musik anmachen. Lege dich entspannt hin, schließe deine Augen und beginne zunächst, dich auf deine Atmung zu konzentrieren. Atme tief und gleichmäßig, bis du innerlich ruhig geworden bist.

Stelle dir nun vor, wie du einen nächtlichen Spaziergang machst. Du befindest dich auf dem Gipfel eines Berges oder Hügels, der volle Mond steht am Himmel und leuchtet in einem orangenen Schein, neben dir plätschert friedlich ein klarer Bach. Du setzt dich an das Bachufer und siehst, wie der Mond sich im Wasser spiegelt und sein Licht das Wasser orange färbt.

Nun atmest du diese Farbe tief in dich hinein – wie schon bei der letzten Übung –, bis in dein Sakral-Chakra. Beim Ausat-men bringst du alle Verunreinigungen mit hinaus, mache dies so lange, bis die Gegend unter deinem Nabel in einem leuchtenden Orange erstrahlt.

Verweile dort noch ein wenig, genieße die Stille, das Plätschern des Bachs und den Mondschein, dann komme langsam wieder zurück und öffne deine Augen.

8.2.1.6 Das Solarplexus-Chakra – *Manipura*

„Leben, das ist das Allerseltenste in der Welt – die meisten Menschen existieren nur.“[49]

Manipura bedeutet übersetzt soviel wie „Das Juwel in der Stadt“, was zunächst unverständlich klingen mag. Mit dem Juwel ist der Glanz dieser feurigen Energie gemeint, die Stadt ist ein Symbol für den Körper. Der Name drückt also aus, dass dieses Chakra der Sitz der Lebensenergie ist. Die zugeordnete Auraschicht ist der Mentalkörper, dem wie dem Chakra selbst die Farbe Gelb zugeordnet ist. Ein sonniges, kräftiges Gelb, als Symbol für das Element Feuer.

Im körperlichen Bereich ist dieses Chakra der Speicher für die Lebensenergie. Es versorgt den Magen, Dünndarm, Leber, Milz und Gallenblase und steuert zudem das vegetative Nervensystem. Außerdem hat es eine Verbindung zur Bauchspeicheldrüse und ist somit auch für die Produktion von Insulin zuständig.

Im psychischen Bereich ist es zuständig für die Verarbeitung von Gefühlen und die Ausbildung der Persönlichkeit, wodurch es eine wichtige Vermittlerfunktion zwischen Sakral- und Herz-Chakra übernimmt. Denn im Sakral-Chakra – *Svadisthana* – Sitz des Ego – entsteht das Ego, im Herz-Chakra hingegen beginnt seine Auflösung um das höhere Bewusstsein aktivieren zu können.

Das Solarplexus-Chakra ist somit der Ort, an dem das Ego die Möglichkeit eines positiven Wachstums bekommt, sodass ein Erkennen desselben als Illusion überhaupt erst möglich wird.

---

[49] Oscar Wilde

Gefühle wie „Schmetterlinge im Bauch“ oder dieses unangenehme Kribbeln, das dich vor Dingen warnt, haben ihren Ursprung hier, im Solarplexus-Chakra.

Hier entsteht deine Willenskraft, deine eigene Macht und die Fähigkeit zur Selbstkontrolle, gleichzeitig ist dieses Chakra der Sitz der Intuition. Wie du siehst, sind es widersprüchliche Themen, die dieses Chakra steuert, womit klar wird, dass es auch der Sitz der eigenen Balance ist. Denn auch wenn diesem Chakra die männliche Energie zugeordnet wird, so steuert es gleichzeitig auch Themen der weiblichen Energie, wie eben die Intuition und Gefühle. Wenn hier also Balance herrscht, ist dies der Schlüssel zur höheren Balance, in der alle Chakren miteinander in Harmonie schwingen.

Harmonische Funktion des Solarplexus-Chakras

Wenn dein Solarplexus-Chakra geöffnet und ausbalanciert ist, bist du im Frieden mit dir selbst und deiner Stellung im Leben. Du spürst eine starke innere Harmonie und akzeptierst dich selbst in allen Aspekten deines Seins. Es fällt dir leicht, andere genauso anzunehmen, wie sie sind, ohne zu bewerten oder etwas an ihnen ändern zu wollen. Zudem hast du eine ausgeprägte Intuition, dein Bauchgefühl ist dein sicherster Wegweiser und trügt dich nie.

Du hast einen positiven Umgang mit allen Erfahrungen des Lebens, auch den negativen. Dein Fokus liegt hierbei darauf, für dich zu erkennen, welche Lernaufgabe die Erfahrung beinhaltet um somit wachsen und der eigenen Ganzheit wieder ein Stück näher kommen zu können. Deshalb gibt es für dich keine negativen Erfahrungen, sondern nur Erfahrungen, die dich auf die eine oder andere Art weiterbringen.

Du bist ein Quell des Lichts, dich umgibt ein starker, schützender Lichtmantel, den andere durchaus wahrnehmen, zwar nicht optisch, aber du wirkst auf andere enorm erhebend. Genau das tust du auch: Überall, wo du hinkommst, hebst du die Energien an, überträgst dein Licht auf alles um dich herum. Deshalb geschieht dir auch kaum noch Böses, weil gemäß dem Gesetz der Resonanz Gleiches einander anzieht und Licht somit keine Dunkelheit anziehen kann.

Unterfunktion des Solarplexus-Chakras

Wenn dein Solarplexus-Chakra blockiert ist, fühlst du dich schwach, antriebslos und mutlos. Du hast kaum die Energie für die nötigsten Aufgaben des Tages. Du bist oft traurig und fühlst dich wie in einer Sackgasse, es scheint einfach keinen Weg für dich ans Licht zu geben. So stehen der Erfüllung deiner Wünsche scheinbar überall Dinge im Weg, die dir als absolut unauslöschlich erscheinen.

Du neigst zu Nervosität und Unsicherheit. Neue Situationen machen dir große Angst, weshalb du ein Mensch bist, der starr an eingefahren Mustern und Abläufen festhält. Wenn du mit Herausforderungen oder neuen Situationen konfrontiert bist, neigst du zu Migräne und Bauchschmerzen.

Zu deiner Intuition hast du gar keinen, oder nur einen sehr schwachen Zugang, kannst aber überhaupt nicht darauf vertrauen. Eigentlich gibt es gar nichts, auf dass du wirklich vertraust, außer auf die Tatsache, dass das Leben es nicht gut mit dir meint und dass du nicht gut genug bist, um ein erfülltes Leben führen zu können.

Überfunktion des Solarplexus-Chakras

Wenn dein Solarplexus-Chakra zuviel Energie aufnimmt und weitergibt, bist du ein absoluter Kontrollmensch. Loslassen, Vertrauen, die Kontrolle abgeben, das geht für dich gar nicht. Alles und jeder muss sich deinem Willen unterordnen. Dies drückt sich gerne in Zwangsneurosen aus, die mehr oder weniger stark ausgeprägt sein können.

Du hast dein Leben absolut durchstrukturiert und weichst auf keinen Fall von deiner Struktur, die dir Halt und Sicherheit gibt, ab. Alles, was sich deiner Kontrolle entzieht, streichst du rigoros aus deinem Leben, weil es dir ein Gefühl der Angst und Unsicherheit vermittelt.

Zudem hast du ein übergroßes Bedürfnis nach Anerkennung, das dich ruhelos macht, weshalb du einen starken Tatendrang hast. Du ruhst nur selten und überflügelst dich in deinen Leistungen oft selbst, dabei geht es dir aber nicht darum, deine Persönlichkeit frei zu entfalten und zum Ausdruck zu bringen, sondern einzig darum, von außen Anerkennung zu bekommen. Wird dir diese Anerkennung vorenthalten, reagierst du mit der Wut all deiner aufgestauten Emotionen, fast wie ein Vulkan.

Wenn du ein Mensch bist, der lange schluckt und nicht sagt, was ihn stört, dann aber völlig ohne Vorwarnung mit verheerenden Folgen explodiert, leidest du an einer Überfunktion des Solarplexus-Chakras.

Hilfsmittel zur Aktivierung und Blockadenlösung im Solarplexus-Chakra

Edelsteine:

Alle gelben Steine wie Tigerauge, Bernstein, Edeltopas und gelber Jaspis helfen, die Energien des Solarplexus-Chakras auszubalancieren.

Farbe:

Ein sonniges, kräftiges Gelb, aber auch Rot- und Orangetöne regen dieses Chakra an.

Musik:

Für das Solarplexus-Chakra eigenen sich feurige, kräftige Rythmen wie zum Beispiel Orchestermusik. Der Soundtrack zum Film *Inception* – von Hans Zimmer – wäre ein gutes Beispiel für die passende Musik, um dieses Chakra anzuregen.

Heilpflanzen:

Die Schwingungen des Solarplexus-Chakras werden besonders gut unterstützt durch Fenchel, Kamille und Wacholder. Aber auch Ringelblumenblüten – die energetisch als Lichtträger gelten – sollten hier nicht fehlen.

Übung für das Solarplexus-Chakra

Sorge dafür, dass du einen Raum mit Platz für dich alleine hast und ungestört bist, dann lege eine passende Musik auf – siehe Hilfsmittel zur Aktivierung und Blockadenlösung – und beginne, zu tanzen. Lass einfach zu, dass dein Körper sich im Takt zur Musik bewegt, hier geht es nicht darum, wie dein Tanz aussieht. Schließe deine Augen und stell dir vor, dass du um ein großes Feuer herumtanzt.

Wirbel dich zunächst im Kreis um dieses Feuer herum, bis du merkst, dass sich das, was du gerade tust, gut für dich anfühlt. Dann tanze in das Feuer hinein und stell dich in das Zentrum. Werde nun still, stelle dich aufrecht und gerade hin, Arme an den Körper gelegt, mach dich so gerade, wie es geht.

Atme nun das Feuer in dich hinein, bis in dein Solarplexus-Chakra. Konzentriere dich dabei besonders auf die gelben Farbtöne des Feuers. Beim Ausatmen ziehst du alle negativen Energien mit hinaus und atmest sie in das Feuer aus, damit sie dort von den Flammen verzehrt werden können. Fühle, wie das Feuer, das du in deinen Bauch hineinatmest, dich von innen ausfüllt und deinen ganzen Bauchraum mit Wärme und Energie anfüllt.

Mache dies ein paar Atemzüge lang, dann geh aus dem Feuer hinaus, lockere deinen Körper und komme langsam zur Ruhe. Mache noch ein paar tiefe Atemzüge, dann öffne deine Augen.

8.2.1.7 Das Herz-Chakra – *Anahata*

„Man sieht nur mit dem Herzen gut, das Wesentliche ist für die Augen unsichtbar.“[50]

Das Herz-Chakra findest auf der Höhe des anatomischen Herzens, in der Mitte des Brustkorbs. Die diesem Chakra zugehörige Auraschicht ist der Astralleib und die diesem Chakra zugeordneten Farben sind Grün und Rosa.

Der Name *Anahata* bedeutet frei übersetzt soviel wie „Reinheit“ oder „Unverletzlichkeit“, womit die reine, bedingungslose und vor allem unzerstörbare Liebe gemeint ist, die das Hauptthema dieses Chakras ist.

Das Herz-Chakra ist das mittlere Chakra, das alle Chakren miteinander verbindet, es ist gewissermaßen unser Zentrum. Dies wird auch im Symbol für dieses Chakra – dem Sechseck – sehr schön ausgedrückt, wie die drei unteren, physisch-emotionalen Zentren mit den drei oberen, geistig-spirituellen Zentren durch die Mitte – das Herz-Chakra – miteinander verbunden sind.

Im körperlichen Bereich ist das Herzchakra eng mit der Thymusdrüse verbunden, die das Lymphsystem, das Immunsystem und das Wachstum reguliert. Außerdem versorgt es das Herz, den unteren Lungenbereich, den oberen Rücken und Brustkorb sowie die Haut mit Energie. Auch Blut und Blutkreislauf werden teilweise von diesem Chakra reguliert.

Im psychischen Bereich geht es um die bedingungslose, überpersönliche Liebe. In diesem Chakra ist die Überwindung des Egos möglich, indem wir uns für diese Liebe öffnen und

---

[50] Antoine de Saint-Exupery

dadurch in der Lage sind, Mitgefühl zu entwickeln, genauso wie uns selbst zurückzustellen.

Das Herz-Chakra ist auch aktiv, wenn wir die Schöhnheit der Natur wahrnehmen, genauso wie beim Genuss der Künste und Musik. Es befähigt uns überhaupt erst zu dieser Wahrnehmung und der Erschaffung von Kunst und Musik, denn Bilder, Worte und Klänge werden im Herz-Chakra in Gefühle umgewandelt. Im Herz-Chakra beginnt die wahre, bedingungslose Hingabe an das Sein, indem wir uns der reinen, universellen Liebe voll und ganz öffnen.

Harmonische Funktion des Herz-Chakras

Wenn dein Herz-Chakra geöffnet und ausbalanciert ist, bist du ein Kanal der göttlichen Liebe. Du bist durchdrungen davon, getragen von einem immerwährenden Frieden und innerer Glückseligkeit. Es gibt keine inneren Konflikte mehr in dir, du urteilst nicht, weder über andere, noch über dich selbst, sondern bist in der Lage, den göttlichen Plan und die Tatsache, dass alles, so wie es ist, genau richtig ist, in allem was dir begegnet, zu erkennen.

Mitgefühl ist Teil deines Wesens, aber nicht im Sinne von Mitleiden, sondern indem du dich mit den Herzen anderer verbinden und sie dadurch ein Stück weit heilen kannst. Du siehst in jedem Wesen nichts als die göttliche Liebe, die alles durchdringt.

Auf andere wirkst du mit deiner Herzenswärme und inneren Freude wie ein strahlender Stern, der Wärme, Geborgenheit und Verständnis schenkt. Du schwingst auf einem hohen Niveau und hebst deine Umgebung permanent an, in deiner Nähe gibt es kaum die Möglichkeit zur Disharmonie.

Hier wird nochmals deutlich, dass sich für die Gefühle zur Dualseele zu öffnen noch lange nicht gleichbedeutend mit einem wahrhaftig geöffneten Herzen ist.

All deine negativen Gefühle bezüglich der Liebe, Schmerz, Sehnsucht, Eifersucht entstehen zwar hier, existieren aber nur so lange, wie dieses Chakra eben nicht harmonisch funktioniert, diese Gefühle sind wie ein vergifteter Ausdruck der wahren Liebe in deinem Herzen.

Unterfunktion des Herz-Chakras

Wenn dein Herz-Chakra blockiert ist und nicht ausreichend Energie aufnimmt und weitergibt, bist du ein leicht zu verletzender Mensch – nicht zu verwechseln mit Sensibilität! – und du bist stark abhängig davon, von anderen geliebt oder gemocht zu werden.

Zurückweisung kannst du nicht ertragen, und solltest du einmal mutig genug sein, um dein Herz ein Stück weit zu öffnen, und dann Zurückweisung erfahren, ist das für dich wie ein Schlag in die Magengrube. Danach ziehst du dich für lange Zeit in dich selbst zurück, verschließt dich noch mehr und verlierst dein Vertrauen in die Liebe völlig. Du leidest unter Traurigkeit und Verbitterung, deine Angst vor Verletzungen ist größer als alles Andere. Ist dein Herz-Chakra ganz verschlossen, bist du kaltherzig und absolut emotionslos.

Überfunktion des Herz-Chakras

Wenn dein Herz-Chakra überaktiv ist, bist du entweder ein Mensch, der übermäßig Liebe gibt, sich aber nicht bewusst ist, dass er dies nicht um der reinen Liebe Willen tut, sondern aus dem Wunsch nach Anerkennung. Oder du kannst zwar Liebe geben, dafür aber gar nicht oder nur sehr schwer annehmen. Auch in diesem Fall ist dir nicht bewusst, dass du hier nicht aus der Reinheit des Herzens handelst, sondern noch stark von den Ängsten deines Egos gesteuert wirst.

Hilfsmittel zur Aktivierung und Blockadenlösung im Herz-Chakra

Edelsteine:

Alle grünen und rosafarbenen Steine wie Kunzit, Smaragd, grüne Jade, Rosenquarz und rosaroter Turmalin helfen, die Energien des Herz-Chakras auszubalancieren. Der Wassermelonenturmalin ist ein besonders guter Herzöffner, da er beide Farben in sich trägt.

Farbe:

Grün und Rosa. Grün steht hierbei für Heilung, Harmonie und Sympathie, Rosa ist die Farbe der reinen, hingebungsvollen, göttlichen Liebe.

Musik:

Klassische Musik, sakrale Musik östlicher und westlicher Traditionen, New-Age-Musik

Heilpflanzen:

Die Schwingungen des Herz-Chakras werden besonders gut unterstützt durch Rose, Weißdorn, Thymian und Melisse.

Übung für das Herz-Chakra

Dieses Mal gibt es eine praktische Übung statt einer Meditation, wobei du diese Übung immer auch als Geistreise durchführen kannst, was sich vor allem im Winter empfiehlt.

Gehe in der Natur Spazieren und nehme das Grün der Bäume und Pflanzen bewusst in dich auf. Bewundere die Schönheit der Blüten um dich herum, besonders, wenn du rosafarbene Blüten findest, die Farben Grün und Rosa sind Seelenbalsam, Nahrung für dein Herz.

Mache deine Spaziergänge bei Sonnenauf- oder Untergang, wenn auch der Himmel in ein zartes Rosa getaucht ist. Atme die Farben Grün und Rosa, die du in der Natur vorfindest, bewusst in dich hinein, öffne dich für die bewusste Wahrnehmung der Schönheit um dich herum. Erfreue dich an dem vielfältigen Leben draußen in der Natur, den Vögeln, Insekten, Tieren und Pflanzen. Es gibt keinen besseren Herzöffner als die Natur selbst!

8.2.1.7.1 Herz öffnen

Wenn man sagt, „das Herz ist geöffnet", so ist damit gemeint, dass das *Herz-Chakra* geöffnet ist. Die Chakren sind die Energiezentren unseres Körpers, jedes Chakra versorgt eine bestimmte Körperregion mit Energie. Die Energie fließt dabei von unten nach oben durch die Chakren und den Körper.

Erst, wenn alle Chakren geöffnet sind, entsteht ein Energiefluss in beide Richtungen – die Erdenergie, die von unten nach oben durch den Körper fließt, und die kosmische Energie, die von oben nach unten durch den Körper fließt –, beide Energieströme bilden in diesem Fall einen Kreislauf.

Bevor wir diesen Zustand erreichen, müssen aber erst *alle* Chakren geöffnet und frei von Blockaden und Über- oder Unterfunktionen, also ausbalanciert sein.

Bei einem nicht erwachten Menschen sind die Chakren verunreinigt, blockiert und weisen Unter- oder Überfunktionen auf. Mit zunehmendem spirituellen Erwachen beginnt ein Prozess, der beim Wurzel-Chakra beginnt, die Kundalini-Energie wird geweckt. Diese wird in Form einer Schlange dargestellt, die durch die einzelnen Chakren nach oben reist.

Sobald die Kundalini in ein Chakra eintritt, wird dies geöffnet, gereinigt und ausbalanciert. Hat sie alle sieben Chakren durchlaufen, tritt der oben erwähnte Zustand ein, in dem wir auch die kosmischen Energien aufnehmen können.

Erklären tue ich dies in Bezug auf das offene Herzchakra, denn solange die darunterliegenden Chakren noch nicht geöffnet und ausbalanciert sind, kann auch das Herzchakra nicht geöffnet sein.

Wenn du nun glaubst, dein Herz-Chakra sei geöffnet, du empfindest dies aber als anstrengend, weist dies darauf hin, dass vor allem in deinem Solarplexus-Chakra noch Probleme bestehen, denn dies ist für die Verarbeitung von Gefühlen zuständig.

Das Thema des Herz-Chakras ist absolute Hingabe an das Sein. Dieser Zustand lässt sich auch als pure Freiheit und Glückseligkeit beschreiben. Dein Herz quillt schier über vor Liebe, für alles, was du um dich herum wahrnimmst. Du fühlst dich unendlich glücklich, gesegnet und dankbar.

Du verstehst die Handlungen und Denkweisen deiner Mitmenschen, wodurch dich kein Verhalten mehr verletzen kann, egal was oder von wem. Du hast absolutes Vertrauen in das Leben und die Liebe. Mitgefühl tut nicht mehr weh, denn du fühlst mit anderen zwar mit, auch ihr Leid, aber dein Herz antwortet darauf nicht mehr mit Schmerz – oder Ärger –, sondern nur mit absolut reiner Liebe, dadurch bist du in der Lage, zu heilen.

Dieser Zustand lässt sich auch mit der Leichtigkeit des Seins beschreiben.

Und noch ein wichtiger Hinweis:

Ich habe schon Aussagen gehört wie: „Mein eigenes Herz ist geöffnet, aber das meiner Dualseele nicht!" *Das ist unmöglich*! Deine Dualseele ist nichts Anderes als dein Spiegelbild, wenn dein Herz-Chakra geöffnet ist, kann das deiner Dualseele nur ebenfalls offen sein! Eure Chakren befinden sich immer im exakt gleichen Zustand!

Für den Weg der Dualseelen ist es übrigens unumgänglich, mit der Zeit alle Chakren zu öffnen und auszubalancieren, das Herzchakra als Zentrum der Liebe spielt hierbei natürlich eine besondere Rolle.

8.2.1.8 Das Kehlkopf-Chakra – *Visuddha*

„Zum Singen muss man den ganzen Menschen aufschließen."[51]

Das Kehlkopf-Chakra findest du auf Höhe deines Kehlkopfs, im Bereich der Halswirbelsäule. Die diesem Chakra zugeordnete Auraschicht wird als Ätherleib – der immateriellen Ebene – bezeichnet, die dem Chakra und der Auraschicht zugeordnete Farbe ist ein helles Blau.

Der Sanskrit-Name *Vishuddha* bedeutet übersetzt soviel wie „absolute Reinheit". Dies hat etwas mit dem Element zu tun, das diesem Chakra zugeordnet ist – der Äther.

Es ist sozusagen das, was übrigbleibt, wenn man die anderen Elemente – Feuer, Wasser, Luft und Erde, repräsentiert durch die unteren Chakren – überwunden hat. Der Äther repräsentiert den reinen Raum, und das Kehlkopf-Chakra bildet den Zugang dazu und somit zur feinstofflichen Ebene.

Der Äther ist auch als *Akasha* bekannt, oder wissenschaftlich als das „morphogenetische Feld", er ist der „Raum" in dem alle Information, über alles, was war, ist, und sein wird gespeichert ist.

Auf körperlicher Ebene ist dieses Chakra zuständig für Hals, Kiefer, Kehlkopf, Speise- und Luftröhre. Auch die Halswirbelsäule, der Nackenbereich, die Schultern und das Gehör werden von diesem Chakra versorgt. Darüber hinaus beeinflusst es die Atmung und den Klang der Stimme. Die Schilddrüse ist ein guter Anzeiger, ob das Kehlkopf-Chakra ausbalanciert ist, denn sie wird direkt von diesem Chakra mit Energie versorgt. Eine

---

[51] Verfasser unbekannt

Schilddrüsenüberfunktion ist also gleichermaßen eine Überfunktion dieses Chakras, gleiches gilt für eine Unterfunktion.

Auf psychischer Ebene steuert es deine sprachliche Ausdrucksfähigkeit und deine Kommunikationsfähigkeiten, wodurch sie ein guter Gradmesser für die Funktion deines Kehlkopf-Chakras sind. Dieses Chakra stellt das Bindeglied dar zwischen Herz- und Stirn-Chakra, es ist der Vermittler zwischen Fühlen und Denken.

Dieses Chakra versetzt dich in die Lage, deinen Gedanken und Gefühlen Gestalt zu verleihen, in Form von Musik, Tanz, Poesie, Gesang oder Kunst. Es öffnet dich für eine verfeinerte Wahrnehmung, ist das Bindeglied zu nicht irdischen Ebenen und ihren Erkenntnissen, und gleichzeitig so etwas wie ein Übersetzer ins Irdische.

Es geht bei diesem Chakra darum, das Miteinander als Individuum zu erfahren, denn die Selbsterkenntnis wird hier angehoben und verfeinert, zudem aber auch die Wahrnehmungsfähigkeit in Bezug auf die Außenwelt.

Harmonische Funktion des Kehlkopf-Chakras

Wenn dein Kehlkopf-Chakra geöffnet und ausbalanciert ist, stehst du jederzeit zu dir selbst und deiner inneren Wahrheit. Du hast keine Angst, deine Gedanken und Gefühle zu äußern, und beweist Stärke, indem du Schwäche offen zeigen kannst.

Du findest immer die richtigen Worte und kannst selbst komplizierte Zusammenhänge auf einfache und direkte Weise zum Ausdruck bringen, sodass dich jeder verstehen kann. Deine Stimme ist kräftig und wohltönend, deine Körperhaltung aufrecht und gerade.

Dein ganzes Sein verlangt danach, immer wieder auf kreative Art zum Ausdruck gebracht zu werden, was dir bestens gelingt. Du kannst Schweigen, wenn es notwendig ist und du hast die Fähigkeit, zuzuhören und dabei mit dem Herzen des Sprechers eine Verbindung einzugehen.

Du bist dir selbst stets treu, auch unter schwierigsten Umständen, weshalb du auch *nein* sagen kannst, selbst wenn du damit jemand anders zurückweisen musst.

Da du absolut wertfrei bist, öffnest du dich für den Zugang zu anderen Ebenen, die sich in Form deiner inneren Stimme ausdrücken. Du bist in der Lage, diese immer klar und deutlich zu vernehmen, sowie ihr blind zu folgen. Dadurch wirst du zu einem Träger der Weisheit, denn du hast keine Angst, dieses innere Wissen zur rechten Zeit weiterzugeben.

Unterfunktion des Kehlkopf-Chakras

Wenn dein Kehlkopf-Chakra blockiert ist und nicht genügend Energie aufnimmt und weitergibt, drückt sich das besonders durch Schüchternheit und Introvertierheit aus. Du lebst still in dich selbst zurückgezogen, sprichst nicht gerne und hast große Probleme, dich richtig auszudrücken.

Wenn du deine Gefühle äußern willst oder sollst, fühlst du oft einen Kloß im Hals und deine Stimme wird leiser, es fühlt sich an, als würde dir jemand die Luft abdrücken. Wenn dein Kehlkopf-Chakra völlig verschlossen ist, kann sich dies auch in Stottern ausdrücken.

Du kannst nicht zu dir selbst stehen, denn es gelingt dir nicht einmal, dich selbst, deine Gedanken, Gefühle und Wünsche, zum Ausdruck zu bringen, geschweige denn, dass du einen besonderen Zugang dazu hättest. Deine innere Stimme nimmst du überhaupt nicht wahr, wodurch du verunsichert und ohne innere Führung bist. Deshalb neigst du dazu, dich von anderen führen zu lassen, ihre Meinungen anzunehmen, dein Leben nach den Wünschen anderer zu gestalten und nur die irdische Realität anzuerkennen.

Überfunktion des Kehlkopf-Chakras

Wenn dein Kehlkopf-Chakra zuviel Energie aufnimmt und weiterleitet hat man sicherlich schon zu dir gesagt: „Du redest wie ein Wasserfall!" Du redest enorm viel, oftmals auch zu laut, und leider recht inhalts- und belanglos. Es fällt dir schwer, dich auf das Wesentliche zu begrenzen und du versteckst dich gewissermaßen hinter deinen vielen Worten, damit niemand sieht, wie unsicher du dir deiner selbst bist.

Dir fehlt die Brücke zwischen Gefühl und Verstand, weshalb du zu unbedachten Handlungen und Äußerungen neigst, die sich oft verletzend auf Andere auswirken. Auch deine eigenen Gefühle kannst du nur schwer greifen oder reflektieren, du verstehst sie nicht und kannst mit ihnen nicht umgehen, deshalb neigst du zu absoluter Nüchternheit und Rationalität, gibst deinem Verstand ein absolutes inneres Übergewicht. Dadurch kannst du auf andere auch kaltherzig wirken.

Deine Sprache wirkt entweder sehr roh und ungeschliffen – zum Beispiel „Ghetto-Slang" –, oder absolut nüchtern, schlicht und kühl. Du neigst dazu, andere mit ausgefeilten Worten unbemerkt zu manipulieren, oder durch dein über-mäßiges Reden ständig die Aufmerksamkeit auf dich zu ziehen.

Du willst um jeden Preis stark sein, erlaubst dir niemals, nach außen Schwäche zu zeigen und setzt dich selbst in hohem Maße unter Druck. Deine Anforderungen an dich selbst können dich bis in den Zusammenbruch treiben.

Hilfsmittel zur Aktivierung und Blockadenlösung im Kehlkopf-Chakra

Edelsteine:

Alle blauen Steine wie Aquamarin, Chalcedon, Türkis, Lapislazuli und Topas helfen die Energien des Kehlkopf-Chakras auszubalancieren.

Farbe:

Hellblau. Das helle, reine Blau des Himmels entspricht der Schwingung deines Kehlkopf-Chakras.

Musik:

Obertonreiche Musik und Gesänge, sakrale und New-Age-Musik mit Hall-Effekten.

Heilpflanzen:

Die Schwingungen des Kehlkopf-Chakras werden besonders gut unterstützt durch Pfefferminze, Salbei und Huflattich.

Übung für das Kehlkopf-Chakra:

Auch hier hast du wieder die Wahl zwischen praktischer Übung oder Geistreise, je nach den Möglichkeiten, die sich dir vor Ort – abhängig vom Wetter – bieten, denn auch für das Kehlkopf-Chakra ist eine bestimmte Naturerfahrung das beste Mittel zur Ausbalancierung.

Gehe hinaus an ein Gewässer. Lege dich zunächst auf den Rücken und blicke in die offene Weite des reinen, wolkenlosen, blauen Himmels. Öffne dich für diese blaue Unendlichkeit, atme die Farbe tief in dein Kehlkopf-Chakra hinein und bringe beim Ausatmen alle negativen Energien mit hinaus. Mache das ein paar Mal, so lange, bis dein Halsbereich vor deinem inneren Auge im hellen Blau des Himmels erstrahlt. Auf diese Art befreist du deinen Geist.

Setze dich nun im Schneidersitz hin und blicke auf das Wasser. Nimm die Spiegelung des Himmels im Wasser und das leise Geräusch der Wellen tief in dich auf, öffne dich für diese Schönheit und erlange auf diese Art Zugang zu deinen Emotionen.

Schließe nun deine Augen, visualisiere nur die Farbe des Himmels vor deinem inneren Auge und werde innerlich still. Meditiere so lange, wie es sich gut für dich anfühlt, komm zur Ruhe, finde deine Mitte. Lass dir anschließend ein wenig Zeit, wieder in der irdischen Realität anzukommen, bevor du deine Augen wieder öffnest.

8.2.1.9 Das dritte Auge oder Stirn-Chakra – *Ajna*

„Es gibt ein Auge der Seele. Mit ihm allein kann man die Wahrheit sehen.“[52]

Das Stirn-Chakra, auch „drittes Auge“ genannt, findest du zwischen deinen Augenbrauen, ungefähr zwei Fingerbreit oberhalb der Nasenwurzel. Die diesem Chakra zugeordnete Auraschicht ist der Emotionalleib der nicht-materiellen Ebene, die zugeordnete Farbe von Chakra und Auraschicht ist indigoblau.

Der Sanskrit-Name *Ajna* bedeutet übersetzt „wissen“, „wahrnehmen“, aber auch „befehligen“, denn dieses Chakra hat nicht nur mit Wahrnehmung zu tun, sondern auch mit der Kontrolle des Geistes, mit Bewusstwerdung.

Auf körperlicher Ebene versorgt das Stirn-Chakra das Kleinhirn und die Sinnesorgane Augen, Ohren und Nase mit Energie, genauso wie den gesamten Gesichtsbereich und die Nebenhöhlen. Durch die Verbindung zum Kleinhirn und zur Hypophyse – Hirnanhangsdrüse – steuert dieses Chakra das komplette Hormon- und Nervensystem.

Auch die Zirbeldrüse, die im Kopf ungefähr hinter diesem Chakra liegt, wird von hier mit Energie versorgt, weshalb das Stirn-Chakra einen direkten Einfluss auf unseren Wach-Schlaf-Rhythmus hat, denn dieser wird von dem Hormon Melatonin gesteuert, das die Zirbeldrüse ausschüttet.

Auf psychischer Ebene ist das Stirn-Chakra das Chakra der Wahrnehmung. Dein sechster Sinn und deine Intuition werden von hier gesteuert. Alle Formen der übersinnlichen Wahr-

---

[52] Platon

nehmung wie Telepathie, Hellsehen in Form von Visionen oder Träumen, sowie der Kontakt zu anderen Daseinsebenen und das Überschreiten des Alltagsbewusstseins sind Fähigkeiten, die von diesem Chakra ausgehen.

Auch die Manifestation deiner Gedanken geht von diesem Chakra aus, wodurch wir wieder beim Befehlszentrum sind, denn die harmonische Funktion des dritten Auges befähigt dich auch zur bewussten Manifestation deiner Gedanken.

Das Stirn-Chakra ist der Sitz aller Bewusstwerdungsprozesse, hier entsteht die Fähigkeit zur Selbsterkenntnis und zur Selbstreflexion, durch die du in der Lage bist, alte Realitäten, die du erkannt hast, aufzulösen und neue zu erschaffen.

Harmonische Funktion des Stirn-Chakras

Anders als bei den vorigen Chakren ist eine harmonische Funktion hier auch schon möglich, bevor dieses Chakra wirklich voll geöffnet und ausgebildet ist, in der Tat gibt es nur eine Handvoll Menschen auf der Welt, bei denen dieses Chakra wirklich voll geöffnet ist, denn die Voraussetzung hierfür ist ein fortgeschrittener Prozess der Bewusstseinsentwicklung. Ein voll entwickeltes und geöffnetes Stirn-Chakra ist mit der Erleuchtung gleichzusetzen.

Doch auch vorher ist eine relativ harmonische Funktion dieses Energiezentrums schon möglich, was sich vor allem durch einen wachen Verstand, ausgeprägte geistige Fertigkeiten und eine ganzheitliche Offenheit gegenüber allen Ebenen – Wissenschaft *und* Philosophie – ausdrückt.

Du hast stark ausgeprägte Visualisierungsfähigkeiten und eine gute Intuition, die dir auch das Erkennen von übergeordneten Zusammenhängen ermöglicht. Hier entsteht das intuitive

Verstehen, das nicht viele Worte benötigt. Du bist in der Lage, die irdische Illusion zu durchschauen, erkennst, auf welche Art sich die Gedanken der Menschen in dieser Welt manifestieren, sowie die gesamte Symbolik des Lebens.

Kommt es zu einer vollständigen Öffnung und Entfaltung dieses Chakras, bist du der irdischen Illusion enthoben. Deine Wahrnehmung bezieht sich nun auf *alle* Ebenen des Seins und all diese Informationen fließen in dein Denken mit ein, wodurch du zum bewussten Schöpfer wirst.

Der Grund, warum du dies erst nach der Erleuchtung erreichst, ist der, dass du erst dann in der Lage bist, diese Fähigkeiten nur noch zum höchsten Wohle einzusetzen, sie nicht für egoistische Zwecke zu missbrauchen und somit die gesamte Schöpfung durcheinanderzubringen.

Das vollständige Drama des irdischen Spiels und aller Welten eröffnet sich deinem Bewusstsein und erfüllt dich mit der nötigen Ehrfurcht und Demut vor der Schöpfung.

Unterfunktion des Stirn-Chakras

Wenn dein Stirn-Chakra nicht oder nur unzureichend Energie aufnimmt, äußert sich das vor allem in absoluter Rationalität. Nur die irdische Wahrheit hat für dich Bestand, alles außerhalb dieser Ebene ist für dich nicht greifbar, du tust diese Dinge als Einbildung und spirituellen Humbug ab.

Geistige Anstrengungen und Auseinandersetzungen werden von dir gemieden, denn sie erscheinen dir als unnütz, weshalb du dich vorrangig an den allgemeinen Ansichten Anderer orientierst. Die Fähigkeit zur Selbstreflexion fehlt dir völlig, weshalb du von körperlichen Begierden und materiellen Wünschen, die durch unreflektierte emotionale Muster entstehen, getrieben wirst.

In Situationen, die große Anforderungen an dich stellen, also unter großem Druck und Stress, verlierst du eher den Kopf und deine Fähigkeit, klar zu denken und strukturiert an die Lösung der Situation heranzugehen. Deine Gedanken sind allgemein eher unklar und wirr, es fällt dir schwer, sie zu ordnen und dich zu konzentrieren.

Auf körperlicher Ebene neigst du zu Seh- und Schlafstörungen, Problemen im Bereich der Neben- und Stirnhöhlen, sowie zu Erkrankungen des Hormon- und Nervensystems im Sinne einer Unterfunktion.

Überfunktion des Stirn-Chakras

Wenn dein Stirn-Chakra zuviel Energie aufnimmt, äußert sich das vor allem in übertriebener Kopflastigkeit, ähnlich wie bei einer Unterfunktion, nur leidest du hier nicht an einer Schwäche des Geistes, sondern eher an einer Form der geistigen Hyperaktivität. Du bist sehr intelligent, deine rationalen und analytischen Fähigkeiten übersteigen das Normale in hohem Maße, doch gerade dadurch neigst du zu einer intellektuellen Arroganz. Auch hier hat für dich nichts Bestand außer der rein rationalen Wissenschaft.

Eine andere Form der Überfunktion ist den spirituellen Aspekten des Lebens gegenüber zwar offen, versucht diese Erkenntnisse aber zur Manipulation zu nutzen, einzig als Mittel der Machtausübung. Diese Form tritt auf, wenn gleichzeitig das Wurzel-, Solarplexus-, Herz- und Kronen-Chakra eine Störung aufweisen.

Hilfsmittel zur Aktivierung und Blockadenlösung im Stirn-Chakra

Edelsteine:

Alle dunkelblauen Steine wie indigoblauer Saphir, Sodalith, Lapislazuli, Opal und blauer Turmalin helfen, die Energien des Stirn-Chakras auszubalancieren.

Farbe:

Indigoblau

Musik:

Östliche, klassische Musik, sakrale Musik und New-Age-Musik

Heilpflanzen:

Die Schwingungen des Stirn-Chakras werden besonders gut unterstützt durch Johanniskraut, Fichte und Augentrost.

Übung für das Stirn-Chakra

Auch hier empfehle ich, diese Übung als praktische Übung, und nur dann als Geistreise durchzuführen, wenn zum Beispiel die Wetterbedingungen es nicht anders zulassen.

Gehe nachts hinaus, suche dir einen Ort mit möglichst wenig künstlichen Lichtern, der einen erweiterten Blick auf den Sternenhimmel zulässt. Lege dich auf den Rücken und blicke in den Nachthimmel über dir. Öffne dich für die unendliche Weite, für die Unendlichkeit des Seins, die das kosmische Schauspiel des Universums dir eröffnet.

Atme nun die Farbe des Nachthimmels bewusst in dein drittes Auge hinein, mit mehreren, tiefen Atemzügen, visualisiere dabei, wie sich die indigoblaue Farbe des Himmels in deiner Stirn ausbreitet und deinen Kopf erfüllt, bringe bewusst die Verunreinigungen dieses Bereichs beim Ausatmen mit hinaus.

Verweile anschließend einfach dort und lass deine Gedanken treiben, hinauf zu den Sternen und Planeten über dir, lass deinen Geist frei fliegen, sodass er durch die Erfassung der Unendlichkeit wieder Ehrfurcht und Demut vor der Schöpfung erfährt.

8.2.1.10 Das Kronen-Chakra – *Sahasrara*

„Du musst dir letztendlich über diese gewaltige Lehre klar werden: Alle Geschöpfe sind zwar dem Anschein nach getrennt, aber wahrhaft nur eines; alle Wesen gehen von der Gottheit aus und sind in der Gottheit vereint. Wer dies wirklich erfasst, wird die Gottheit und erlangt dadurch Befreiung.“[53]

Das Kronen-Chakra befindet sich am Scheitelpunkt des Kopfes, dort, wo bei Babys die noch nicht geschlossene Fontanelle sitzt. Im Grunde liegt dieses Chakra im Grenzbereich zwischen Körper und Aura, einige Experten behaupten, es läge vollkommen außerhalb des Körpers, dieser Meinung bin ich auch, denn über dieses Chakra findet eine Erweiterung statt – wir verlassen unseren Körper und werden *Eins* mit dem Universum.

In der Literatur findet sich hier die Behauptung, durch dieses Chakra gelangen wir zur Erleuchtung, dem möchte ich widersprechen. Die Erleuchtung erfahren wir bereits im Stirn-Chakra, durch die Vereinigung der männlichen und weiblichen Energie. Was hier geschieht, könnte man meiner Meinung nach eher mit dem Aufstieg in höhere Dimensionen gleichsetzen, denn hier wird das *Gottesbewusstsein* erreicht.

Die diesem Chakra zugeordnete Auraschicht ist der Mentalleib der nicht-materiellen Ebene, die zugeordneten Farben variieren von Violett über Weiß, Weiß-Gold oder Hellrot mit Gold.

Der Sanskrit-Name *Sahsrara* bedeutet übersetzt „tausend-fältig“ oder „tausendblättriger Lotus“. Über dieses Chakra beginnt und endet unsere Reise als Mensch, denn hier tritt die Seele in den Körper ein und nach dem Tode wieder aus.

---

[53] Bhagavadgita, Übersetzung von Peter Kobbe

Im körperlichen Bereich wacht dieses Chakra über das Gleichgewicht des gesamten Organismus, es hat keine eigenen körperlichen Bereiche, die von ihm gesteuert werden, da es bereits außerhalb des Körpers sitzt.

Im psychischen Bereich erlangen wir mit Aktivierung dieses Chakras die Vollendung. Hier findet die wahrhaftige *Einswerdung* mit Gott statt und unser persönliches Energiefeld, die Aura, verschmilzt mit dem universalen Energiefeld.

Emotional erfahren wir hier die göttliche Wahrheit, die irdische Illusion der Dualität und des Getrenntseins löst sich auf, wir werden wieder zum Schöpfer selbst. Diesen Zustand möchte ich durch ein paar ausgesuchte Zitate wiedergeben:

„Der erleuchtete Mensch betrauert weder die Lebenden noch die Toten.“[54]

„Der Mensch ist unglücklich, weil er nicht weiß, dass er glücklich ist. Nur deshalb. Das ist alles, alles! Wer das erkennt, der wird gleich glücklich sein, sofort, im selben Augenblick.“ [55]

„Und da wurde mir durch Erleuchtung klar, dass man über das Ewige nicht von der Zeit her nachdenken darf, sondern vom Zustand her und dass dann verstanden wird, was „von Ewigkeit zu Ewigkeit“ bedeutet.“[56]

---

54 Bhagavadgita, Übersetzung von Sri Aurobindo
55 Fjodor M. Dostojewski
56 Emanuel Swedenborg

Harmonische Funktion des Kronen-Chakras

Im Grunde gibt es in diesem Chakra keine Blockaden im eigentlichen Sinne mehr, es ist nur entweder noch nicht aktiviert, oder mehr oder weniger weit geöffnet und entwickelt, wobei du mit zunehmender Entwicklung immer häufiger Momente der absoluten Stille und Verschmelzung mit allem, was ist, erleben wirst.

Du fühlst dann, was du wirklich bist, das reine, allgegen-wärtige *Sein*, das alles durchdringt. Irgendwann trittst du relativ plötzlich für immer in diesen Zustand ein, was – nach „Expertenmeinung“ – frühestens zwischen dem 42. Und 49. Lebensjahr geschehen kann. Diese Behauptung wird meiner Meinung nach in Bezug auf die Indigokinder relativiert – da diese im Gegensatz zu „Nicht-Indigos“ bereits mit den ersten sechs voll aktivierten Chakren zur Welt kommen und während ihres restlichen Lebens nur noch um ein Erreichens des Gleichgewichts bemüht sind. Daher können diese den Zustand der *Einswerdung* auch früher erreichen.

Auswirkungen eines geschlossenen Kronen-Chakras

Die Aktivierung und Ausbalancierung der ersten sechs Chakren miteinander bringt uns bereits eine Menge an in-nerem Frieden, Harmonie und auch Weisheit, doch solange das siebte, das Kronen-Chakra noch nicht aktiviert ist, kann diese Harmonie noch nicht vollständig herrschen, weder in den einzelnen Chakren untereinander, noch im Gesamten mit dem Universum. Es bleiben Gefühle der Angst und des Getrenntseins, die dich daran hindern, dein volles, schöpferisches Potential auszuleben.

Hilfsmittel zur Aktivierung des Kronen-Chakras

Edelsteine:

Alle violetten und klaren Steine wie Amethyst, Bergkristall und Diamant helfen, die Energien des Kronen-Chakras zu akti-vieren.

Farbe:

Violett, Weiß, Weiß-Gold oder Hellrot mit Gold

Musik:

Stille

Heilpflanzen:

An dieser Stelle bleibt vor allem der Weihrauch – Olibanum –, als klassischer Begleiter zur Meditation zu nennen, aber auch Copal und Dammar dienen zur Aktivierung des Kronen-Chakras.

Übung für das Kronen-Chakra:

Solltest du in deiner Nähe einen einsamen Berggipfel zur Verfügung haben, kannst du diese Übung auch real durchführen, da dies aber auf die Wenigsten zutreffen wird, empfiehlt sich hier eine Geistreise.

Beginne mit einer Meditation, die nur eines zum Ziel hat – innere Stille. Erst, wenn du vollkommen still geworden bist, visualisiere dich selbst auf einem Berggipfel, von dem aus du in die Unendlichkeit schauen kannst.

Über dir spannt sich ein unendlicher Sternenhimmel, die Landschaft unter dir breitet sich im silbrigen Mondlicht aus. Löse dich nun aus deinem Körper und steige in die endlosen Weiten des Universums hinauf. Schwebe in der Unendlichkeit, lausche der Stille und fühle, was du wirklich bist – *ein Teil des Ganzen.*

9 Weiterführende Informationen und wichtige Adressen

Website der Autorin – Coaching und Energiearbeit:

http://www.magic-komplex.de

Alex Fitch – unglaublich begabter Künstler der Aura-Energie-Bilder von Dualseelenpaaren malt:

https://www.facebook.com/theblindvision?fref=ts

Dr. Rainer Ternieden – nordischer Schamanismus:

http://www.nordischer-schamanismus.de/index.html

Robert Gwisdek alias *Käptn Peng*:

https://www.youtube.com/user/KreisFilm
http://www.kreismusik.de/

Janine Kaiser – *Ninifacet* – großartiger, inspirierender Blog über Quantenphysik und Realität:

https://ninifacet.wordpress.com/

Jonny Lindner – großartiger Grafiker, von dem das Coverdesign stammt:

https://pixabay.com/de/users/Comfreak-51581/